世界上最好的家庭教育，
就在父母和孩子的对话中……

好妈妈家教经

Zenme Ting
Haizi Cai Ken Shuo

Ruhe Shuo
Haizi Cai Hui Ting

怎么听孩子才肯说

如何说孩子才会听

于曦 —— 著

江苏凤凰美术出版社
全国百佳图书出版单位

图书在版编目（CIP）数据

好妈妈家教经：如何说孩子才会听，怎么听孩子才肯说 / 于曦著. -- 南京 ：江苏凤凰美术出版社，2017.2（2019.3重印）

ISBN 978-7-5580-1470-3

Ⅰ. ①好… Ⅱ. ①于… Ⅲ. ①儿童教育－家庭教育 Ⅳ. ①G782

中国版本图书馆CIP数据核字（2017）第008211号

责任编辑 曹昌虹
文字编辑 于艳艳
装帧设计 瑞雅书业 · 赵　静
美术编辑 许瑶瑶
责任监印 蒋　璟

书　　名 好妈妈家教经：如何说孩子才会听，怎么听孩子才肯说
著　　者 于　曦
出版发行 凤凰出版传媒股份有限公司
江苏凤凰美术出版社（南京市中央路165号　邮编：210009）
北京凤凰千高原文化传播有限公司
出版社网址 http://www.jsmscbs.com.cn
经　　销 全国新华书店
印　　刷 小森印刷霸州有限公司
开　　本 710mm × 960mm　1/16
印　　张 16
版　　次 2017年2月第1版　2019年3月第4次印刷
标准书号 ISBN 978-7-5580-1470-3
定　　价 36.80 元

营销部电话　010-64215835-801

序 言

你越会说话，孩子才越听话

Foreword

无论你怎么说，孩子都把你的话当成“耳边风”？

你越唠叨，与孩子之间的火药味越浓？

面对孩子的不听话，你感到越来越无能为力？

……

一位教育专家曾说，世界上最好的家庭教育，就在父母和孩子的对话中。

的确，再先进的家教理念，再有效的家教方法和措施，都必须通过亲子间的交流、对话、沟通来实施和实现。如果你说什么，孩子根本不听，那么家庭教育就无从谈起。

因此，如何对孩子说话？该对孩子说什么样的话？怎样才能把话说到孩子心里，使孩子乐于接受，从而听话？怎样才能让孩子吐露心声？这些看似平常的问题，直接决定着家教的成败，同时，也困扰着许多父母。

那么，如何才能掌握“说”和“听”的技巧，让孩子愿意听你的话，也愿意敞开心扉，对你诉说他的内心想法呢？

针对此问题，本书围绕“如何说”“怎么听”两个主题，结合现代家庭教育中最常见、最真实的亲子生活小故事，对父母与孩子沟通时的态度、方式、语调、措辞、时机等细节，进行了深入探讨，以帮助父母走出与孩子沟通的误区，让孩子在和谐的亲子关系中快乐成长。

要知道，你越会说话，孩子才会越听话。相信，只要你掌握了“说”和“听”的艺术，就能开启孩子的心灵世界！

目录

Contents

Part1 没有不听话的孩子，只有不会说话的父母

Part2 不打不骂，蹲下来和孩子对话

Part3
找准时机，说出来的话孩子更容易接受

Part4
选对方式，孩子才肯乖乖听话

Part5
如何表扬，孩子更努力

Part6 怎样批评，孩子更爱听

Part7 学会拒绝，掌握对孩子说“不”的艺术

Part8 用说服改变孩子，家长必知的亲子说服术

Part9 给孩子话语权，做孩子忠实的听众

Part10 巧妙引导，让孩子主动说出内心想法

Part 1

没有不听话的孩子，只有不会说话的父母

跟孩子说话，从管好自己的嘴开始

在孩子面前，你是一个口无遮拦，唠唠叨叨，抱怨不停，管不住自己嘴的家长？还是一个“惜字如金”，不到必要时刻不开口的家长？

李女士跟丈夫离婚后，脾气变得很坏，这让上小学的女儿也跟着遭了殃——李女士只要情绪不佳，就管不住自己的嘴，不停地向女儿抱怨，抱怨她的爸爸如何不负责，抱怨她如何不听话：“我怎么找了你爸这么个不负责任的东西，钱挣不多少，却成天在外面瞎搞，我当初真是瞎了眼了！”“你跟你爸一样，也不成器，一点都不懂事。你就不能听话一点吗？我怎么这么倒霉，遇到你们这两个灾星！”

这样的话，几乎成了李女士发泄情绪的口头禅。年幼的女儿不知道该如何应对妈妈，所以变得越来越消极懦弱，甚至想逃离这个家，逃离这个世界。

终于有一天，女儿留下一张纸条，离家出走了。纸条上写着：“妈妈，我不是您的出气筒，既然您那么讨厌我，为什么还要生我呢？您的话真的让我很伤心。我走了，别找我，您也找不到我！”

李女士看到纸条，如雷轰顶，这才知道自己那些无意间发泄情绪的话深深伤害了女儿。其实，又有哪个母亲不爱自己的孩子呢？

生活中，很多父母都会像李女士一样，说话无所顾忌，没有遮拦，动辄说出一些让孩子无法承受的过激语言，一点都管不住自己的嘴。殊不知，这样做的结局，不是让孩子产生消极或叛逆心理，就是让他们不听父母的劝告，不接受父母的教导。

一位妈妈带着13岁的女儿来到了一家心理诊所，想请心理医生帮他们解决沟通难题：“医生，您一定要帮帮我，这孩子犟得像头驴，我和她爸的话死活都听不进去。我们问她什么，她又不说，还动不动就跟我们甩脸子，您说这孩子怎么这样啊？”

女孩子听妈妈在外人面前数落自己的不是，脸上一阵尴尬，就白了妈妈一眼。可是，妈妈根本没有停下来的意思，仍在那儿说个不停：“您说我和他爸为了她，每天起早贪黑，任劳任怨，可她呢，不但不听话，说多了还嫌我们唠叨……”

“妈，您说这些话的时候考虑过我的感受吗？您总是这样，想说什么就说什么！我已经长大了，您有没有顾及我的面子？您这样，叫我怎么听您的话？”最后，女孩终于忍不住，连珠炮似的说出了自己的不满。

心理医生见此情景，找个理由把女孩支开了，他打算跟这位妈妈单独谈谈。

“您想过没有，您和孩子的沟通出现问题，其实是您管不住自己嘴巴的缘故？”心理医生开门见山，毫不留情地指出了这位妈妈的错误。

“难道还是我错了？”

“您想想，如果别人这么毫不留情地数落你，批评你，你会怎么想？”

妈妈答不上来。

“给你一个建议，以后你一旦发现自己又想埋怨、指责孩子了，就赶紧离开那个环境，离孩子远一点，找个地方平复一下情绪，借此来管住自己的嘴巴。”

“可是我万一意识不到这一点呢？就像刚才，我根本没想过那些话会伤害她。”妈妈问道。

“那我教你一个方法，但有个前提，就是你必须按我说的去做！”

“行，您说，我保证按您说的做！”这位妈妈向心理医生保证道。

“一个星期内，集中精力干自己的事，该做家务就做家务，该忙工作就忙工作，就是不要跟孩子说话。”

“一个星期不和孩子说话？这怎么可能呢？我要是不管她，她还不得更无法无天？”这位妈妈一听，立即反驳道。

“那我也爱莫能助了。”心理医生摊摊手。

“好吧，那我就试试吧。”想了一会儿，这位妈妈答应试一试。

两个星期后，这位妈妈又来到了诊所，不过，这次她是来感谢心理医生的，因为她按照心理医生的话做了以后，女儿竟然变了个人似的，有一次她还问：“妈妈你怎么了？怎么不爱说话了？是我做错了什么吗？”

可见，父母越管不住自己的嘴，孩子越听不进你的话，相反，父母说得少了，孩子反而愿意听你说了。

那么，对于喜欢通过说话来表达思想感情的父母来说，如何才能管住自己的嘴巴呢？

首先，要学会克制自己的情绪，不带着情绪教导孩子。

父母情绪不佳时，不妨转移一下注意力，先去做别的事情，暂时离孩子远点，等情绪平复后，再教导孩子，这样，说起话来才会更加客观。

有一位妈妈说：“每当我看见孩子有不当的行为想要指责他，自己又情绪不佳时，都会极力克制自己不去说教，实在忍不住时，我就去擦地板，或者刷马桶。等自己情绪平复了，再去教育孩子。我发现这个办法非常好用，它可以有效避免我在教育孩子时带入自己的情绪，以致唠叨个没完。”

其次，学着做个“哑巴”。

如果你不能控制自己的情绪，那么不妨学着做一段时间的“哑巴”，如果没有特别必要的话，最好不开口。这也是管住嘴巴的一个有效方法。

总之，想要让孩子听话，就一定要先管住自己的嘴，做一个“惜字如金”的家长。

孩子最不爱听这类话

想要管好自己的嘴？那你知道什么话该说，什么话不该说，什么话能对孩子产生激励效果，什么话会挫伤孩子的积极性、激起他们的反感吗？

毫无疑问，语言是父母与孩子沟通的主要途径。父母的说话技巧、表达方式等，会对孩子的行为和心理发展造成重要影响，所以，父母必须管好自己的嘴，什么话该说，什么话不该说，什么话会对孩子产生激励效果，什么话会挫伤孩子的积极性、激起他们的强烈反感，父母一定要知道。

针对这个问题，美国心理学家经过长期的观察和研究，总结出了孩子最不爱听的六类话：

1. 唠叨的话

很多父母都喜欢唠叨。某件事，某个道理，孩子明明已经知道了，父母却仍然唠唠叨叨说个没完，这对孩子来说，其实是一种重复刺激，它会对大脑皮层产生保护性抑制，让大脑自动对其屏蔽。所以，父母越唠叨，孩子越听不进去。把他们说烦了，甚至还会顶撞你。

2. 讽刺的话

很多父母特别喜欢说讽刺孩子的话，比如“这都干不了，你还能干什么？”“你能考出好成绩，太阳都从西边出来了！”“你将来要是有出息，那别人都是马云了！”等等。类似的话，因为刻薄，很容易让孩子难以忘记，这就会导致一个结果，就是孩子对父母的教育产生抗拒，这种抗拒长时间不能消失，在这样的情况下，孩子是很难听进去父母的话的。

3. 揭丑的话

有些父母喜欢当着亲戚朋友的面没完没了地数落孩子的过错，这不仅会伤害孩子的自尊心，还容易使其产生逆反心理，最后走向与父母意愿相反的一面。

一天，琳琳家里来了客人，琳琳妈在和客人聊到孩子时，不顾琳琳在旁边，就数落起自家孩子的不是：“我家这个孩子啊，真是不让人省心，你看，前几天考试，才考了40分，老师都叫家长了！”而此时的琳琳，脸上一阵红一阵白，恨不得找个地缝钻进去……

过分强调孩子的缺点，甚至攻击孩子的人格和自尊，对孩子的刺激和伤害非常大，时间长了，孩子会丧失自尊和自信，产生自卑感，这对孩子的成长是有百害而无一利的。

4. 审问的话

明明妈最喜欢做的一件事，就是审问自己的儿子。这不，今天明明放学刚回到家，明明妈看他裤子上都是土，膝盖还破了一个洞，就立即像审犯人一样问道：“你看你这一身土，是不是跟人打架了？”不等明明说话，明明妈又连珠炮似的批评道：“跟你说过多少回了，不要跟人打架，你怎么就是不听！非要哪天闯下大祸你才知道害怕吗？”

明明本来还想辩驳一下，因为他今天根本没有打架，而是不小心摔了一跤，现在膝盖还疼呢，结果听妈妈这样说，他一生气回自己屋了。

明明妈不知道，明明的眼里早已蓄满了委屈的泪水。

很多家长都像明明妈一样，刚刚发现一些自认为有问题的事，就大惊小怪地审问起孩了，并根据主观臆断，把可能发生的事说成真实发生的事。这种草率的做法，很容易激起孩子的抵触情绪，更有甚者，还可能让孩子把委屈憋在心里，无处发泄，最后导致性格扭曲。所以，父母一定不要动不动就像审犯人一样审孩子，什么事一定要问清楚前因后果，再下结论。

5. 迁移的话

很多父母在看到或听说了别人家孩子身上一些不良行为时，会不分青红皂白地将这些不良行为迁移到自家孩子身上，然后想当然地千叮咛万嘱咐。殊不知，这明显会伤害到孩子的上进心和好胜心，把孩子的情感推向对立面。结局就是，孩子对家长的说教充耳不闻，甚至反唇相讥。

6. 威胁的话

有些父母喜欢威胁孩子，动不动就以“你再不听话，小心我打断你的腿！”“你要是总是这样，我就去告诉你们老师了！”来威胁孩子，不仅让孩子极度反感，还会产生恐惧。久而久之，孩子就会产生深深的抵触、逆反情绪。

说话不讲究的父母，可根据以上六种类型检讨一下自己，看看自己平时的说话方式属于哪种类型，还是兼而有之，然后有针对性地避免，才可能管住自己的嘴，做会说话的父母。

话说不到心里，孩子怎么会听？

当你管教孩子，不厌其烦地对孩子讲一堆大道理时，你可曾想过，你的话是否说到了孩子的心里？孩子对你的话又是否感兴趣？

很多父母都会发现，当孩子慢慢长大后，无论自己怎么苦口婆心，孩子就是不听话。于是，心烦气躁的父母常常甩出这样一句话："你这孩子怎么这么不听话！"

父母觉得，孩子不听话，问题出在孩子身上，殊不知，大多数情况下，孩子不听话，是因为父母没有把话说到孩子心里去。

远在外地的小姨来浩浩家串亲戚，这可把浩浩高兴坏了。因为他从小就跟小姨关系好，后来小姨因为工作关系，去了外地，每年只过来一两次，这让浩浩格外珍惜和小姨在一起的时光。这不，小姨要走了，浩浩执意要送她到火车站。这本是一件没什么大不了的事，可浩浩妈却怎么都不同意。

“您为什么不同意我去送小姨啊？”浩浩很不解。

“不让你去就是不让你去，哪有那么多为什么！我是为了你好，火车站那么乱，你跑丢了怎么办？我们带这么多东西，哪有时间看你！”

可是，浩浩妈这一番话，浩浩一句都没听进去。小姨临走的时候，浩浩趁大人不注意，“嗖”的一下就跟着上了出租车，浩浩妈往下拉他，他却死死地抓着车门，不肯下来，弄得司机不知如何是好。后来，还是小姨说了话，浩浩妈才勉强同意浩浩跟着他们了。

可是车一开，浩浩妈就训斥儿子道：“你怎么这么不听话，我从来没见过你这么不听话的孩子，你等着，等回家以后，看我不好好收拾你！”

听到这儿，浩浩终于忍不住小声啜泣起来……

生活中，像浩浩妈这样的父母不在少数，他们常常是话说了一堆，却一句也没说到孩子心里，这样的话，孩子怎么会听？试想一下，如果故事中的浩浩妈能够先从孩子的角度出发，让他明白，妈妈是理解他的，知道他舍不得小姨，然后再讲清楚自己不同意他去火车站的原因，比如带东西太多，没精力看着他，怕他走丢，或者她送完小姨还有别的事情要做，带着他不方便等，那浩浩不可能胡搅蛮缠非要闹着去。

所以，父母说话，一定要让孩子“走心”。遗憾的是，大多数父母在教育孩子时，都喜欢讲大道理，或者千篇一律地重复一些很表面很苍白的语言。

笑笑放学后一进家门，做的第一件事就是打开电视机，调到动画频道看她喜欢的动画片。这天，恰好爸爸在家。眼看半个小时过去了，笑笑还没有去写作业的意思，爸爸就忍不住提醒道：“闺女啊，你都上五年级了，再过一年就上初中了，怎么还不抓紧时间学习呢，到时候你要是进不了重点中学……”

“哎呀，你怎么又喝冰饮料？你难道忘了上次肚子疼的事了？怎么就不长记性呢？上次你……”

“行了行了，你这话都说过八百遍了，跟我妈一样啰唆。”爸爸的话还没说完，笑笑就顶了回去，然后不满地拎着书包进了自己的房间。

看着女儿气呼呼的背影，爸爸很是不解：我不都是为了她好吗，她怎么就听不进去呢？

“为了你好”，这是多数父母最喜欢挂在嘴边的一句话，可是，你知道孩子内心真正的想法吗？你关心过孩子的诉求吗？如果你根本不了解自己的孩子，又怎么能把话说到孩子心里，让他按照你的要求去行动？

可惜，现实生活中，很多父母都没有意识到这一点。他们只会不停地说说说，根本不在乎自己的话是否得体，孩子是否肯听、爱听。孩子若不肯听，不爱听，那不管你的话多有道理，在他们看来都是废话、错话！

所以，父母想让孩子肯听、爱听自己的话，就必须掌握说话的艺术，把话说到孩子心里去！要知道，父母说得好，一句话就可能改变孩子的一生！

把话说到孩子心里是一门艺术

把话说到孩子的心里是一门艺术。作为家长的你，是否已窥得这门艺术的门径？是否知道，怎么说才能让孩子“走心”？

要彻底解决孩子不听话这个难题，家长要保证自己说话的效果，把话说到孩子心里去。然而，把话说到孩子心里，是一门艺术，它不仅要求父母说话要有一定的技巧，还要求父母能走进孩子的内心世界。

孩子从幼儿园回来后，莹莹的妈妈和佳佳的妈妈都想了解孩子今天做了些什么，过得好不好，玩得开不开心，于是就出现了下面的对话：

莹莹妈：“今天在幼儿园都做了什么呢？”

莹莹：“没做什么啊。”

莹莹妈：“那都吃了什么啊？”

莹莹：“吃了什么，我都忘了。”

佳佳妈："宝贝，你回来啦！看你高兴的样子，今天一定玩得很开心吧！"

佳佳："妈妈，你怎么知道的？我今天跟莹莹一起画画了，我们画了一个大大的城堡，还画了公主和王子，可有意思了！"

佳佳妈："是嘛，听起来真不错，我真想欣赏一下呢？"

佳佳："可是，妈妈，今天我忘带了，要不明天带回来给你看吧？"

佳佳妈："好啊！对了，宝贝你饿不饿啊，想吃什么？妈妈去给你做！"

佳佳："中午我们吃的是炒饭，下午是南瓜饼，妈妈，晚上我们吃饺子吧！"

佳佳妈："好啊，没问题！"

上面的例子中，莹莹的妈妈像是在质问孩子，问得很生硬，孩子根本不配合；而佳佳的妈妈则聪明得多，她一开口，就以"玩"为突破口，成功地打开了孩子的话匣子。可见，同样的目的，因问话方式不同，结果也有很大差别。所以，想把话说到孩子心里，一定要注意技巧。具体来说，要注意以下几点：

1. 要有一颗赤子之心

所谓赤子之心，就是要父母跟孩子相处时，把自己也变成孩子，有一颗童心，这样才能走进孩子的世界，和孩子打成一片。这样的父母在说话时，很容易引起孩子的共鸣，进而轻松"套出"他们的"心里话"。

2. 要多和孩子相处

几天甚至更长时间才见孩子一面的父母，是很难真正了解孩子的想法和需要的，更别说把话说到孩子心里了。所以，想要孩子听话，就要多跟孩子接触，多关心孩子，这样才能从他们的言行举止中了解他们的想法、喜好和内在需求。

3. 要学会倾听

如果孩子在说话时，父母一直心不在焉，或只知道盯着电视、手机，根本不看自己，孩子就会有样学样，下次父母跟自己说话时，也不用心听。相反，如果孩子说话时，父母用心倾听，孩子就会觉得父母很重视自己的话，那么，父母说话时，他也同样愿意倾听。

4. 要注意孩子的反应

很多父母在跟孩子说话时，往往会急着表达自己的看法，期望孩子按照自己的意愿去做，却忽略了孩子的反应。在这种情况下，想法和立场与父母不同的孩子，就会觉得与父母沟通不舒服，进而变得什么事都不愿意向父母透露。

5. 要注意说话的语气

生硬、命令的语言会给父母和孩子的交流造成障碍，聪明的父母对孩子说话，一定会用温柔、恰当的语气，让孩子听着温暖、悦耳，而不是产生负面、消极的情绪，或对父母有所警惕。

6. 要学会和孩子“漫不经心”地交流

与其与孩子郑重其事地交谈，让孩子产生警觉或抵触感，不如和孩子做一些“漫不经心”的交流，比如晚饭时间、运动时间，甚至是看电视的时候，父母都可以找一些话题和孩子沟通。在这种“漫不经心”中，孩子会放下心理防线，轻松打开话匣子，父母轻而易举就能了解到孩子的想法和他在学校的一些情况，效果要比“质问”好得多。

7. 要尊重孩子的独立性

聪明的父母会尊重自己的孩子，把他们看做独立的个体，而不是自己的私有品。所以，当他们期望孩子朝自己希望的方向发展时，会潜移默化地向那方面引导，最终让孩子自己做决定，而不会命令或强制。

总之，把话说到孩子心里是一门艺术，父母要掌握这门艺术，需要注意很多方面。只有方方面面都注意到了，父母的话才能“入心”，孩子听了才能“走心”。

15

家长会说，孩子更优秀

会说话的父母，能把孩子的“缺点”说成“优点”，把孩子的“错”说成“对”，有这样的父母，孩子怎么能不越来越听话，越来越优秀？

说话需要技巧，同样一句话，讲得好会让人备受鼓舞，充满信心；讲得不好会让人生气、沮丧甚至记恨你。和孩子说话也是同样道理，他是否爱听，全在于你是否掌握了说话的技巧。

上小学的男孩回到家，闷闷不乐地对妈妈说：“妈妈，我们前几天考试了，但是我数学只考了82分。”

“82分？真不错呢！记得你上次考了76分吧，这才一个月，就提升了6分呢！”妈妈开心地说。

“可是老师说了，这次题简单，我这个分数在班上都是倒数的，大家都笑话我，就连我最好的朋友小光，都说我脑袋笨。”男孩一副快要哭出来的样子。

“我的儿子这么聪明，怎么会笨呢！就说这次考试吧，你和自己比，就是进步了呀！告诉你吧，别人说你笨，你就不努力了，这才是真笨；而你只要肯努力，多思考，哪怕每天只学到一点点知识，也是一种进步啊！”妈妈蹲下来，温和地注视着男孩，用手轻轻摸了摸男孩的头。

可男孩依旧皱着眉头：“妈妈，这么简单的题，我还考了个倒数，你真不生气？”

妈妈笑着说：“当然没有，相反，因为你比原来进步了，我还很高兴呢！儿子，你要知道，分数并不是判断你好坏的标准，只要你认真听讲了，做题时也用心思考过，那不管考多少分，妈妈都觉得你很棒！”

妈妈说这些话的时候，男孩一直看着她，眼睛里充满了喜悦。

“你先去玩一会儿，然后咱们一起看看，为什么那些题会做错，好吗？”

“妈妈，我们现在就去看好吗？”男孩兴奋地说。

说话是一门艺术。当你掌握这门艺术后，就能把孩子身上的“缺点”说成“优点”，把孩子身上的“问题”说得“不成问题”。有这样的父母，孩子怎么可能不听话？相反，如果父母不会说话，那么孩子的优点也可能变成缺点，孩子想听话也难听进去。就比如故事中的这位妈妈，如果男孩一说自己在班里是倒数，她没有这么循循诱导，而是横眉冷对，一番训斥，那结果肯定会是另一番景象。

上小学的男孩回到家，递给妈妈一张试卷，怯怯地说：“妈妈，我们前几天考试了，这是我的数学试卷。”

“才82分！在班里排第几名啊？”妈妈一看分数，立刻质问道。

“老师说了，这次题简单，所以我这个分数在班上是倒数的。”男孩一副快要哭出来的样子。

“你怎么那么笨，竟然考了个倒数！上次你考了76分，起码还是个中下游，这次你竟然都成倒数几名了！你让我怎么说你？”妈妈愤怒地将试卷甩给了男孩，“今天你就别想着玩了，回房好好反思反思，为什么会做错那些题！”

“就知道你会骂我！反正我笨，以后干脆不学了！”男孩也生气了，跑回自己房间，“砰”的一声关上了门……

看，这就是区别，父母会不会说话，直接影响到孩子的态度和自我认可度。其实，孩子是很容易被引导的，如果你会说话，多夸夸他好的一面，那他就会努力把好的一方面放大，变得越来越优秀；相反，如果你不会说话，就会让他生气、沮丧，进而失去努力和改正错误的动力，最后只会自暴自弃，甚至染上一些原本没有的坏毛病。

有一天，上小学三年级的乐乐跟妈妈说，班上有个同学想买玩具了，就骗妈妈说要买本子或笔，等从妈妈那拿到钱后，就立即去买小玩具。要是妈妈发现了他的玩具，他就骗妈妈，说是抽奖抽的。“他妈妈怎么那么傻，竟然每次都相信了。”乐乐当笑话一样说着。

“你以后少跟我说这些啊！”就在这时，乐乐妈打断了乐乐，“也不准跟这样的同学交朋友，小心他把你带坏了！”突然，她警觉地看了一眼儿子：“你不会也用这样的话骗过我吧？”

“怎么可能？我才不会这样做呢！”

“你以为你比他强啊？对了，前几天你还找我要钱了，说买钢笔水，是真的还是假的？一瓶钢笔水用得了10块钱吗？”

“是真的，不信哪天拿回来给你看看！”乐乐急了。

“算了，这次就先相信你一次，等下次你再要钱，我可得问清楚，不然我不就也成了你嘴中的傻瓜！”

“妈，我没有！”乐乐着急地辩白着。

“就你，我还不知道吗？你从小就爱撒谎！”乐乐妈不依不饶。

“我不是都改了吗？我……”

“是不是真改了我哪知道！万一你哪天再犯呢！”乐乐妈的话还没说完，乐乐就生气地离开了。他实在不明白，妈妈为什么抓着过去的事情不放，不相信他，难道他非得重新做回爱说谎的孩子，才称了妈妈的心吗？

聪明的父母，就算知道孩子在某方面有缺点或坏习惯，都会用夸奖的方式让他自己悄悄改正，而乐乐妈却把乐乐喜欢说谎这件事无限放大，毫不顾忌地羞辱原本已经不再说谎的乐乐，这无异于再次把乐乐推上了“说谎台”。

古人云，“知错能改，善莫大焉”。其实孩子的对与错、优点与缺点都是相对的，就看你怎么向他表达，怎么引导了。只要你会说，表达方式正确，他的“错”很快就会成为“对”，“缺点”很快就会变成“优点”。

所以，想要孩子成为你眼中优秀的孩子，说话一定要讲究方式和技巧。做会说话的父母，远比做唠唠叨叨的父母更容易让孩子健康成长。

聪明的父母，会让孩子“有那么点不听话”

对你百依百顺、言听计从的孩子真的好吗？你是否希望自己的孩子能有一些自己的想法，能“有那么点不听话”？

中国人的传统是喜欢老实听话的孩子，认为规规矩矩、百依百顺的才是乖孩子，如果孩子稍微有点调皮，就会忍不住呵斥道：“你这孩子怎么这么不听话。”

可是经验证明，淘气的孩子往往比老实的孩子更有创造力，因为他们对这个世界的接触面更广，大脑受到的刺激更多，智力能被更好地激发出来。所以，让孩子“有那么点不听话”，对提高孩子的创造力是有很多好处的。

而那些“老实听话”的孩子往往喜欢看大人脸色行事，无论做什么都唯唯诺诺，这样的孩子将来是很难有出息的。所以，就连美国前总统尼克松都说，中国的教育虽好，却失去了中国的达尔文和爱因斯坦。因为中国人从小就把孩子训练得十分驯服，不允许有独立见解，更不允许有爱因斯坦似的“离经叛道”，而这只能培养出守业型人才。

如果我们避开创造力这一点不谈，单就“听话”这一点而言，让孩子“有那么点不听话”，其实是为了让孩子更听父母的话。为什么这么说呢？我们知道，随着年龄的增长，孩子会慢慢有自己的想法，这时候你如果还让他完全按照你的想法和命令去做事，他就会有被逼迫的感觉，从而产生逆反心理。相反，如果给孩子一点自由的空间，让他觉得自己有主控权，凡事都由他自己的决定，他就会心甘情愿地去做这件事了。

磊磊从小学四年级开始，就经常帮助妈妈做家务，一直持续到他离家去上大学。

很多父母都好奇，自己的孩子最不喜欢的事就是做家务了，磊磊妈是怎么让磊磊心甘情愿做下去的呢？后来，磊磊妈给大家讲了一个故事，这些父母才恍然大悟。

原来，开始让磊磊做家务的时候，他也很不情愿。比如早上出门前，磊磊妈交代他洗衣服。可是等她下午回来收衣服时，发现有的衣服干了，有的却还是湿的。一问之下才知道，磊磊晒了一两件后，觉得这件事无聊，就进屋玩电脑去了，等再想起来时，才再去晒一两件。就这样，虽然在妈妈下班前衣服都晒出去了，可是干湿程度却不一样。

遇到这样的事情，换一般的父母早该大喊大叫、责骂批评了，但是磊磊妈却没这么做。她只是告诉磊磊：白天，太阳光中的紫外线可以消毒，而到了晚上衣服还没有晒干，那些出来觅食的昆虫可能就会在衣服上产卵。

磊磊曾经看过一个故事，说加州大学一位昆虫学教授去亚马孙河采集标本时，不小心被一种小虫叮了一下，谁知这种小虫竟然趁机把虫卵产到了他的皮肤里，以致教授手臂红肿不消，当医生用手术刀划开红肿的皮肤时，医生和教授都惊呆了——里面跑出来好几只幼虫。

这个故事给磊磊留下的印象非常深刻。所以妈妈一说，他就知道为什么要在白天把衣服晒干了。从此以后，他每次晒衣服，都会尽量在中午以前晒好，再也不像第一次那样拖拖拉拉了。

“其实，他能这么‘听话’，是因为我给了他做事情的自由空间，只要他能把工作做完，我不限定他怎么做或什么时候做。”磊磊妈最后总结说。

可见，想让孩子听话，给孩子一点自由的空间让他自己支配，远比死死地盯着他，让他完全按照家长的要求行事更有效。

所以，只要孩子不是特别出格，父母就不要对孩子限制太多。让孩子“有那么点不听话”，允许他有不同意见，有自己的行事方法，他在碰壁或发现自己的方法行不通时，才会更愿意听父母的话。更何况，我们自己做事情的方式也不见得就是最完美的，那又何必强迫孩子完全按自己说的去做呢？

轩轩的妈妈是个特别强势的女人，她的这种强势不光体现在工作中，也体现在对孩子的教育上——她不允许轩轩有任何不听话的行为，凡事必须按照她的指示来。这让轩轩的逆反心理越来越强，他总是在心里不停地问：难道我的想法就都是错的？妈妈说的都是对的？

这一天，轩轩的学校打算组织学生去春游，要求所有学生回家后，准备好春游需要带的东西，并且也给家长发了通知。

轩轩到家后，查看了天气预报，是晴天，于是准备了一套户外服、一双登山鞋、两瓶水、一些零食和用来当午餐的面包、香肠。轩轩认为，这些东西足够了，可是轩轩的妈妈看到以后，却认为根本不够，她先是往轩轩的背包里塞了一把伞，然后又塞了两瓶水和更多的食物，还有驱蚊水、手电、一套备用衣服，等等。

“妈妈，明天是晴天，你给我带伞干什么？”

“天气预报哪有准的，带着伞以防万一！”

“两瓶水足够了，我们就出去一天，晚上就回来了！”

“不行，到时候不够喝怎么办，谁能给你水喝啊！”

“那这又不是夏天，你给我带驱蚊水干什么？”

“万一有什么虫子呢？反正也不重，带着吧。”

“那衣服呢？”

“万一弄湿了或脏了，你可以换一下呀！”

“可是，妈，你想过没有，我带这么多东西，到时候怎么爬山？难道让别人替我背吗？”

“少废话，让你带什么就带什么，我还不是为了你好？”

……

轩轩没有办法，只好屈服于妈妈的强势，做个“听话”的孩子。可是，轩轩的担忧是对的，因为背的东西太多，他刚走到山脚下，就走不动了，最后还是同学们帮着分担，他才爬到了山顶。

从此以后，轩轩再也不肯听妈妈的话了……

一味要求孩子听话的父母，你们在要求孩子时，是否想过，自己说的就真的对吗？孩子的想法就都是错的吗？你想让孩子对你的话奉若箴言，没有一点自己的想法，就真的好吗？答案当然是否定的。

所以一定要记住，孩子听话是优点，太听话则是缺点。对孩子的教育做到“管而不死，活而不乱”，兼顾对孩子创造力的保护和引导，才是最理想的状态。只要目标达到了，请给孩子一点自由发挥的空间吧！

Part 2

不打不骂，蹲下来和孩子对话

不要相信“棍棒底下出孝子”

你相信“棍棒底下出孝子”？打骂能纠正孩子的不良行为？那你就错了，因为孩子真正需要的，是“爱的教育”！

中国有句俗语：“棍棒底下出孝子！”曾经经历过父母打骂的家长，沿袭了上一辈的教育方式，当孩子犯了所谓的错误时，动辄对孩子动粗口、挥拳头。他们认为打骂孩子能够起到教育孩子的作用，而且效果明显。有些家长也认为，打骂孩子是为了纠正孩子的不良行为，只要出发点是好的，就理所应当。

其实这种观念是非常不正确的，打骂这种教育方式表面上可以让孩子暂时克服自己不正确的欲望和控制不正确的行为，却不能从根本上解决问题。另外，它不仅会让孩子和家长之间的亲情日益淡漠，隔阂越来越深，还可能给孩子的心理带来以下这些永远无法弥补的创伤。

1. 懦弱

如果孩子长期被父母打骂，时间久了，孩子见到父母就会立刻产生恐惧心理，继而不敢接近。因此，不管父母要他做什么，也不管父母的话是对是错，他都言听计从。在这种绝对服从的环境下成长的孩子，不但个性全无，没有主见，性情压抑，而且缺乏独立的信心、勇气和能力。

豆豆喜欢上了爬高，这可把爸爸妈妈吓坏了，为了制止他的这种危险行为，爸爸妈妈经常警告他说："不许爬高，否则打屁股。"

可是，强烈的好奇心是每个孩子与生俱来的。一天，豆豆忍不住踩着小板凳上了椅子，又踩着椅子上了桌子，再踩着桌子爬到了冰箱上，站起身来掂着小脚打开了吊橱的门，拿出了妈妈藏的点心，拈起一块放进嘴里，又放回去了，可是下来的时候被妈妈抓了个正着……

过了两天，豆豆踩着凳子上了窗台，趴在玻璃上踮起脚尖，揭掉了已经褪色的小窗花，妈妈发现的时候，他已经完成了……

又过了两天，他在爸爸的书架前放了张椅子，站到上面企图把放在最上排的一本书拿下来，结果被爸爸看到了。于是，爸爸一把将他从椅子上揪下来，然后重重地在他的小屁股上打了两下。不仅如此，为了提高豆豆对这件事的重视程度，以免再犯，爸爸还瞪着眼，指着豆豆的鼻子说："臭小子，谁让你总是爬这么高的？你就不怕掉下来摔死你？再敢爬高，我就把你的腿打断！"

自那天起，豆豆再也不敢往高处爬了。直到长大，豆豆都对爬高充满了恐惧，他甚至不敢换灯泡……

2. 孤独

经常挨打的孩子，会有孤独无援的感觉。尤其父母当众打孩子，是对孩子自尊心最直接的伤害。他们往往觉得自己比别人差，有"低人一等"的感觉，所以显得比较压抑、沉默，认为老师和小朋友都看不起自己。因此，这种孩子往往不愿意与家长和老师交流，不乐意和小朋友一起玩，性格上显得孤僻、难以接近。

3. 说谎

牛牛在跟狗狗玩闹的时候，不小心将桌子上的花瓶打碎了。这时，妈妈听到响声进来了，指着地上的花瓶碎片问："这是怎么回事？"

牛牛记得前几天他把牛奶倒进花盆里，妈妈还打了他，这次如果知道是他打碎的花瓶，肯定又要打他，于是他赶紧说道："是狗狗撞坏的！"

牛牛逃过了责罚，心中窃喜！

一些家长一发现孩子做错事，就会立刻打骂。为避免"皮肉之苦"，很多孩子便不自觉地选择了撒谎。故事中，牛牛正是为了逃脱惩罚才撒谎的。但是孩子的谎言很容易被父母揭穿，为了惩罚孩子的说谎行为，家长的态度会变得更加强硬。为了逃避挨打，孩子下一次做错事时，更要说谎了，这种强化作用使得孩子说谎成性，在父母面前阳奉阴违，最终形成恶性循环。

4. 悲观厌世

在由中国青少年研究中心编著、科学出版社2008年出版的《中国未成年人数据手册》中，中国青少年研究中心调查显示，在挨打之后，67.3%的孩子会气愤、痛苦、伤心，18.1%的孩子想离家出走，9.2%的孩子甚至产生了死的念头。在现实生活中，打骂孩子造成终生遗憾的事情时有发生，孩子不堪忍受上吊自杀者有之，离家出走者亦有之，这给家庭造成的痛苦难以言状。

5. 逆反心理强

不难发现，那些经常挨打的孩子比较"犟"，经常与父母"对着干"，就连挨打时都可能"不屈服"。有人认为，孩子挨打，就是因为他太拧。其实，小孩子也是有思想、有意识的，父母打他，他也会不服，这种因不服而产生的反抗，最终便以“犟”的形式表现出来。

6. 人格畸形

从心理学角度讲，父母粗暴高压，孩子无力反抗，创伤、恐怖、强迫、压制、愤怒等，会作为负面情绪积存到潜意识中。如果这种负面情绪积累过多，又不能得到及时纾解，那孩子的人格发展和心理发展就会形成一种无法抑制的断裂和畸形。

2010年10月20日深夜，一个叫张妙的女人在骑电动车外出时，被一辆红色雪佛兰小轿车撞上。驾车者下车发现张妙倒地呻吟，因怕张妙看到其车牌号，以后找麻烦，便从随身包中取出一把尖刀，在张妙的胸腹部连刺数刀，致其当场死亡。杀人者系西安音乐学院钢琴专业大三学生药家鑫。

药家鑫事件发生后，很多人都很疑惑：一个正在接受高等教育的大学生，为什么撞了人不赶紧送医院，而是残忍地杀人灭口？

从药家鑫在法庭上的自述和记者的采访中我们了解到，药家鑫的父亲是一名军人，平时对他的管教非常严厉，从不允许他出错，凡事要争当第一，尽善尽美，做错事会被打骂，甚至还曾将他关在地下室。他的母亲逼他每天练琴，经常打他，甚至拿皮带抽他。据药家鑫回忆，他曾很多次都想过自杀，“因为每天除了无休止地练琴外，看不到任何人生希望”。缺少爱的药家鑫，其冷漠的内心如一座火药库，一旦爆炸，后果便是彻底的毁灭。因此就不难理解，在知道撞了人后，药家鑫为什么变成一个杀人不眨眼的恶魔了。

可以说，药家鑫的悲剧，是他受到的不当的家庭教育埋下的种子。他在家庭暴力下成长，没有爱的温暖，表面驯服，内心却非常逆反，最终酿成了大祸。

综上所述，打骂只会摧残孩子的身心，使孩子失去自信。所以，父母一定要避免打骂教育。

陪伴
是沟通的关键

你是否觉得孩子和爷爷奶奶越来越亲近，和自己越来越疏远？是否觉得孩子已经跟你无话可说？想改变这种状况，就多陪陪孩子吧！

父亲最近的工作压力很大，天天在公司加班到很晚。这天，他迈着沉重的步伐回到家中，想不到5岁的儿子正站在卧室门口等他。

“爸爸，您1小时能赚多少钱？”

“这不是你该管的事情！为什么问这个问题？”父亲有点生气了。

“我只是想知道，爸爸。请您告诉我，您1小时能赚多少钱？”

“好吧，我1小时大概可以赚20美金。你可以去睡觉了吗？”父亲不耐烦地说。

“哦，”儿子没有回房间，而是低下头说，“爸爸，请您借给我10美金吧？”

父亲以为儿子想乱买东西，于是训斥了他一顿。儿子默默地回到自己的房间，并关上门。

冷静下来后的父亲觉得刚才那么对儿子有些过分，就走进小孩的房间：“对不起，爸爸刚才太凶了。这是你要的零用钱，去买你想要的东西吧。”父亲将10美元放在桌上。

儿子接过钱，高兴地从抽屉里拿出一个存钱罐，将罐子里的钱都倒了出来，慢慢地数着。

“你已经有钱了，为什么还要？”父亲又有些生气。

儿子把所有的钱捧在手上，说：“爸爸，我现在有20美金了。我可以向您买1个小时的时间吗？我一直盼望着能跟您吃顿晚饭，请您明天早点回来，好吗？”

这则故事告诉我们，孩子需要陪伴，需要父母的理解与爱，相较于物质上的关爱，精神上的关爱才是孩子最需要的。然而在现实生活中，身为家长，你有多久没有和孩子一起吃饭，一起出游，享受手牵手走过的每一分钟？你有多久没有和孩子坐在一起，静静看他写的每一笔，听他想说的每一句话？你是否觉得孩子和爷爷奶奶越来越亲近，却和亲生父母越来越疏远？……

这些问题你是否深有感触？

几年前，某市进行了一项关于少年儿童素质状况的抽样调查，结果显示，独生子女与父母交流、玩耍的时间最短，只有5%，而一个人独处的时间高达40%。随着年龄的增长，孩子与父母在一起的时间呈下降趋势。由于与父母缺少情感交流和语言沟通，相当一部分孩子内心空虚、性格孤僻、对人冷漠，与父母存在隔阂。

事实上，给孩子更长时间、更高质量的陪伴，更及时、更积极的回应，对孩子的成长至关重要。

首先，父母与孩子的沟通，不仅仅是内容的传递，更是情感的流通，爱的流动，对亲子双方都有着重要意义。父母只有长时间地陪伴在孩子身边，才更有利于亲子沟通。因为只有这样，父母才能及时听到孩子心里真实的想法，了解孩子的所思所想。双方的心扉打开了，沟通顺畅了，良好的亲子关系就更容易形成了。很多孩子之所以不愿将心里话说给父母听，就是因为父母没有时间陪伴他们，很多对他们来说很重要的时刻，父母没有给予足够的支持与帮助，所以他们跟父母的关系才会逐渐疏远。

其次，孩子唯有在父母的陪伴和呵护中成长，才能感受到父母无条件的爱，从而获得安全感、归属感和价值感，构建起独立的人格特质和与父母稳固的依恋关系。研究显示，凡是童年获得充足而又高质量陪伴的孩子，日后都会情绪稳定、乐于交往、敢于探究。

另外，教育孩子的前提是了解孩子。如果父母都不了解自己的孩子，就盲目地照搬别人的教育方法，结果只能适得其反。这种情况下，又何谈对孩子的尊重和理解？关于儿童生长发育的普遍规律，家长可以通过相关书籍有个大体的了解，但具体到某一个孩子成长规律和个性品质方面，一定是有很大不同的。所以父母想要真正了解自己孩子所处成长阶段的规律特征，以及他自身的天赋潜能、兴趣爱好、脾气秉性、内在需求等，就必须在孩子生活和游戏时观察他，在孩子不同的情绪和状态下研究他，而父母做到这些的前提就是，长时间地陪伴在孩子身边。

有一些父母整天致力于找寻培养孩子能力、品质的方法和秘籍，可对孩子连陪伴的耐心都没有，陪伴的过程都想省略，一心只想着通过说教、打骂等简单粗暴的方式来速效地教育好孩子，这怎么可能取得好的效果呢？

要知道，在养育孩子的过程中，父母只有长时间地陪伴孩子，才能把自己的信念、价值观、行为准则，以及对孩子的接纳、尊重、理解和信任传递给孩子，才能以自己身体力行的示范，去影响和熏陶孩子，从而让孩子树立自信心，拥有战胜挫折的勇气和力量。

开口前，换位思考

与孩子交流时，你懂得换位思考吗？你会设身处地站在孩子的角度，急孩子之所急，想孩子之所想吗？

圣诞节的晚上，年轻的妈妈带着5岁的女儿一起参加公司的圣诞晚宴。

妈妈不断地领女儿到宴会的各个地方，兴高采烈地和同事们打着招呼。她以为这里场面热闹，美食丰盛，还有圣诞老人和礼物，女儿一定会很喜欢，但是女儿一直皱着眉头想要离开，甚至哭了起来。妈妈一开始还能耐心地哄女孩，但多次之后，看到坐在地上，连鞋子都甩掉了的女儿，她的耐性全用光了，火气也上来了。她气愤地把女儿从地上拽起来，训斥之后蹲下来给女儿穿鞋。

就在妈妈蹲下来的一瞬间，她惊呆了：眼前晃动的都是大人的屁股和腿，而不是自己刚才看到的那些笑脸、美食和礼物。她立刻就明白了女儿为什么会不喜欢这里。

为什么孩子喜欢把心里话对自己的朋友说，却不愿与父母说？是什么给亲子交流带来了障碍呢？这个故事就给了我们很大的启示。与孩子交流，必须要懂得换位思考，要设身处地地站在孩子的角度想问题，这样你才能想孩子之所想，急孩子之所急，理解孩子的想法和感受，保障沟通顺畅进行。

可儿一边哭一边告诉妈妈，自己养的小白兔死了。妈妈劝慰她，再买一只就好了。可儿听了哭得更伤心了：“我不要，我就要这只小白兔！我们是好朋友！”

妈妈一听，急了：“你这孩子怎么这么任性。不就是一只小白兔吗，不是说了再给你买一只，怎么还不消停？”

可儿用手捂住耳朵，不住地摇头：“不要，不要，我就要我的小白兔！”

妈妈无奈地瞪起了眼睛：“你乱发什么脾气！”

同样的事情发生在另一对母女身上，却是另一番情景。

黎黎一边哭一边告诉妈妈，自己的小白兔死了。妈妈同情地说：“难怪你这么伤心！”

黎黎伤心地点头：“我们是好朋友！”

妈妈劝慰她：“失去好朋友是一件让人特别难过的事情，妈妈理解你的感受。”

黎黎回忆说：“我每天都喂它吃东西，还给它水喝。”

妈妈说：“是呀，你那么用心地照顾它，不过真的很可惜。也许我们可以问问兽医这是怎么回事。”

黎黎停止了哭泣，认真地对妈妈说：“我一定去问问。您能再给我买一只小白兔吗？”

在与孩子沟通时，家长往往会要求孩子按照自己的标准来做事情，希望孩子能听自己的话，但是，家长为什么不能站在孩子的角度考虑问题呢？当家长与孩子都能站在对方的角度来考虑问题时，沟通就变得简单多了。

从上面两个对比鲜明的故事中，我们就能看出，妈妈对孩子情感的认同能够帮助孩子从坏情绪中快速解脱出来，情绪缓和后，他们会很容易采纳妈妈的建议。

站在不同的位置能够看到不同的风景，处于不同的立场也会产生不同的观念。很多时候，家长站在孩子的角度，体会孩子的感受既是对孩子的一种尊重，也是实现有效沟通的一种重要技巧。它不仅有助于有效解决孩子的问题，还能够快速拉近家长与孩子的心灵距离。

家长站在孩子的角度看问题，细心地体会孩子的感受，孩子自然也就会与家长好好沟通，并且听从家长的教导了。同时，孩子也会逐渐意识到，自己应该学着用成人的眼光来理解世界，这样，家长的价值观就能够很好地传递给孩子了。

给孩子平等对话的机会

你在孩子面前，总是一副“大家长”做派吗？如果是，那么从现在开始，放下身段，学着和孩子平等对话吧！

受中国传统教育观念的影响，很多家长把自己摆在“高孩子一等”的地位，与孩子交谈时总是大耍家长威风。例如有的家长想了解孩子，或者想知道孩子最近学习如何，就以一种命令的口气说：“儿子过来，最近在学校表现怎么样？快给爸爸说说！”或者说：“儿子，过来给妈妈汇报汇报最近在学校的表现！”完全是一副高高在上的口气和做派。孩子这时候虽然乖乖过来了，但内心却可能在想：“糟糕，爸爸妈妈又要挑我的刺了。一定不能让他们知道我在学校和同学打架的事情。”

于是乎，家长没听到自己想听到的，孩子没说出自己想说的，家长与孩子之间的交流就这样进入了一个恶性循环的“怪圈”。久而久之，家长抱怨丛生：“为什么孩子不愿意跟我沟通？”“我觉得孩子越来越陌生了。”“为什么孩子总是不听我的话？”……

事实上，是家长一手关上了孩子与自己沟通的大门。每一个成长中的孩子，即使是刚刚学步的孩子，也都是一个独立的个体，有自己的权利，有自己的尊严。他们希望父母能站在自己的立场上与自己进行平等的对话，这样，会让他们觉得父母是尊重他们的。

然而很多家长在潜意识中却不承认孩子与自己拥有平等的地位，不愿放低姿态。“我是你爸，我不管你谁管你”“我吃的盐比你吃的饭都多”这些传统观念还残留在家长的头脑中，所以他们的想法就是：小毛孩懂什么，我是大人，是父母，怎么可能平等呢？我说他就得听，我要求他就得做。

孩子需要尊重，如果得不到，在他们眼里，父母就是高高在上的“统治者”。在父母面前，他们根本没有平等对话的机会，只能被动地接受管束，有话不能说，有意见不敢提，久而久之就不敢也不愿与父母沟通了。

一个周末，妈妈带着大儿子毛毛和小儿子丁丁一起驱车出游。一路上，妈妈一直在与丁丁说话，而毛毛则气鼓鼓地坐在后排的位置上，一会儿用脚踹踹前面的座位，一会儿用手敲打车玻璃。当他又一次重重地踹了一下前面的座位时，妈妈再也忍不下去了。

妈妈对他说：“毛毛，你这孩子怎么回事，再捣乱就给我下车。”

毛毛看了看妈妈，没说话，把头转了过去，可不一会儿就小声地啜泣起来。

妈妈小心地问：“儿子，哭什么啊？告诉妈妈。”但毛毛一句话也不肯说，气氛一下子变得沉闷起来。

孩子也是人，也会反感高高在上的说教和指点。作为父母，采用任何居高临下的心态和语气都很难与孩子进行良性的沟通。故事中，正是由于妈妈不分青红皂白地训斥毛毛，伤害了他的自尊心，他才会拒绝回应妈妈的问话。

同样的情境，聪明的家长会这样与孩子交谈：

妈妈发现毛毛气鼓鼓地在后排搞小动作，立即停止了和小儿子的谈话，转头问毛毛："宝贝，你怎么了，看起来不太开心啊？"

"你只顾和弟弟说话，都不理我！"

"抱歉，孩子，因为弟弟下周要参加夏令营了，所以我就多嘱咐了他两句。现在我和他的对话告一段落，你能告诉妈妈你想干什么吗？"

"坐在车里太无聊了，我想听儿歌。"

"好的，妈妈放给你听。"

"谢谢妈妈。"

"好听吗？"

"嗯，很好听，我长大了也想当歌星。"

"真棒，儿子，到时候妈妈一定会全力支持你的。"

"妈妈，待会儿我们吃什么呀？"

"你想吃什么？"

"我特别想吃酱大骨。"

"好的，妈妈在开车，你注意看一下外面哪里有卖的，看到后我们就下车去吃饭。"

"遵命！妈妈你真好！"

请记住，家长只有放下架子，以平等的心态对待孩子，把孩子当成一个独立的个体来看待，在相互尊重的前提下，进行平等的对话，孩子才会把他的真实想法告诉你，同样，你说的话孩子才能听到心里去。

孩子的事多与孩子商量

遇到一些和孩子有关的事情时，你是全权代理，自作主张？还是完全尊重孩子的意愿，凡事与他商量？

一位中国母亲带着儿子去法国旅游。

一天，她和儿子来到法国朋友家做客。热情好客的女主人问客人喝点什么，母亲回答说："随便吧。"

女主人又问男孩想喝点什么，还没等男孩回答，这位母亲又抢先说："别管他，我喝什么，他喝什么。"

女主人对此很不理解："还是让孩子自己选吧。"

但这位母亲还是固执地表示没有给男孩选择的必要："不用管他，他能知道什么，就和我的一样吧。"

就这样，男孩最终也没有得到自己选择的权利。

孩子想要喝什么本应该由孩子自己选择，这是他的权利，母亲不应该越权代办。“想要喝点什么”还只是生活中一件再小不过的事，却反映出了这位母亲在教育孩子方面存在的问题。很多家长在生活中成为了孩子的“代办者”，从生活琐事到思考问题都代办到底，久而久之，很容易使孩子形成依赖心理，变得懒惰，缺乏自主意识和自理能力。

从另一方面来说，随着孩子年龄的增长，孩子的思考能力、认知能力都会有所提高，在兴趣爱好等方面也都有了自己的主见，这时候若是家长对孩子的想法横加阻拦，孩子就会在心里与父母产生隔阂，从而更加放纵自己的行为，让本来商量一下就很容易解决的问题变得更加棘手。

所以，与孩子有关的事，家长应该在充分尊重孩子的前提下，与孩子商量，达成共识。那么，具体来说，还有哪些方面需要注意呢?

首先，要尊重孩子的感觉。孩子有自己的想法，也许他们的想法是幼稚的，甚至是错误的，但家长不要轻易加以否定，要尊重孩子的感觉。

妈妈带贝贝去商场买衣服。贝贝看中一件印着面包超人的外套。妈妈摸了摸，觉得做工非常粗糙，就给贝贝买了另外一件。贝贝很不高兴。妈妈耐心地跟他说：“这件质量比那件好，还更贵呢！”可是贝贝说：“这件虽然好，但是没有面包超人，我不喜欢。”

其实，孩子并不一定要买多么高档的东西，他们更注重自己的兴趣所在。

其次，商量时要注意语气。与孩子商量时，家长要与孩子平等地商量事情的解决方式，这样孩子会觉得自己受到了尊重，能够很快认同父母的想法，从而加快事情的处理。需要注意的是，既然打定主意要跟孩子商量，就要用商量的口吻，特别是在孩子犯错的时候，家长一定要控制自己的情绪，千万不要用带有命令的口气，否则会适得其反。因为那样孩子会觉得父母不关心他的感受，不尊重他，从而变得更加放纵。

最后，对孩子的合理意见要加以采纳。

周周家的新房装修好了，爸爸妈妈去家具城选购沙发时也带上了她。家具城里各式各样的沙发让他们一时挑花了眼，但不管看哪种沙发，他们都不忘问问周周的意见。

一个销售人员见他们在征求一个只有七八岁的小女孩的意见，就不解地问："小孩子哪里懂怎么挑沙发，这不是多此一举吗？"

周周的爸爸告诉他："我们是一家三口，女儿喜欢在沙发上玩，沙发对她很重要，所以当然要问问她喜不喜欢。"

周周受到爸爸的鼓励，更加积极地参与其中，不但主动参与对沙发好坏的讨论，还根据爸妈提供的参考意见跑来跑去地寻找她理想中的完美沙发。

后来，周周的爸爸妈妈果然买下了周周看中的一组不错的沙发，而且鼓励周周说她的眼光很好。

家长善于吸取孩子的合理化建议，孩子就会觉得自己在父母眼里不再是小孩子了，说话有分量了，这样就会在更多问题上与父母商量。

总之，有了尊重孩子的意识，在孩子的事情上做到与孩子商量，家长就能得到孩子更多的尊重与理解，家庭会变得更加和谐，孩子也会更加快乐地成长。

向孩子敞开自己的心扉

你想与孩子之间有良好的沟通吗？你希望孩子对你敞开心扉吗？那么，你先向孩子敞开自己的心扉吧！

父母与子女间的良好沟通，不仅是指孩子能够对父母敞开心扉，还意味着父母也要尽可能地向孩子敞开心扉，表达自己的真实想法和感受，只有这样，才能得到孩子的认同，从而促进亲子关系的发展。

现实生活中，很多父母宁愿花大量时间去向别人诉苦，诉说自己的工作如何不顺心，压力如何大，诉说孩子怎么个性强、有心机、不听话，也不愿和孩子进行交流和沟通，更谈不上与孩子坦诚相待。

事实上，正如父母很想了解孩子的内心世界一样，孩子也想进入父母的内心世界。例如，看到爸爸满面愁容，孩子可能会关切地问道："爸爸，你为什么不高兴啊？是不是跟妈妈吵架了？""你有什么麻烦，能不能告诉我？"爸爸如果搪塞过去，说"没事，我很好"，或"不关你的事，该干什么就干什么去吧"，那就等于是将孩子对父母的关心推开了。这时候孩子从父母那里所得到的信息就是“父母的事情与我无关”，同时会感到不被尊重和信赖。当父母反过来要求孩子向自己袒露一切时，这种不平等的要求，当然不可能取得良好的效果。

章程最近下岗了，可是碍于情面，他并没有告诉家里人。为了不让家人起疑，他每天到了上班的时间就走出家门，在外面东游西转一番，到了下班时间才回家。

有一天他刚回家，女儿兰兰悄悄跑到他的房间，对他说：“爸爸，我觉得你最近精神状态不好，你是不是不上班了？”

章程愣了一下：兰兰只是一个5岁大的孩子，怎么会这样问自己呢？他想了想，随口说了句：“没事，就是工作有点儿累，你赶紧写作业去吧！”兰兰满腹狐疑地走开了。

几天后，章程发现，兰兰回家后也是一副心事重重的样子，而且也不大愿意跟自己说话，就问兰兰：“宝贝，怎么了？发生什么事情了吗？”

兰兰回道：“没事，你忙你的去吧！”说完就回了自己房间。

兰兰的表现让章程很是纳闷。后来他从邻居口中得知，原来前几天兰兰所在的幼儿园组织春游，孩子们到公园里游玩时，碰巧他也在公园闲转，兰兰看到了他好几次。兰兰跟邻居说，她爸爸对她说谎，她再也不喜欢爸爸了。

得知兰兰的“心事”后，章程苦恼极了。

章程的本意是好的，不愿意让女儿为自己的事情担心，但很多时候，孩子也想了解家长的心事，想为父母排忧解难。章程有意隐瞒下岗之事，给女儿造成了不小的“伤害”。其实这件事是完全可以避免的。如果章程向女儿敞开自己的心扉，跟她说出实情，亲子关系中的一切问题都会迎刃而解。

父母向孩子敞开心扉，与孩子坦诚地谈论自己的想法和感受，表现了对孩子的尊重和信赖，这不仅会让孩子觉得父母更易亲近，还能把一种坦然、真诚的处世态度传达给孩子。

那么作为父母，如何向孩子敞开自己的心扉呢？

1. 和孩子分享你的喜怒哀乐

交流和倾诉都是相互的，作为父母，你只有主动向孩子袒露自己的喜怒哀乐，孩子才会了解你，也更愿意向你敞开心扉，与你分享自己的快乐和困惑。

或许有些父母会说："孩子还小，生活经验和社会阅历很少，即使我向他倾诉，他能听得懂、能理解吗？"其实，孩子对父母的行为和情感是很敏感的，只要你把自己的事情和心情告诉他，他就可能会了解你，明白你的感受和处境，甚至会自觉地分享和分担。

2. 让孩子了解你的工作状况

很多父母常常只要求孩子向自己汇报学习情况，却很少主动向孩子讲述自己的工作情况。其实，父母与孩子聊聊自己的工作好处多多。知道自己的父母每天在忙什么，孩子才会明白，工作的意义是什么，从工作中可以得到自我肯定与生活的乐趣。

当下，很多孩子体会不到父母的辛苦，所以花起钱来大手大脚。如果孩子知道了父母的辛苦，可能就不会乱花钱了。而且，孩子也会为了回报父母而更加努力地学习。

所以，父母不妨与孩子聊聊自己的工作情况，聊聊自己工作中的酸甜苦辣，聊聊工作有所成就时的幸福体验，通过这种方式让孩子了解父母、认识社会。

3. 告诉孩子你的隐私或秘密

很多父母都认为孩子太小，很多事情不能告诉他们，尤其是自己的隐私或秘密，这些事情让孩子知道了，自己会很没面子。其实不然。与孩子共享隐私或秘密会拉近彼此间的距离，让孩子觉得父母把自己看成了"铁哥们儿"，对自己非常信任。孩子非常看重家长对自己的信任，出于“哥们儿义气”，他也会把自己的小秘密告诉家长。如此一来二去，双方的关系便会亲密很多。

4. 让孩子知道你对他的期望

父母对孩子的期望不能过高，一旦超出了孩子的能力范围之外，会给孩子带来压力和伤害。所以要以孩子自身作为参照，确立合理的期待。

不过，这种合理的期待，最好也能够让孩子了解，让孩子了解父母对他的期待并不过分，让他了解父母对他的具体期待是什么。如果父母能够做到这些，那么孩子一定也会把父母的期望变成前进的动力，努力做到最好。

总之，无论多么忙，父母都要抽出时间与孩子敞开心扉地交谈，因为只有这样做，才能引起孩子感情上的共鸣，进而与孩子建立起一种相互信任的关系，使亲子关系更加和谐。

为自己的错误真诚地向孩子道歉

当你在孩子面前犯了错时，你会怎么办？是找理由为自己开脱？还是勇于承认错误，并真诚地向孩子道歉？

到了去亲子中心上课的时间，妈妈催了友友好几次，可友友还是一直在低头摆弄她的拼图。眼看就要迟到了，妈妈怒气冲冲地走过去抓起友友面前的几块拼图扔进了垃圾桶里。

友友眼泪汪汪地看了看妈妈，想要说些什么，但还是沉默着换了鞋，跟妈妈出门了。

路上，妈妈忍不住又批评了友友几句："不是不让你玩拼图，但是你不该因为贪玩耽误了上课。"

友友听了，小声说了句："我就是想把它们放回盒子里，好下次再玩。"

妈妈听了，虽然有些后悔自己刚才的做法，但还是没有说什么。

过了几天，妈妈的一个朋友带着儿子来家里做客。男孩比友友大两岁，和友友一起玩玩具的时候不但不爱惜玩具，还把玩具到处乱扔。而友友却能做到每玩完一件玩具就随手放回原来的位置，还不断把男孩弄乱的玩具摆放整齐。

朋友见了，羡慕地问友友妈妈："友友才3岁，已经能做到把自己的玩具摆放整齐了，你是怎么培养的？"

朋友的话让友友妈妈很得意，她兴高采烈地向朋友介绍经验："友友2岁的时候，我就为她准备了专用的玩具架和整理箱，还为她示范该怎样摆放玩具。久而久之养成习惯，现在每次玩过玩具后，她都能自觉地把玩具归位。虽然她的玩具很多，但是因为每个玩具都有自己的位置，所以一点儿也不会乱。"

说着说着，友友妈妈猛然间想起自己扔友友拼图的事。当时友友为了把玩具归位耽误了时间，她却因为心急误解了友友，不光责备她贪玩，还把她心爱的拼图扔进了垃圾桶。这让她心里感到一阵难过，"差点就因为自己的误解毁了孩子已经养成的良好习惯，还好自己及时认识到了这一点"。

朋友和孩子离开后，妈妈走到友友面前，为误解友友的事郑重向她道了歉。

人无完人，家长不可能每件事都做得正确。有些家长为了维护自己的面子，做错了事还故意摆出架子不向孩子认错，或者找个理由为自己开脱，这实在不是明智之举。

如果家长总是为自己的错误"打掩护"，不肯向孩子承认自己的错误，那么孩子就会形成"爸爸（妈妈）虽然看起来是对的，但其实经常犯错"的看法。久而久之，孩子对父母提出的观点和要求也会产生质疑，甚至不再重视。那么失去了说服力的家长以后再对孩子进行教育时，也就变得难上加难了。

事实上，家长在孩子面前犯错后，勇于承认并适时地向孩子道歉，不仅不会丢面子，反而能够赢得孩子的尊重和信任。因为孩子会记住父母是如何勇敢地对待自身缺点的，这种勇气与坦率会鼓励孩子勇于为自己的言行负责，做到知错能改。

那么，家长在向孩子道歉时，有哪些地方是值得注意的呢？

1. 道歉要直接

错了就该当着孩子的面及时、直接地道歉，拖拖拉拉、支支吾吾、拐弯抹角是不行的。有些父母选择以信件的方式，或是让他人帮忙转告的方式来表达歉意，这些都是很难获得孩子的认可的。因为这些方式会让孩子感觉道歉来得太迟、太缺乏诚意，自然也很难起到好的教育效果。但如果孩子能感受到父母率直不扭捏的道歉，孩子将来也很容易大大方方地承认错误。

2. 道歉要真诚

道歉不是只说句“对不起”就万事大吉了，家长一定要让孩子感受到自己的诚意，要让孩子体会到自己犯错后歉疚的心情。家长向孩子讲明自己犯错的原因，真心向孩子道歉，才能收获孩子的谅解，从而化解与孩子之间的矛盾。

3. 不要随便向孩子道歉

有些父母似乎有随时向孩子道歉的习惯，孩子不爱吃饭、上学迟到、生病不舒服……家长都认为是自己的原因导致的，而频繁地向孩子道歉。这种不管发生任何事，家长都把责任揽在自己身上的做法，非但不能建立良好的亲子关系，反而会让孩子变得愈发骄纵任性、责任感淡薄。所以如果家长没有什么不对，千万不要动辄对孩子说“都是爸爸（妈妈）不好”。

总之，家长为自己的错误真诚地向孩子道歉，可以明确表达出对孩子的尊重，可以架起亲子沟通的桥梁，是家长与孩子维持情感的良方，而且是家长应该为孩子做出的正确的行为示范。

Part 3

找准时机，说出来的话孩子更容易接受

遇物而诲，择机而教

你在教育孩子时，是不分场合、地点，没完没了地唠叨？还是随时、随地利用具体形象的实例，对孩子进行潜移默化地教育？

“遇物而诲，择机而教”，指的是教育孩子并非只是在课堂内，而是要在生活中随时随地抓住看到的、遇到的事和物，对孩子进行教育。这个家教宝典是唐太宗李世民总结出来的，他对太子的教育就是如此。

太子吃饭的时候，李世民趁机对太子说：“种庄稼不是一件易事，懂得这个道理，才会永远有饭吃。”

太子骑马的时候，他趁机说：“马和人一样，应该有劳有逸，不能让它过度劳累，懂得这个道理，你才会永远有马骑。”

太子在树下乘凉的时候，他趁机指着树干说：“木匠要把木头锯成木板，只有用绳墨才能锯直，将来你想要做个圣明的君主，就得虚心听取侍臣的进谏。”

太子乘船游览时，他又趁机说：“你看，水能把船浮起来，也能把船沉下去。老百姓好比是水，君主好比是船。老百姓可以维护你的统治，也可以推翻你的统治。”

唐太宗抓住教育时机，分别利用吃饭、骑马、乘凉和乘船的机会，教育太子不能养尊处优，要让人民休养生息，要注意纳谏，不要与人民产生尖锐的矛盾。这种教育方式形象生动、深入浅出，却又意味深长，既能让孩子随时随地接受教诲，又能让孩子易于接受、乐于接受。

然而，如今很多家庭教育却是另外一番景象。很多家长教育孩子不分场合、地点，没完没了地唠叨，或许家长的动机是好的，所说的内容也是正确的，但因为没有选对合适的开导时机，不但无法收到良好的教育效果，还会激起孩子的反感和逆反心理。

因此家长在准备教诲孩子和开导孩子时，一定要谨记“遇物而诲，择机而教”。通过生活中具体、形象的事例，用浅显易懂的道理启发引导孩子区分是非好坏，应该怎样不应该怎样，并且讲清为什么。

丰富的生活、有趣的游戏是孩子最有趣的课堂。如：我们每天都要穿衣、梳妆、打扮，如何对待孩子的穿着打扮就是家庭教育中的一大问题。家长可以通过每天的穿着打扮对孩子进行美的熏陶，进行爱清洁讲卫生的教育，也可以进行爱惜物品的教育，这些教育渗透在挑选衣服及家长日常对服饰打扮的语言行动中，完全不用花费太多时间讲道理。

又如，每天都要吃饭，在吃饭时也能潜移默化地对孩子进行多方面的教育，如：让孩子注意饭前洗手，要把好吃的东西让给爷爷奶奶，吃饭要专注，不乱丢乱吐，不浪费，吃完饭后主动收拾碗筷……天天如此，孩子自然而然地就养成了尊敬老人、勤俭节约、讲卫生、爱劳动等好习惯。

要做到“遇物则诲，择机而教”，家长还要注意以下两点：

1. 要对“物”有所选择

家长要选择有典型教育意义的事物进行教育，不能遇上什么都要对孩子进行一番说教。如果你随时随地进行说教，时间久了，孩子会倦的，久而久之，他们就会丧失学习、探索的积极性。

2. 要考虑孩子的年龄段

淘淘今年2岁，正是“蔫儿淘”的时候。一个看不住，就可能做出点让大人讨厌的事情来。这不，妈妈一时没注意，他就爬到了柜子上，研究起那个他早就好奇的花瓶来。

妈妈一进屋，看见柜子上的淘淘正抱着大花瓶要往下拿，立刻上前把淘淘抱了下来，教训道：“你怎么这么淘气？你要是从上面摔下来，还不得摔骨折？你不知道爬柜子很危险吗？”

看妈妈一脸严肃的样子，淘淘知道妈妈是生气了，可是妈妈那一连串的责备，他却听得似懂非懂……

不同年龄段的孩子理解能力也不同，因此，在教育孩子时，要选择孩子能理解的语言进行说教，否则他会如听天书一般，根本听不懂你的话。

捕捉教育孩子的最佳时机

教育孩子时，你懂得把握有利时机吗？如果没有合适的时机，你会创造时机吗？

常言道：“机不可失，失不再来。”投资要讲究时机，同样，教育孩子也要把握有利时机。家长如果能处处留心观察，准确捕捉以下11种教育的最佳时机，在合适的时间对孩子进行引导和教育，就可能收到事半功倍的效果。

1. 当孩子困惑时

每个孩子在成长的过程中都会遇到很多困惑，这些困惑既有学习上的又有生活上的，此时的他们往往特别渴望得到别人的理解和知晓问题的答案。家长应抓住孩子的这一心理，及时帮孩子进行必要的疏理，这才是教育的最佳策略。

一天，曼曼放学回家后情绪非常低落，她一头扎进自己的房间里，坐在书桌前，不停地在草稿纸上写着“理解万岁”。妈妈发现了她的不寻常，没有直接问她原因，而是故意给她讲自己与同事之间发生误会的事情。

妈妈讲完后，曼曼惊讶地问："妈妈，你也遇到过这样的事情呀？"

"这种事情很常见，只要与别人接触就难免会被别人误会或误会别人。"

"那你是怎样处理的呢？"曼曼满怀期待地问妈妈。

"如果是对方做错了，那么我会选个恰当的时间，与对方沟通，跟他解释清楚；如果是我做错了，那么我会找个机会向对方道歉。"

听了妈妈的话，曼曼若有所思地点了点头，并感激地对妈妈说："妈妈，谢谢你，我的困惑解开啦。"

2. 当孩子取得成绩时

在取得一定成绩时，孩子的情绪往往会比较高涨，自信心也会比平常强，如果家长能够把握这个时机，在肯定和鼓励的基础上，及时向他提出新的目标和要求，引导其乘势而上，那孩子就能把一时的热情转变成持久的动力。

另外，当孩子做了好事的时候，如在学校帮落后同学辅导功课、在公车上给老人或孕妇让座、在家里帮奶奶扫地，等等，家长一定要及时肯定和表扬孩子的做法。孩子做好事常常是无意识的，但家长要善于把这种无意识引导为有意识，帮孩子养成好品德。

3. 当孩子有困难或遭遇失败时

当孩子出现困难或遭遇失败时，特别是考试成绩不理想时，家长不应该训斥、指责，而应主动以冷静、宽容的态度去帮助孩子，对其不足之处给予点拨，帮其走出困境。这样，会缩短家长和孩子之间的心理距离，孩子会产生感激之情，也就易于接受父母的告诫了。

4. 当孩子对某一事物产生浓厚兴趣时

当孩子对某一事情，如弹琴、踢球、书法等，产生浓厚兴趣时，往往会产生积极追求的欲望，他们会自觉地去寻求知识，去刻苦努力。但有的孩子喜欢上了跟学习关系不大的事物时，如航模，不少家长会横加阻拦。殊不知，世间没有白学的东西，喜欢航模的孩子在正确、科学的引导下也可能爱上物理，所以父母应尊重孩子的兴趣，及时给予鼓励和支持，因材施教。

5. 当孩子的某种不良行为刚萌芽时

孩子养成坏习惯，往往与其初次发生不良行为未能及时被纠正有关。很多孩子做了错事，往往主观上并未意识到，如果家长能在孩子的某种不良行为刚刚萌芽的时候，紧紧抓住时机，及时找其谈话，进行明辨是非、详陈利弊的教育，必能使孩子与不良行为划清界限。

6. 当孩子遇到生活的转折点时

对于孩子来说，考取新的学校、新学期开始、刚刚换了班主任、刚刚当选为班干部、新学一种才艺等，都是生活中的转折点。这时孩子往往会有一种新鲜感、希望感，容易产生强烈的“从头开始”“好好学”，以求得到教师、家长或别人承认和肯定的内在动力。即使是平时纪律比较散漫、学习不够上进的孩子，也会在一段时间里表现得守纪与努力，给人一种“刮目相看”的感觉。这时家长如能给予及时的鼓励和有效的督促，就能让孩子以一种新的面貌、新的形象开始新的生活。

7. 当孩子的合理需要得到满足时

孩子往往在学习、生活、物质和心理上有各种需要，要求家长予以满足。如果这个需要是合理的，家长在满足孩子需要时，可及时向孩子提出克服一个缺点、做一件好事等要求，孩子会很乐意按照父母的要求去做。

8. 当孩子做客或待客时

待人接物是孩子的必修课，外出做客或家中来客人，孩子的言行都会不自觉地“规矩”起来，家长可适时点拨，效果很好。

6岁的小峰在接受他人礼物时没有使用礼貌用语，妈妈发现后，就微笑着对他说："小峰，你是不是忘记说什么了？"

小峰显然还没有意识到自己应该说什么，这时，妈妈对客人说："谢谢您送礼物给小峰，我代小峰谢谢您！"

此时，小峰意识到了自己的没礼貌，于是很不好意思地挠挠头，说："小峰也谢谢阿姨！"接着在妈妈的示意下，小峰又对客人说："阿姨，您渴了吧，我去给您倒杯水。"说着便朝厨房走去，俨然一副"小大人"的样子。

9. 当孩子过生日时

生日对孩子来讲是最难忘、最愉快的日子。除了生日礼物，为了让孩子懂得一些人生道理，家长不妨再给孩子写几句生日寄语。寄语要简短、正面，不要说教，可以是一个道理，也可以是一个愿望，比如"愿女儿成为一个懂礼貌的小淑女"。

10. 当孩子犯错时

列宁因打碎花瓶而撒谎，妈妈教育他要做一个诚实的人；华盛顿因为贪玩砍倒一棵樱桃树，爸爸教育他要做一个负责任的人……无数事实证明：孩子的成长过程就是一个不断犯错改错的过程，而犯错的时候，也是家长教育孩子的最佳时机。因为只有在犯下错误的时候，孩子才更有可能去深刻地理解更多的人生道理。

11. 和孩子一起外出旅游时

孩子与家人一起外出旅游时，一般都会很高兴，此时，家长在给他讲解旅游景点的来历或故事之余，可以趁机有意识地引导他热爱祖国的大好河山，规范自身行为，如不能攀折花枝、乱涂乱写、随地吐痰、乱扔瓜皮纸屑等。

生活中教育孩子的时机有很多，就看家长能不能用心去发现时机，用耐心去等待时机，用宽容的心去创造时机了。只要时机得当、方法得当，每个孩子都不会让家长失望的。

利用具体情景与孩子进行交流

聪明的父母在教育孩子时，不仅会把握有利时机，还会利用具体情景，对孩子进行“情景教育”。

教育子女，离不开语言的交流，但有时仅靠语言是苍白无力的。身为父母，要善于抓住时机，利用具体情景与孩子进行交流。

1. 当孩子胆小怯懦时，利用情景给予激励

5岁的元元性格懦弱，胆子又小，遇到点小问题和小麻烦，一闭眼睛就开始哭起来。

每当他哭泣时，他的妈妈总是不厌其烦地说：“记住，宝贝，男孩子是不能随便哭泣的！”

这种格言式的语言，在具体情景中经由一次次刺激与强化，使得元元慢慢地学会了坚强，最终彻底摆脱了性格中怯懦、软弱等成分。

通过故事我们可以看到，孩子胆小怯懦的性格是可以改变的，只要家长利用情景得法。

2. 当孩子流露出傲气时，利用情景给予告诫

小光的爸爸是某公司的总裁。

一天，小光带着自己的两个小伙伴闯进爸爸的办公室，一屁股坐到那把宽大舒适的老板椅上，对小伙伴炫耀道："我爸是这个公司的头儿，将来我就是公司的头儿啦。到时候我封你俩为我的秘书。"

凑巧的是，他的话被爸爸听到了。

这位爸爸二话不说，吩咐秘书送来一把木椅，严肃而认真地对儿子说："现在，你只能乖乖坐在这把椅子上，认真念书，认真完成作业。告诉你吧，将来谁有本事，谁才能坐爸爸的位子！"

故事中，小光的爸爸以明白无误的语言，在具体情景中给小光以训诫，必然会给小光留下深刻的印象。这种方式显然比那些无中生有的空洞说教有力得多。

3. 当孩子奢侈浪费时，利用情景给予指点

玲玲中学毕业后未能升学，百无聊赖的她整整一个月的时间都窝在家中给朋友们打电话。

后来，她的父亲将当月500元的电话账单拿给她，开口问道："我每个月的工资数额你是知道的，你也学过数学，能告诉我它是我工资的几分之几吗？你能解释一下为什么这个月会有这么多话费吗？"

女儿只好承认错误。

父亲接着说："既然这样，这份账单就交给你吧，这个月的电话费由你来支付。给别人打工或者自己做点小生意都行，主要是让你能够记住这次教训。"

玲玲听了父亲的话，竟然真的揣上账单外出去寻找工作了，她决心以实际行动

弥补自己的过错。

玲玲的父亲面对玲玲的奢侈浪费行为，没有讲“成由勤俭败由奢”和“节约光荣、浪费可耻”的大道理，而是利用具体情景，给玲玲指点了“还账”的途径，显得自然而贴切。

4. 当孩子遇到困难时，利用情景给予激励

有一个左小臂残疾的女孩，父母对她疼爱有加，却造成了她好依赖、怕困难的性格。心理医生建议女孩父母不能迁就女儿，要把她当成一个身体健全的孩子来对待。

一次，母亲让女孩削土豆皮，她跑到父亲面前哭诉：“我只有一只手，怎么可能削土豆皮！”

父亲捡起一只土豆说：“它不过是一只小小的土豆，你却有一只半手。好好想想，肯定会想出办法的。记住，孩子，只有一只手永远不是借口！”

看到父亲的态度这么坚决，女孩只好绞尽脑汁地想自己怎么才能完成妈妈交代的工作。后来，女孩用断臂按住土豆削完了土豆皮。

故事中，女孩的父亲遵照心理医生的嘱咐，抓住一个具体场景，以严格而不失温和的言辞拒绝了孩子的借口，实际上是封死了她向困难低头的退路，锻炼了她自强自立的能力。

生活中，有利于启发、教导孩子的具体情景远不止以上这些。只要家长能做一个有心人，抓住日常生活中的教育机会，科学地与孩子沟通，那么每个孩子都能健康快乐地茁壮成长。

假期是不可多得的亲子沟通良机

你苦于和孩子接触的时间太少，找不到沟通的机会？那么不妨利用孩子的假期，补一补“亲情课”。

每个寒暑假是辛苦了一学期的孩子早就翘首以盼的时刻。可是，如何让孩子过好假期生活，却成了家长们特别伤脑筋的事。在现实生活中，很多家长给孩子安排了一个又一个的培训班、学习班，把假期当成了孩子的“第三学期”。然而，相比“文化课”“技能课”，当今孩子最该补的是“亲情课”。

平日里，孩子每天大部分的时间都在学校度过，家长因为工作也不可能有太多的时间陪孩子，只有在晚上有限的时间里与孩子进行简单的交流和沟通。特别是住校的孩子，一般只有周末才能和家长见面，家长想和孩子沟通都找不到机会。一些父母即使抽出时间与孩子交流，学习也往往是唯一的话题，关于孩子对生活中一些问题的看法，以及孩子思想上的变化等，父母则很少过问。

孩子的快乐、健康很大一部分来自于父母的陪伴和爱，而假期正是亲子沟通的好机会。在假期到来之际，父母不仅要引导孩子学习技能，更要做孩子的听众，倾听孩子的心声，和孩子进行深入的交流，补好“亲情课”。

在具体操作上，父母可以在家中与孩子坐在一起面对面地交谈；也可以一起去电影院、图书馆，在看了电影、读过书后一起谈谈感受；也可以到大自然中去，感受自然之美，并在自然美的陶冶中，增进亲子之间的感情。

暑假是外出旅游的大好时节，有条件的家长可以带孩子出去旅游或到乡下去走走，在休闲中感受亲情的可贵、生活的美好。在旅行中，父母和孩子的情绪都处于愉悦中，平时在家里讨论起来比较有火药味的问题，在旅游过程中就能够心平气和地解决。而且，在旅游过程中，父母和孩子面临着共同的问题，比如路线的规划、吃什么、住在哪儿等，聊着相同的话题，不知不觉就使亲子关系变得更和谐。

有位作家曾经写过这样一件事：

那年夏天，我去青岛开会。10岁的儿子从未见过大海，又正值暑假，我决定带他去开开眼界。这是我第一次带儿子出远门，临行前真担心在家里顽皮任性又没出过远门的儿子会给我带来麻烦。可后来的事实却证明，我的担心完全没有必要，而且通过这次出门，也改变了我对儿子的看法。

一离开家，平时在家里衣来伸手饭来张口的儿子竟然变得懂事多了，他不仅能自己拎手提箱，还主动搀住我的胳膊扶我下火车。我们在青岛玩了一个礼拜。在这七天里，我和儿子住在一个房间，白天同在大海里游泳，在海滩上散步；海水涨潮时，我们站在海边观看那一波一波的海浪；退潮时，我们光着脚丫拾贝壳、捉螃蟹。我们玩得非常愉快，变成了无话不说的朋友。

可以看出，正是这场临时起意的旅行给了这位作家和儿子难得的沟通良机，使他们的亲子关系更加融洽。

寒假恰逢一年一度的春节，走访亲友、吃吃喝喝在所难免，很多父母认为这是影响孩子学习的不利因素。其实，这也是孩子接触社会的大好机会，得体的待人接物、来自亲友的称赞都能让孩子充满自信，频繁的社会交流还能帮助孩子更加客观地认识自己、评价自己。如果这期间孩子接触到了亲友中一些比较“成功”的同伴，家长更要抓住机会为子女树立积极进取的人生榜样，促使他们上进。

当然，家长和孩子在假期中的心情也会受到孩子期末考试成绩的影响。对于考得不好的孩子，家长不要一味指责，以免孩子在整个假期都处于压抑的状态。家长应该坐下来，心平气和地与孩子促膝谈心，和孩子一起分析一下成绩下降的原因，并指导孩子进行积极调整，帮助他树立信心，重新开始。

总之，愉快而轻松的假期生活是孩子们热切盼望的，也是家长与孩子在一起亲密接触时间最长的机会。家长一定要充分利用寒暑假的时间，对孩子的学习、生活、习惯等进行行之有效的了解、沟通和引导，帮助孩子健康成长。

Part 4

选对方式，孩子才肯乖乖听话

不要在孩子面前唠叨个不停

当你对孩子不满意时，是不停地指责孩子，反反复复，喋喋不休？还是只用简洁的语言做恰到好处的提醒？

“去学习，听见没有？”

“今天你从早上玩到现在，已经够久了，该花点时间去学习了吧？”

“你有没有在听我说话啊？怎么还坐在那里不动？”

“你到底去不去？还不去，是吧？”

“你怎么就那么不听话？”

生活中，这样唠叨的场景会经常在家庭中上演。很多家长都喜欢苛求孩子，一有不满意的地方就会不停地指责孩子，而且总是那么几句话，反反复复、喋喋不休。

殊不知，这样的话说得越多，越频繁，孩子越听不进去。例如，常有父母抱怨："我家孩子老是不听话，真让人操心。同样的事我说了不下几十遍，他才听得进去。"究竟是孩子不听话导致家长唠叨不停，还是家长唠叨才导致孩子不听话？这恐怕是一个值得人们深思的问题。

心理学专家研究指出：当载有新信息的语言第一次讲出时，对大脑的刺激最大，产生的印象最深。但同一内容多次反复，就会使大脑皮层产生某种抑制，自动关闭接受系统。所以，父母越是不断给孩子施以相同的刺激，孩子越容易养成"心理惰性"，失去对父母的敬畏感。在这种情况下，父母的教育效果便会随之下降，甚至消失。

另外，随着孩子年龄的增长，他们已经有了独立意识，如果父母总是想把自己的意愿强加在孩子身上，孩子也会产生强烈的逆反心理和抵触情绪——你说向东，他偏向西。父母越唠叨，孩子越叛逆；孩子越叛逆，父母越唠叨……时间长了，亲子关系就会处于恶化的边缘。有的孩子为了摆脱父母的唠叨，甚至会做出离家出走、自残、自杀等极端行为。

小雨放学回家，向妈妈说起她同学飞飞的事情。

飞飞前一天晚上从3楼自家阳台上跳了下去，家人发现后立即将他送到医院。经医生检查，飞飞的左脚骨折，手部也有挫裂伤，颅骨也被怀疑有骨折。

妈妈担心地问："这么小的年纪，有什么想不开的？是学习压力大，还是家里出了事情？"

小雨说："都不是，是他被妈妈骂了。"

一旁的爸爸忍不住说道："现在的孩子心理真的太脆弱了，自己妈妈骂一句都受不了。"

小雨却说："我敢打赌，意志再坚强的人也受不了别人的唠叨。本来在学校待了一天，已经很疲惫了，想着放学回家轻松轻松，妈妈却唠叨个不停，想想看，谁能受得了！"

妈妈问："飞飞妈妈究竟说了什么？"

小雨说："飞飞长得又矮又瘦，体质也差，他妈妈就每顿做鱼做肉劝他吃，昨天他去奶奶家吃了一顿素的，他妈妈就骂他不长记性，这么下去不知道会长成什么样，他一气之下就跳楼了。"

爸爸："就因为这一句话而跳楼啊！"

小雨："架不住天天说啊！要是你们天天这么说我，我肯定也受不了。"

可见，教育孩子不能简单化，要讲究语言的艺术。如对孩子的同一方面进行教育，家长应注意经常变换不同的言语来进行。

家长可以给孩子摆事实、讲道理，用尽可能简明的话语来表达，一定不要采取唠唠叨叨的方式，把一些惹人心烦的话翻来覆去地强调。孩子忘记了什么事，我们就提醒他；孩子做错了什么事，我们就告诉他错在何处；可说可不说的就不说；同时有好几件事要说的，就拣一件最重要的说，其他的事情等这件事了结后再说。你的话少了，但每句都说得恰到好处，他反而会觉得你的话很"金贵"。

总之，聪明的家长切忌"唠叨"，该住口时一定要住口。

不明说，巧暗示

教育孩子时，你是直接告诉孩子应该怎样，不该怎样？还是间接、含蓄地向孩子发出某种信息，让他在你的暗示中受到影响？

在教育孩子时，许多父母习惯于直接给孩子以明确的指点，让他懂得该怎样，不该怎样，从而规范孩子的言行。耳提面命虽然是一种重要的教育手段，但是，由于这样教育孩子的影响是直接的、外在的，所以只采用这一手段，会让孩子觉得父母对自己管制太多，以致逐渐产生逆反心理，使教育效果大打折扣。

其实，父母除了明示外，还可以适时适度巧妙地运用暗示教育法开启、感染孩子。“暗示教育法”就是通过动作、表情等，间接或含蓄地向孩子发出某种信息，使孩子在无意中受到影响。这种方法往往能收到较好的教育效果。

教育家苏霍姆林斯基曾说：“任何一种教育现象，孩子在其中越少感觉到教育者的意图，它的教育效果就越大。”因此，父母在教育孩子时，应该抛弃那些让人不快的“要求、命令、必须”等词汇，多用启迪、暗示、商量等形式来进行。暗示，是一种无声的教育，有着“润物细无声”的作用，孩子会更乐于接受。

1. 眼神暗示

眼神是一种无声的语言，它往往可以表达有声语言难以表达的意义和情感。眼神暗示就是不需要直接跟孩子说话，通过眼神来告知孩子应该做什么。例如，家长给孩子讲故事，讲着讲着孩子的双手做起了小动作，家长并没有停止讲述，却用眼睛紧盯着孩子的双手，孩子会明白家长的用意，双手规矩起来。又如，家中来了客人，家长看看孩子，再看看茶杯，孩子会心领神会，“主动”给客人倒茶。

2. 表情暗示

人的表情是非常丰富的，它能够表达多种信息，比如肯定、同意、否定、赞许、质疑、同情，等等，它形成一种刺激，使暗示对象作出反应。例如，发现孩子起床后自己叠好了被子，家长对他会心地微笑，这对孩子是一种很好的激励。

3. 动作暗示

动作暗示指的是通过体态语言表露自己的真实意图，进而达到教育孩子的目的。例如，家长帮助孩子温习功课时，发现孩子坐姿不正，可以当着孩子的面做几个挺胸的动作，并书写一两个字，以无声的语言提醒孩子，一般情况下，孩子见此都会马上做出反应。又如，周末晚上10点多了，孩子还坐在电视机前，家长可以一言不发，站起来把孩子床上的被子铺开，自己也上床休息，让孩子接受这些暗示，乖乖进入房间休息。

4. 认知暗示

认知暗示指的是通过一定渠道让孩子自我反省、自我评价、自我教育。父母应抓住孩子的思想状况，利用积极的认知暗示，促进其养成良好的行为习惯。

炎炎有很多坏习惯：不讲个人卫生、花钱大手大脚、上课不遵守纪律。

爸爸没有直接批评她，而是要求她给自己远方的朋友们写一封信，告诉他们自己开学以来养成了哪些好习惯、近期有什么打算。这其实是让炎炎进行了一次自我反思。

从此以后，炎炎果真改掉了不少不良习惯，学习成绩也提高了一大截。

炎炎在写信的过程中，对自己的一系列表现进行了自我反省、自我认识，避免了家长直接说教造成的厌烦和反感，效果显著。

5. 活动暗示

活动暗示就是让孩子参加活动，在实际活动中受到教育。孩子天性好动，精力旺盛，喜欢做事，父母可利用孩子的这种天性，经常指派给他们一些“任务”，使他们在完成“任务”的过程中受到熏陶和教育。例如，妈妈病了，可以让孩子帮着倒水拿药；爸爸买了东西，让他帮着拎回家；爷爷眼神不好，让他为爷爷读报纸，等等。

总之，暗示法能够在尊重孩子的前提下，起到潜移默化的教育效果。如果家长能够巧妙地将上述几种暗示方式综合运用，一定会取得更好的效果。

书面谈心效果佳

你可知道，“口说无凭，立字为据”，和口头语言相比，白纸黑字更能引起孩子的关注？

许多家长都抱怨，只要自己一说话，孩子就嫌烦，说什么“老一套又来了”。然而，孩子出现问题，自己不能不说，但说着说着双方就会争吵起来，真不知道该怎么办才好。

的确，家长苦口婆心却适得其反的现象在日常生活中并不少见，但在这个时候，做父母的不应该只怪孩子，也应该反思一下，看看问题出在哪里，能否换种方式跟孩子交谈，让孩子更容易接受一些。其实，只要有心、有创意，家庭教育同样也可以富有情趣，例如，家长可以利用书面交流的方式，与孩子进行交谈。

“口说无凭，立字为据”。口头语言稍纵即逝，有时候说好几遍也不一定能给孩子留下印象，孩子很容易这个耳朵进，那个耳朵出。书面语言则不同。用文字形式表达，白纸黑字，只要不把它毁掉，那么无论什么时候，孩子都可以拿出来看看，这非常有利于他们反复重温，铭记于心。

1. 在本子上交流谈心

家长可以设一个“谈心本”，在本子上和孩子交换自己的心理感受。如果条件允许，家长还可以和孩子共同来写日记。

下面是一位妈妈和上小学的儿子在“谈心本”上的温馨对话：

6月1日

妈妈：今年的“六·一”你没评上“三好学生”，也没评上优秀班干部，我知道，这其中是有原因的，因为你今年没有当班干部。在妈妈的眼里，你永远是最好的，最优秀的。

最近这段时间，妈妈发现你的脾气有点大，写作业时字迹也很潦草，我们定个约定好不好：妈妈保证以后不再冲你发火，不骂你，那你也把这两个缺点改掉，行吗?

孩子：谢谢妈妈和我定了这样一种约定，我会努力做到的。当然，不骂我更好啦！

6月2日

妈妈：今天的字稍微工整了些，希望继续努力。

孩子：一定会继续，其实当时我写字时用的是圆珠笔，写得不太好看，要是用钢笔写，效果会更好呢。

6月9日

妈妈：妈妈最近生病了，脾气不太好，希望你能体谅。此外，希望你在努力学习的同时，能够提高自己的体育成绩，妈妈对你有信心。

孩子：我知道，这次校“三好”我没评上，可能就是因为我的体育成绩太差了。而且，我也不太喜欢上体育课……我会加油的。

6月17日

妈妈：作文水平还有待提高，都已经六年级了，一篇作文不能只写三百多字啊！

孩子：我可以再写长点啊！可是这段时间您好像不怎么理我了，为什么呢？妈妈。

6月19日

妈妈：妈妈怎么可能会不理你呢？这次作业写得还行，只是字迹还是不够工整，要记得我们的约定噢。

孩子：我有时疏忽了，好，我一定记得我们的约定。

6月24日

妈妈：很好，作业很认真，希望认真复习，期末考出好成绩。

孩子：好的，我会继续努力的。

通过这种“纸上谈心”的交流方式，这位妈妈更了解自己的孩子了，孩子也更理解妈妈了，结果达到了意想不到的效果——孩子在期末考试中各科成绩都得了“优”。

如果你和孩子的口头交流陷入困境的话，不妨尝试改变一下，拿起笔，在纸上与孩子互动交流，一定会收到特殊的效果。

2. 以书信方式进行沟通

在通讯技术发达的今天，网络、传真、手机已成为我们日常沟通交流的主要工具，但书信作为民族文化的载体，承载着丰富的文化信息，它的传情达意、说理优势依然是现代通讯方式难以取代的。

然而，很多父母还是很疑惑：“写信，是两个住得很远的人才做的事吧？我和孩子天天住在一起，为什么还要写信呢？”其实，信既可以是两个住得远的人写的，也可以是住在一起的人写的。父母在写信的时候大多心平气和，思路清晰，往往更容易达到“润物细无声”的教育效果。所以，当你觉得和孩子进行口头交流效果不太好的时候，当你希望自己的话语能充分引起孩子注意的时候，都可以采取这种方法。

一向学习成绩优异的小毛从高一下半学期开始沉迷于网络游戏，学习成绩一落千丈。为此，小毛的父亲老高可以说是伤透了脑筋，劝说、打骂……然而无论他使用什么样的方法，都无法把孩子从网络游戏中“解救”出来。

到了高三，这个问题不仅没有改善，小毛还对父亲的教育产生了逆反心理。当时，老高几乎陷入了绝望……

时间一天天过去了，离高考只有两百多天了，老高心急如焚却又无可奈何，他有好多话想要对儿子说，但是也知道儿子听不进去，最后，只得耐着性子把想说的话写在一张信纸上，偷偷放在儿子的书桌上。纸上写道：“我小时候也有一段时间心浮气躁，不想上学，那时我还在上小学。你爷爷把我痛打了一顿。这一打，打出个大学生，我走出了穷困落后的农村，摆脱了在家种地的命运。我很爱你，没法下手打你。你是个有出息、有毅力的孩子，相信你会刻苦努力，考出好成绩。”

此后，老高每天都把自己想说的话写成一封信，放到儿子的书桌上。小毛虽然嘴里不说什么，却珍藏着父亲写给他的信，他自己也逐渐发生了变化。老高高兴极了，因为他终于找到了一种儿子能够接受的沟通方法。从此，每天给孩子写信成了老高的头等大事，一直坚持到高考。

刚开始的时候，老高主要是想帮儿子戒除网瘾，让他好好学习，所以他在书信里跟儿子谈的大多是如何拒绝诱惑。后来，老高的话题越来越多：谈人生，谈理想，谈感情，谈音乐，谈体育，谈学习……内容涉及孩子学习、生活的各个方面。

渐渐地，小毛开始主动和老高说话，谈自己的想法，有时候谈论的正是信中的内容。再后来，小毛主动远离了网络游戏，全身心地投入学习，最终考取了一所全国知名的大学。

书信是促进亲子沟通的连心桥，它在我们的生活中起着意想不到的巨大作用。可以说，正是书信改变了小毛的命运，拉近了他与父亲的关系。

父母与孩子以书信的方式进行沟通时，需要注意以下几点：

（1）要有真感情

写信能表达出父母内心中对孩子最真挚的情意，孩子在读信的时候也能从字里行间感受到父母对自己的关爱。如果父母不能倾洒真情于信笺上，也就没有办法感动孩子，写信只能流于形式。

（2）要有重点

除了要把该交代的事情说清楚以外，父母在信中还应该提出要求和希望。写希望要有侧重点，最好每次只提一两点或两三点，提要求不能太笼统，要有针对性，符合实际。如果要求太多，孩子是无法在短时间内做到的，即使做到了，恐怕也是囫囵吞枣。

（3）鼓励孩子回信

从孩子的回信中，父母可以充分了解他的思想、学习等现状，从而有的放矢地进行教育。另外，一封信如同一篇作文，经常写信，有利于提高孩子的写作水平。写信还可以锻炼孩子的思维，使其条理性变得更强。同时，写信还可以练字，使孩子写出一手好字。

3. 用小纸条与孩子交流

一位聪明的妈妈这样介绍自己的教子经验：

与绝大多数的孩子一样，我的孩子在学习过程中也有粗心大意的毛病。特别是他上了三年级之后，几乎每次作业与测验，他都会在诸如小数点、句首英文字母大写等细节上犯错误。为此我和他爸爸头疼不已，也一直在寻找着更好的对策。

后来，我偶尔在一篇文章中读到，一些睿智的父母将手机作为自己与孩子沟通的渠道，他们会时不时地用短信提醒自己的孩子。这样，在不影响孩子学习的前提下与孩子交流，既免去了家长和孩子面对面时容易产生的正面冲突，又让孩子对自己应该怎么做有所了解。这篇文章让我茅塞顿开，我可以将手机换成小纸条，用小纸条来提醒孩子啊！

于是，就在那天，我认真地准备了一张小纸条，并在上面写道："儿子，爸爸妈妈都很爱你，老师也说你是个懂事的好孩子。但是，要是你能在做作业时更加认真、细心一些，爸爸妈妈和老师将会更喜欢你。"晚上，等孩子睡着后，我悄悄地把小纸条放进了孩子的铅笔盒里。

第二天晚上放学回到家后，儿子非常扭捏地跟我们提起了这件事，用他自己的话说，"感动得差点要哭出来了"。首战旗开得胜，我信心大增。自此以后，我与丈夫经常在儿子的铅笔盒中放上一张小纸条。尤其是到了考试的时候，我们都会在小纸条上写上一些注意事项。事实证明，这样做的效果还是不错的。

可见，写纸条的方式，能为父母和孩子之间的交流提供方便。

当孩子的阅读能力有限时，纸条的内容既可以是对孩子的表扬、鼓励，也可以是对孩子的批评教育。随着孩子年龄的增长，家长可以尝试着给孩子写一些不同内容的小纸条，哪怕只是一言半语。例如，推荐一本书，介绍一篇好文章，留下一个需要动动脑筋才能回答的小问题等。

这些小纸条可以放在孩子的铅笔盒里，也可以放在孩子的书桌上，甚至冰箱门上、镜子上、玩具车里、枕边，凡是孩子能看到、能找到的地方都可以放。当孩子意外地发现这些小纸条的时候，不但能够获得一份惊喜，同时也能够切身体会到父母对自己的关注和爱。

总之，写给孩子的纸条虽小，但它的作用却不小。如果家长能坚持"纸条教子"，一定会收到意想不到的效果。

巧用故事传达意念

喜欢听故事是孩子的共性，可你是讲故事的高手吗？你会利用故事对孩子进行教育吗？

喜欢听故事是孩子们的共性，当你直接表达你的观点而无效时，不妨给孩子讲一个相关的故事，这样更能打动孩子，且不易引起孩子的逆反心理。

一次，徐俊去同学家玩，看到同学的妈妈在夸同学。

原来，同学嫌妈妈不给他买名牌书包，竟然将奶奶放在枕头底下的几百块钱拿走，自己买了书包。他的妈妈知道后，不仅没有责备他，反而夸奖他脑子好使，会想办法。

徐俊把这件事告诉了妈妈，并说道："我同学跟我说，要是下次他的奶奶还往枕头底下放钱，他还会去偷的。"

妈妈问徐俊："你觉得他这么做聪明吗？"

“我同学说偷自己家人的钱不算偷。”

“你不要管别人怎么说。我想听听你对这件事的看法。”

同学通过偷家里的钱，轻易就实现了自己的愿望，当时徐俊的心里其实是很羡慕的，然而他又隐隐觉得同学的做法似乎欠妥当，于是就低着头默不作声。

这时，他的妈妈说道：“最近我在报纸上看了一个新闻，说是有个小男孩，8岁时第一次偷邻居家的玉米，他妈妈夸他机灵；12岁时又偷同桌的饭票，妈妈夸他能干；16岁时他抢了同学的故事书，妈妈不仅没有责备他，还夸他厉害。就这样，长大后他开始偷钱、抢劫，直到最后杀人，被判处死刑。”

徐俊仔细听着妈妈的讲述。

他的妈妈接着讲道：“临刑前，妈妈去看望这个男孩，这个男孩气愤地对他妈妈说：‘你为什么要害我？如果在我第一次偷东西的时候你严厉地批评我而不是夸奖我，我就不会走到今天这一步！现在好了，我要死了，你满意了？开心了？’……你知道他为什么这么恨自己的妈妈吗？”

徐俊立刻答道：“因为正是他妈妈的鼓励和纵容才使他犯的罪越来越严重。这样的妈妈一点都不好。”

“那你觉得你同学的妈妈是个好妈妈吗？”妈妈讲完故事没有停止，而是继续引导。

“也不是。”

“为什么？”

“徐俊虽然偷得是奶奶的钱，但也是错误的。”

“是啊，俗话说‘勿以恶小而为之，勿以善小而不为’‘小时偷针，大时偷金’，一旦养成偷别人东西的坏习惯，长大就戒不掉了，随时可能走上违法犯罪的道路……”

“妈妈，我明白了。”

针对孩子随时发生的情况，把教育的道理蕴藏在通俗易懂的故事中，为孩子讲述和解释，不仅可以抓住问题要害，而且便于掌握教育的最佳时机。故事中，正是由于徐俊妈妈正确而及时的引导，才使徐俊对同学的偷盗行为有了清醒的认识。试想一下，如果当时徐俊的妈妈只是单纯向徐俊灌输大道理，结果可能就是这样的：

……

徐俊说："我同学说偷自己家人的钱不算偷。"

妈妈："怎么不算偷？如果未经同意拿自己家人的钱也是偷！"

"他妈妈并没有责怪他，而且他奶奶知道后，也不见得会责备他。"

"你懂什么？小小年纪就去偷东西，长大了还得了？俗话说'勿以恶小而为之，勿以善小而不为''小时偷针，大时偷金'，一旦养成偷别人东西的坏习惯，长大就戒不掉了，随时可能走上违法犯罪的道路……"

等妈妈好不容易将一番大道理讲完，徐俊早就不耐烦地翻起了白眼。

孩子的思维是感性直观的，他们往往对生动事物感兴趣。故事的说服力和感染力远远胜过生硬的、无聊的、空洞的、乏味的说教。上述故事中的两个片段就是鲜明对比。

故事讲得好，才能让孩子心领神会，让他在一种柔和的气氛中接受教育。在具体操作时，也有技巧可循：

首先，要选用一些比较真实的、有震撼力又有教育意义的故事，然后用提问的方式和孩子讨论对此事的看法，这可以让他理解得更透彻。

其次，要把故事讲得生动易懂。当孩子听了这样的故事后，很快就会明白家长要传达的信息。

幽默让你贴近孩子的心

你是一个有幽默细胞的家长吗？当你严厉地斥责孩子时，是否想过用幽默的方式来教育孩子？

生活中幽默无处不在，我们常常能在校园、职场以及其他公共场合听到富有幽默感的话语，见到令人心情愉悦的举止行为。遗憾的是，在被称为“心灵避风港”的家庭中，幽默感却往往被忽视，甚至被压抑，以至于经常出现这样的情景：父母严厉地斥责孩子，即使心里舍不得，脸上也不愿流露出来；而孩子对父母说话则是充满了恭敬，甚至有些生疏客套，让亲子关系变得很僵硬。

其实，幽默是一种效力很强的东西，我们没有理由不使用幽默的方式来教育孩子。父母在教育孩子时多一些幽默感，用一些形象的比喻和生动事例来阐述人生的道理，更利于孩子理解和接受。更重要的是，父母偶尔表现出来的幽默感，可以给家中营造一种轻松愉快、自由自在的氛围，减少亲子间的对抗与疏离，让父母成为孩子的最佳玩伴。在这样的家庭里，父母与孩子的关系必然是亲密无间的。孩子在一个充满幽默感和欢笑的家庭中成长，也会变得活泼、热情、开朗、乐观。

8岁的皮皮因为痴迷武侠电视剧，天天喊打喊杀的，他爸爸为此忧心不已。

一天，皮皮又在商店里看中了一支长剑，央求爸爸买给他。但是家里的玩具早就多得数不清了，所以完全没有必要再买。

看着皮皮不达目的不罢休的劲头，爸爸知道不能直接拒绝，就蹲下身子，在孩子耳边悄悄说："宝贝，你的军费开支也太大了，爸爸的国库有点告急啦。如今可是和平年代，咱们商量商量，稍微裁减点军费，怎么样？"

皮皮听完，"扑哧"一声笑了，主动拉起爸爸的手走出了商店。

看，这位父亲用幽默诙谐的语言，很轻易地就把原本难办的事情摆平了。

幽默是亲子沟通的桥梁。世界上有人拒绝痛苦、忧伤，但没有人拒绝笑声。教育孩子时，如果家长能经常从琐碎的事中想到"寓教于乐"，那么再顽皮、再固执的孩子也会有所转变。

在许多父母看来，幽默起来并不简单。其实，如果父母能从孩子的角度出发，尝试做到以下两点，幽默并不是一件难事。

1. 欣赏孩子的幽默

父母可能觉得孩子年纪太小，缺乏阅历，在知识和智慧上远远不如自己，自然不晓得什么是幽默。事实果真如此吗？其实宝宝9个月的时候，幽默感就开始出现了。

妞妞一岁半了。这天，她的手里被妈妈塞进一个话筒。妈妈说："我们妞妞的嗓音很棒，给我们大家来一曲吧！"

听了妈妈的话，妞妞环视四周，用胖胖的小手鼓起掌来——意思是爸爸鼓掌我才肯唱呀！

掌声响起来后，妞妞便扭着屁股，晃着脑袋"咿呀咿呀"开唱了！与其说是唱，不如说是乱哼哼，但很有节奏感！最让人捧腹的是，妞妞总是试图抬起腿来摆造型，然而每次都会摔得四脚朝天，逗得大家哈哈大笑！

妞妞自己呢？先是眨眨眼，接着以一副很不好意思的神情钻进了妈妈的怀抱！

所以，千万不要以为孩子小就没有幽默感，只要家长懂得欣赏，孩子的幽默自然会感染你。

2. 让自己重拾童心

人们常说“童言无忌”，这是孩童特有的心理状态决定的。想要获得亲子间的幽默，父母有时需要抛弃成人的思考模式，学会用孩子的眼睛去观察，用孩子的兴趣去探索，融入充满童趣的世界。只有这样，父母才能与孩子有效地沟通，并懂得欣赏孩子的幽默。

事实上，我们找回童心的方法很多，如和孩子一起看漫画书、做游戏，倾听孩子内心的小秘密，和孩子一起去大自然旅行、探险等，都会令我们回想起过去的童年时光，找回那份永存心底的童真。

摸清孩子的气质说对话

每个孩子都是独一无二的，都有其独特的脾性和气质，聪明的父母会摸清孩子的脾性和气质，“看碟下菜，看人说话”。

气质是一种心理行为表现，是孩子在日常生活中对不同情形所表现出的行为和反应方式，是与生俱来的。例如，有的孩子饿了哭一两声就停了，有的孩子则哇哇，哭个没完；有的孩子看见陌生人会兴奋地凑过去搭讪，有的孩子则远远躲在一边观察，不敢接近。这些都和孩子的气质有关。

气质是先天的，没有好坏之分，并且有很大的个体差异，父母应根据孩子的不同心理需求和气质类型，对其施以个性化、有针对性的引导和教育，帮助他们更健康地发展。家长要想把话说到孩子的心里去，也必须摸清孩子的气质，巧施话术。

心理学上通常将人的气质分为四种类型：胆汁质、多血质、黏液质、抑郁质。

胆汁质的个性特点是：坦率热情，容易兴奋，不受约束，脾气暴躁，好冲动，故又叫“兴奋型”。古典小说中的张飞、史湘云就是这种类型的代表人物。

多血质的个性特点是：反应灵敏，外表活泼，能很快适应迅速变化的外界环境，故也叫“活泼型”。古典小说中的燕青、王熙凤就是这种类型的代表人物。

黏液质的个性特点是：坚韧而行动迟缓，比较安稳，故又称为“安静型”。古典小说中的林冲、薛宝钗就是这种类型的代表人物。

抑郁质的个性特点是：胆小，多愁善感，比较孤僻，心思细腻，又叫“抑郁型”。古典小说中的林黛玉就是这种类型的代表人物。

任何类型的气质都有积极的一面，也有消极的一面。比如：具有胆汁质特征的孩子往往拥有勇敢、爽朗、进取心强等品质，但也比较粗暴，爱发脾气，缺少忍耐；具有多血质特征的孩子往往拥有活泼、机敏、爱交际等品质，但也比较轻率、肤浅、冲动。

在了解了孩子的气质类型后，家长与孩子交谈时，要针对孩子不同的气质类型和表现特点采取相应的说话方式，只有这样才能使孩子听你的话。

1. 暴躁型孩子

气质以胆汁质为主的孩子性情暴躁，情绪控制不佳，动不动就会发火，既伤害他人，又伤害自己。面对脾气暴躁的孩子，家长一定要理解和关心，用软言细语将关爱送入孩子的心房，用绵绵的真情化解孩子心中的愤怒情绪。

（1）要有“坏脾气可以改好”的信心

不仅家长要有这种信心，孩子也应该有这种信心。也许在很多人看来，脾气是天生的，根本无法改变，因为古人曾说过“本性难移”。然而古人说的是本性“难移”，而不是“不能移”，孔子最知名的学生子路就曾是火暴脾气，后来却成了一个谦谦君子。如果家长在孩子即将发火时设法平息他的怒气，他以后发火的概率就会减少。正如肌肉越用越有力、越发达一样，孩子也是越发火脾气越大。只有长时间不发火，孩子的脾气才会越来越小。

（2）让孩子学会克制怒火

家长可以教给孩子几个切实可行的有效克制愤怒的方法：一是在发火前，先从1数到10，这个办法能延长愤怒爆发前的时间，从而让孩子意识到自己的潜在行为并及早遏止；二是心中默念十几遍“镇静”，不镇静下来就不开口说话；三是深呼吸，肌肉会随之放松，而随之放松的，还有愤怒；四是可以想象自己正在冰凉的湖水中游泳，在凉飕飕的风雨天的户外，这叫“以水克火”。

（3）巧妙转移孩子的怒火

回到家的阿文情绪很激动，他对妈妈说：“我和王强比赛摘葡萄，他耍赖皮，趁我不注意，把果园刘叔摘的倒进了自己的筐里。”

妈妈说：“是他做得不对。你知道就好，别再计较了。”

阿文大声说：“那怎么行！我得打他一顿。”

妈妈连忙制止：“可别！你们也就是比着玩玩，别太认真了，下次超过他就好。”

看阿文情绪还是很激动，妈妈又对他说：“我正要浇菜园，可腰有些疼，你帮帮我吧。”于是，阿文一桶接一桶地帮妈妈打起了水。过了一会儿，阿文的情绪就平静下来了。

情绪不能被压抑，但可以被转移。当孩子被负面情绪控制，想做出伤害自己和他人的事情时，家长要让孩子通过劳动、运动、游戏等方式转移自己的情绪。这样，孩子渐渐就能学会有效控制自己的冲动言行，约束好自己的情绪了。

（4）引导孩子学会宽容

这是最彻底改善孩子火暴脾气的办法。孩子往往只从自己的角度看问题，因此特别需要一种练习，就是猜猜对方心里在想什么。父母可以用下面的方式劝导孩子：与人争执时你可能会想，他为什么这么固执，不承认你所说的。但如果你想想，对方当时不也同样有这样的疑问吗？如果你发现某个人和你说话时态度有些恶劣，你要想到或许今天在他身上刚好发生了某些不愉快的事情，何必要和他计较，反而使自己不高兴呢？也许别人在某件小事上侵害了你的利益，你也可以想想，这件事真的那么重要吗？或许事情过去以后，你会觉得它完全不重要。就好比小时候觉得异常珍贵的贴画，长大后你可能觉得它一文不值。如果你把许多东西看成贴画，你就会发现为此生气真是犯不着。

要特别提醒的是，家长在孩子发怒时，万万不能以怒制怒。当孩子处于极度愤怒之时，最好不要跟着发火，以恫吓甚至棍棒来强行压制孩子的情绪。你可以轻声抚慰他，或让他坐下来，倒杯水缓和一下他的情绪。待孩子冷静下来之后，再和他慢慢谈心。当孩子获得发泄的渠道，得到父母的聆听后，问题也就解决了。

2. 活泼型孩子

气质以多血质为主的孩子，反应灵敏，外表活泼，能在很短的时间内适应外部环境。这类孩子往往幽默而健谈，能言善辩且异常活跃，喜欢广交朋友。他们的脑袋里充满了奇思妙想，但难以集中注意力，没有定性，所以经常是想了不做或半途而废。

活泼型孩子往往性格冲动，行事不依常规，而且每每是凭感觉做事，做了再考虑。他们真诚地信任别人，爱别人，但往往得不到相等的回报，而他们渴望获得爱、认可和接纳的心理需求又极为强烈，因此，他们很容易伤感，也容易屈从于同伴的压力。一旦被朋友背叛，他们就会将爱转化为极度的愤怒。因为他们性情善变，所以比较容易从失望中走出来，能从坏事情中发现积极的一面。活泼型孩子爱听好话，肢体语言特别丰富，拥抱、抚摸或亲昵地拍打他人，是他们很常见的动作。

对待这种性格的孩子，家长要考虑到以下几方面：

（1）给孩子展示的舞台

多给孩子一些空间与时间，让他们充分展示自己的才能，家长要积极参与其中，并给予语言的赞美或肢体的示爱，从而培养其自信心。如果有必要的话，家长应带他们去测试一下天赋、兴趣爱好和学习风格，以利于其健康成长。

（2）替孩子把关“朋友圈”

家长应该支持孩子多交朋友，但要留意他们交什么样的朋友，所谓“近朱者赤，近墨者黑”，活泼型孩子由于缺乏意志力，很容易被狐朋狗友带坏，因此家长要帮助孩子多交良师益友，远离狐朋狗友。

（3）多督促，多鼓励

一旦孩子有什么积极的行为和想法，家长要及时帮他写下来，并督促他把语言变为行动，这样才有利于他的发展。督促时要多采取激励和引导的方式，不能采用强制或批评的方法，因为这类孩子对别人的批评极为敏感，通常是你批评得越厉害，他表现得越不好，而鼓励和赞扬却能激发他的潜能。

（4）及时表扬

活泼型孩子需要表扬，表扬能让他们振奋精神，但是，表扬的效果持续的时间不太长，几天以后，你会发现孩子又恢复到了老样子，所以，父母需要不断寻找孩子的进步点和优点，及时加以肯定和表扬，不要期望表扬一次就一劳永逸了。

（5）培养其自律性

要多培养其自律性，特别是在金钱方面，同时教育孩子勇于担当和坚强面对，并让细心成为孩子的思维习惯，只有这样，你的孩子才不会成长为自由散漫、一事无成的人。

要特别提醒的是，这类孩子崇尚乐趣，需要被接纳和认可，身为家长，你所说的话都要顺应他们的心理需求。但是不能放任他们，完全顺着他们的性子来，否则，孩子长大成人以后，就有可能会目空一切，无所顾忌，不知天高地厚。

3. 和谐安静型孩子

气质以黏液质为主的孩子，一般比较安静，受到表扬时会微微一笑，受到批评时就低头不语，玩儿玩具会专注很久，不易受到外界刺激的干扰；在集体中一般比较安静，遵守纪律，不会惹事，喜欢按老习惯做事。这种孩子的优点是安静稳重、守纪律、懂道理、注意力集中、不怕困难、自制力强；缺点是墨守成规、固执、沉默寡言、主动性差、冷漠。

对待这种性格的孩子，家长要考虑到以下几方面：

（1）增强其自主意识

鼓励孩子坚持自己的想法和看法，尽量张扬个性。例如玩游戏时，尽量让孩子来掌控局面。父母应向孩子请教，让他出主意，唤醒他的主人翁意识，激发他的指挥兴趣。

（2）不要催促孩子做决定

这类孩子的节奏比较慢，所以他一定是在想清楚了、想完整了、想完美了的情况下才会做出决定。在家长帮助他解决问题的过程中，无论家长有多心急，无论家长说了什么，也无论说了多长时间，只要他没有被真正说服，他就不会做决定，他的固执也表现于此。所以家长最好不要催促孩子，因为催促也是没有用的，他不会配合。

（3）不要对孩子打破砂锅问到底

这类孩子的家长还需要注意发问的技巧。对孩子提出很多问题，会使孩子更加紧张而把话讲得乱七八糟。因为他总是出言谨慎，每一个问题都要考虑全面后才会开口回答。所以，家长不妨试着跟孩子聊聊你一天的工作和生活，要是你也经常卡壳，那他就会比较自信，并且愿意与你沟通了。

4. 内向型孩子

气质以抑郁质为主的孩子，一般显得比较内向，外表文静、腼腆，内心却特别敏感好胜。他们的优点是安静、遵守秩序、懂道理、做事专注、想象力丰富、情感体验持久、善于觉察细微的变化等；缺点是胆小、不爱说话、不爱与人交往、孤僻、信心不足、敏感、缺乏生气等。

对待这种性格的孩子，家长要考虑到以下几方面：

（1）不要提太高的要求

这类孩子喜欢追求完美，本身就对自己要求很高、很严，本来活得就很累，如果父母再对他们提出高标准，就很容易加重他们的负担，让他们产生焦虑情绪。他们往往会为达不到自己的标准而自责，为达不到父母的要求而伤心，为考不到好成绩而焦虑。这个时候家长们就不要过于较真了，粗线条一些，能使他们变得更加大气，同时尽量别给他们钻牛角尖的机会，以免他们更加敏感细腻、更加较真。

（2）不要高声对其说话

内向型孩子多数带有自卑感，父母对其大声说话很容易让他们感觉到是在挨批评，如果这个时候再使用愤怒的语气，他们就会不说话，把自己封闭起来。

（3）多表扬细节

所有的孩子都需要受到肯定，内向型孩子尤其需要，但是表扬的方式应该跟别的性格的孩子有所不同。对活泼型的孩子，我们可以当众描述其长处，因为这样的孩子本来就自我感觉良好，父母的当众承认会对他们产生激励作用；而对性格内向的孩子，家长表扬他们时就不应该大张旗鼓了，而应该适度、温和，因为他们很害羞，脸皮很薄。另外，如果能够表扬细节的部分，那这类孩子会特别喜欢，因为他们非常注重细节，所以格外希望家长能看到其漂亮的细节。

讲究诚信，说话算数

在孩子面前，你是个喜欢轻许诺言“哄孩子”的无信之人？还是个言出必行、重视诺言的诚信之人？

说好带孩子去博物馆，却因为要加班而爽约；说好给孩子买漫画书，后来却以看书影响视力为由不给孩子买；说好带孩子去吃肯德基，却因孩子咳嗽不带孩子去……生活中，由于各种各样的原因，家长往往容易说话不算数，失信于孩子。

对孩子失信的家长，很少失信于成年人，因为他们知道“言而无信，不知其可”的道理。但是对待孩子，他们觉得说话算不算数无关紧要。所以，“哄孩子”现象在中国很流行，它几乎成了父母们的共识。在他们看来，为了安抚孩子，随口许下的诺言事后完全可以不认账或者大打折扣，甚至无限期拖延，因为小孩子年纪小，不懂事，没心没肺，根本不会将父母说过的话放在心上。

但事实却并非如此。心理学家发现，只要是孩子喜欢的东西，无论是电视节目、书本、玩具，还是父母的郊游承诺，孩子起码可以牢记半年以上。这就是为何当父母早已把与孩子的约定，如“一起去动物园”抛到九霄云外时，孩子还会焦躁地问：“我们到底什么时候去动物园啊？”

承诺，不应该是父母用来解除危机、阻止孩子捣蛋行为的急救药，或是随口拿来哄他取乐的玩笑话。或许家长只是很单纯地“说着玩玩”，但孩子可不这么认为，他认为父母是绝对“诚实”的。所以，当父母总是不守信用，总是对孩子说话不算数，或者轻易改变言行，随便放弃和更改对孩子的承诺时，孩子就会对父母失望，继而对父母失去信任。久而久之，孩子就不会和父母说心里话了，亲子间沟通受阻，亲子关系也会因此而被严重影响。

一位中学生在给心理咨询专家的信中，就曾这样写道：

我妈妈总是出尔反尔。有一次，我平时最拿手的英语没考好，就骗妈妈说成绩还没出来。后来她得知成绩已经公布了，就追问我怎么回事。我坚决不肯告诉她分数。妈妈许诺说，即使考得不好，也不责怪我。有了她的保证，我把自己的分数告诉了她，没想到妈妈的脸色立即“晴转阴”，严厉地责备了我。后来妈妈总是告诫我，考试后一定要把成绩告诉她，不要瞒她，但我已经不信任她了，也没必要和她说实话。

看，这就是父母说话不算数的后果。中国青少年研究中心的一项全国调查表明：中小学生最不满意父母的12种行为中，“说话不算数”占43.6%，排在第一位。由此可见，孩子对父母缺乏诚信非常反感。如果让孩子觉得连自己的父母都不值得信任了，那么孩子还能信谁？如此一来，在孩子心中，父母的威信会大大降低。父母的威信是对子女进行教育的基础。古人很早就知道这个道理，孔子的学生曾子的教子故事让我们回味良多：

一天，曾子的妻子要到集市买东西，小儿子哭闹着要跟着去。曾妻便随口哄孩子说：“如果你乖乖待在家里，那么妈妈回来就杀猪炒肉给你吃。”儿子听说有肉吃，便不再哭闹了。

曾妻从集市上回来后，看见曾子拿着绳子在捆猪，旁边还放着一把雪亮的尖刀，他正准备杀猪。曾妻立即就慌了，赶快制止丈夫说：“我刚才是同孩子说着玩儿的，你怎么当真了？”

曾子对妻子说：“小孩是欺骗不得的。孩子小，什么都不懂，只会学父母的样子，听父母的教诲。今天你要是说话不算数，哄骗孩子，就等于教孩子说谎。再说，你要是欺骗了孩子，孩子就觉得你的话不可靠，以后你再讲什么话，他也不会相信了，你也就没法对他进行教育了。”话说完后，曾子就把猪杀了。

父母的行为是孩子学习模仿的对象。父母若言而无信，就很难要求和指望孩子说话算数，在这种状态下，如果父母无法完全监控，那孩子随时都存在失信的可能。因此哪怕承诺的是一件很小的事情，父母也要认真去做，不能认为事小而忽略不做。

为了避免对孩子造成伤害，父母在开口答应孩子的请求前，请先想想：“这件事我能做到吗？”做不到的千万不能答应。一旦承诺了，就要认真履行诺言。如果确实有不得已的原因，使得答应孩子的事情无法兑现，那父母应及时向孩子解释原因，讲清道理，如有必要还应直接向孩子道歉，并做自我批评，以取得孩子的理解和原谅。

身教重于言教

父母是孩子的第一任老师！你在孩子面前，注意过自己的言行举止吗？你懂得将“身教”融于生活细节吗？

一位父亲习惯在每天上班之前，到酒馆里喝上一杯酒。有一天，天空下起鹅毛大雪，路上铺了厚厚的一层积雪。这天早晨，他照旧在穿戴整齐后，径直走向酒馆。没有走多远，他察觉后面有人跟着自己，当他转身时，发现他刚满6岁的儿子正踩着他留在雪地上脚印，并且兴奋地说：“爸爸，快看，我正踩着你的脚印！”

这位父亲的心里不禁一颤，心想：“我要去酒馆喝酒，儿子却在跟随我的脚印！”从那天起，他改掉了每日早晨喝酒的坏习惯。

许多父母可能没有意识到，孩子就像一个永不停息的小雷达，正在专注地观察着父母的一举一动，并模仿各种被大人忽略的生活细节——如果你经常抽烟，那么你的儿子可能也会成为“烟鬼”；如果你经常对妻子发脾气，那你的孩子也会性情粗暴；如果你不尊重你的父母，那你的孩子也不会认为自己有必要尊重你……

家庭是孩子的第一课堂，父母是孩子的第一任老师。根据心理学家的调查显示，78%的孩子会以自己的父母为偶像，他们把父母的言行当作处事的标准。所以说，孩子从父母那里学会的某种习惯和处世态度，将影响孩子的一生。有道是："身教重于言教。"高喊一千遍口号，不如以身作则的一个具体行动。

布朗非常喜欢钓鱼，他的钓鱼技术在同龄人中也是数一数二的。一天晚饭过后，布朗极力恳求爸爸带他去湖边钓鱼，但那时还不到规定的钓鱼时间。爸爸拗不过他，又不放心他一个人去，只好陪着他。到了湖边，布朗熟练地做好钓鱼前的一系列准备工作，迫不及待地将鱼钩抛向湖心。没过几分钟，就有一条大鲈鱼上钩了。眼看着一条竭力挣扎的大鱼被拉出水面，爸爸和布朗都呆住了，他们还从没见过这么大的鲈鱼呢！

兴奋之余，爸爸意识到此时离规定的钓鱼时间还差两个小时，于是他让布朗把刚钓上来的大鲈鱼放回湖里去。布朗委屈地央求爸爸："很难有机会再钓到这么大的鲈鱼了，周围又没有其他人在，不会有人知道的，咱们把它拿回家吧！"但爸爸仍旧十分坚决地要求布朗把鲈鱼放生。布朗知道爸爸不可能改变主意了，只好不情愿地把鲈鱼放回了湖里。

30年后，布朗已经是一名卓有成就的律师了。那次垂钓之后，他的确再也没有钓到过那么大的鲈鱼，但他却为此终生感谢爸爸。因为是爸爸让他懂得了比那更珍贵的做人道理。在以后的人生经历中，布朗从没因为"无人知道"而放纵自己，做出有损公德的事。经过勤奋的努力，布朗终于钓到了自己人生中的"大鱼"——让人仰慕的成功事业。

作为孩子的第一任老师，父母的言行举止犹如一本没有文字的教科书，对孩子有着巨大的潜移默化的作用，因为孩子"正踩着你的脚印"往前走。然而令人遗憾的是，在现实生活中，大多数家长都只重视“言教”，对孩子经常谆谆告诫，动之以情，晓之以理；而对“身教”，却显然不够重视。比如有的家长经常晚上在家里打麻将，玩得不亦乐乎，却命令孩子独自在房间里看书；有的家长一边看电视一边监督孩子写作业，却不允许孩子看电视；有的家长生活邋遢，常常乱丢废物，甚至随地吐痰，却希望孩子养成爱清洁讲卫生的习惯；有的家长脾气火暴，动辄打骂孩子，却要求孩子举止文明，懂事讲理……这种只注重言传、忽视身教的方式，不但起不到一点儿正面教育的作用，而且还会在无意中给孩子的成长带来负面影响。

所以，每当抱怨孩子做得不对时，父母应该先反问自己：让孩子好好学习，我好好学习了吗？我给他创造好的学习环境了吗？若是你不让孩子看电视，你自己却在看电视；你不让孩子玩游戏，你自己却在玩游戏，孩子怎么会听你的话，怎么会尊重你呢？

人们常说：“你希望别人怎样对待你，你就应该怎样对待别人！”这句话用在教育孩子这个问题上就是：“你希望孩子成为什么样的人，你就应先努力做一个那样的人！”父母若想成功地教育自己的子女，必须要用自己的真实行动，用自己的努力学习，用自己的勤劳贤惠，用自己的与人为善，用自己的信念，用自己的毅力，用自己的坚强，用自己的敬业，用自己的博爱，用自己的成功，用自己的优秀给孩子做出表率和榜样，用身体力行的付出影响孩子，用“此时无声胜有声”的无穷力量激励孩子。这种教育方式比苍白无力的说教要好千百倍。

Part 5

如何表扬，孩子更努力

赞美孩子，好成绩不能成为唯一理由

在你眼里，孩子的成绩高过一切？好成绩是你夸赞孩子的唯一理由？

在教育专家大力推进赏识教育的今天，父母们几乎都知道这样一个道理：好孩子是夸奖出来的。然而在夸奖孩子时，有相当一部分父母的做法却是不太妥当的——只赞美孩子的成绩。不知这些父母是被当代社会异常激烈的职场竞争给吓到了，还是真的认为孩子的学习成绩就能代表全部，总之，在这部分父母的眼里，只有孩子的作业和考试分数。

语文数学都得了满分，英语口语得了全年级第一，作文得了优……所有这些，固然能够成为父母赞美孩子的理由，但绝对不能是唯一的理由。

那些考试成绩平平，却和同学相处融洽、人缘颇佳的孩子是否值得赞美？

那些英语讲得一般，但心地善良、心胸豁达、乐于助人的孩子是否值得赞美？

那些作文水平不高，但礼貌待人、说话和气、热心公益的孩子是否值得赞美？

这个问题不是没有来由的，因为确实有太多父母的眼里似乎只有孩子的分数，而将孩子身上真正的无价之宝——均衡的情商发展和良好的道德观念，彻彻底底地忽视了。可能有些父母会说，情商和道德太虚，而且在孩子考大学的时候，这些也不是加分项。但事实是：即使考上了大学，孩子也不见得会有一个光明的未来；而那些情商高、有道德的孩子，无论在哪里，都会很快适应周围的人际关系和环境，同时也会很顺利地被周围环境接纳。

小诗的妈妈是大学老师，她花高价将小诗送进离家很远的一所全市最好的小学就读，即使每天接送小诗就要多花两三个小时也在所不惜。为了保证小诗有充足的学习时间，妈妈从不让她做任何学习以外的事情，并时常对她说："学习至上，成绩至上。"每次考完试拿到成绩，妈妈总会问相同的问题："考得怎么样？各科多少分？班里有多少同学得了100分？"虽然小诗很聪明也很努力，但她总是会或多或少地做错一些题目，所以没有一次能拿到满分，这让妈妈很焦急。

一次期中考试，小诗终于让妈妈如愿以偿了，她语文考了100分。妈妈高兴极了，在接小诗放学的路上听到这个消息后，就迫不及待地开始打电话，告诉小诗的爸爸、爷爷奶奶、姥姥姥爷、叔叔阿姨……恨不得让所有人都知道这件事。这个成绩好像给所有人都带来了欢愉，大家纷纷称赞小诗考得好，还给她买了礼物庆祝。

不久，小诗的老师布置了一项家庭作业：让同学们回家帮妈妈做些力所能及的家务活，目的是培养他们的独立生活能力。小诗选择帮妈妈扫地。当她拿起笤帚有模有样地干起来时，本以为会得到妈妈的夸奖，没想到妈妈看到后立即从她手里夺过笤帚，并训斥道："你现在的主要任务是学习，这种家务活根本没必要干，知道吗？"

从那天起，小诗把心思都放在了学习上，"两耳不闻窗外事"，因为她觉得只有考高分才能获得妈妈的夸奖，才能让妈妈满意。

后来，小诗在高考时以优异的成绩考上了一所重点大学，但仅过一周，就退学回家了。据她的老师和同学反映，小诗平时性格孤僻，不喜欢和人交往，生活能力极差，吃不惯学校的饭菜，过不惯集体生活，也不会洗衣服……

故事中，小诗的妈妈只盯着孩子的学习成绩，结果传递给孩子这样一种价值观——考得好就是好孩子，考得差就是坏孩子。殊不知，这种功利性的价值观会导致孩子产生畸形的学习动机，所以才有了后面的悲剧。其实，除了分数，孩子的品德修养、性情习惯以及解决问题的能力，都会影响孩子的一生。社会越来越需要有能力的人才，所以父母一定要关注孩子各方面能力的培养。

为人父母者，应该彻底放弃“功利”二字，以一种广阔的视野关注孩子的成长，随时给他赞美，给他无条件的爱，给他奖励，而不是仅仅在孩子考了好成绩的时候。

发现和放大孩子的优点

作为父母，你是否很少发现孩子的优点，却习惯用放大镜看孩子的缺点？如果答案是“Yes”，那说明你完全做错了！

生活中，很多父母总是惯于发现和放大孩子的缺点，惯于拿自己孩子的缺点与其他孩子的优点作对比，常常说别人的孩子多优秀，多厉害，而自己的孩子则一无是处。还有很多父母望子成龙、望女成凤，把所有的希望都寄托在孩子身上，希望孩子能够出人头地。因此，他们要求自己的孩子什么都要做到最好，什么都要比别人的孩子强，他们对孩子的优点视而不见，对孩子的缺点却是紧抓不放。比如，查看孩子试卷时，对孩子答对的题目不在意，而对答错的题目却特别敏感，乃至常常对孩子加以训斥。

美国成功教育学家拿破仑·希尔曾经说过：“每个孩子都有很多优点，而父母恰恰相反，他们总是盯着孩子的缺点，认为管好孩子的缺点，才能让孩子更好地成长。事实上，这样做就像蹩脚的工匠，是无法造出完美瓷器的。”

所以，家长真正要做的，不应该是紧盯孩子的缺点不放，而应该是发现并放大他的优点，挖掘并正确引领他，让他绽放出与众不同的光彩来。面对“坏”孩子，家长更需要竭力去找他们的闪光点，哪怕是沙里淘金，哪怕是微乎其微，也要发自内心地去赞扬、鼓励和引导他们。

小奕是一个聪明但调皮的男孩，经常搅得家里“鸡飞狗跳”一团糟。

这一天，妈妈刚回到家，就听到爸爸正在生气地训斥小奕：“自己的玩具扔了一屋子，都不知道收拾收拾，你怎么一点儿长进也没有啊？”说到气头上，爸爸又开始数落小奕的其他坏习惯，比如粗心大意、脾气暴躁、贪吃贪玩，等等。

妈妈瞧瞧小奕，只见他正歪着头、嘟着嘴表示着自己的不服气和不情愿。为了缓和僵局，妈妈开口道：“小奕身上是有一些缺点，我想他已经知道自己做错了。每个人都有缺点，可每个人身上也是有优点的啊！”

爸爸迅速领会了妈妈的意思，他接着说道：“说得对，其实小奕身上有许多优点，比如经常帮爸爸妈妈做家务，坐公交车也会给老爷爷让座。”

妈妈接着说：“还有呢，做事情很认真，爱动脑筋，学本领也很快呢。”

小奕原以为妈妈也会批评自己，不料竟然夸奖了自己。他被爸爸妈妈夸得脸都有点儿红了。

最后妈妈说：“小奕有这么多优点，爸爸妈妈很为你自豪。如果能将自己的缺点改掉，那么小奕会是个了不起的人，大家会对你刮目相看的。”

听了妈妈的一席话，小奕轻轻点点头，并说道：“我会做得更好的。”

自此之后，小奕身上的很多“毛病”果然都不见了。

在爸爸历数小奕的缺点时，妈妈却及时指出了他的优点，甚至还夸大了他的优点，妈妈说的虽然只是简单的几句话，但是它却对小奕产生了很大的影响。这个故事说明：孩子渴望被赏识就像人需要阳光和氧气一样自然。因为孩子年纪小认不清自己，需要靠成年人的表扬来认识自我、增强自信。

现实中很多父母也想表扬孩子，但往往觉得找不到可以表扬的地方，该怎么办？如果是这样，你不妨按照下面的方法来做做看。

1. 用全面的眼光看待孩子

对孩子做出评价时，要综合考虑孩子的性格、孩子的文明礼貌、孩子的卫生习惯、孩子的文体才能、孩子的兴趣爱好、孩子的动手能力等，当然还有孩子的学习情况。父母考虑的面宽了，就会轻而易举找到孩子值得表扬的地方。

对待学习本身，家长也应全面地去分析。如学习认真程度，字迹是否工整，预习复习情况如何，会不会使用工具书，是否经常向老师请教，等等，都应考虑在内，这样就能很容易找出优点。总之，家长要学会用全面的眼光看待孩子。

2. 用发展的眼光看待孩子

不要只看眼前，应看到孩子以后的发展。只要细心观察孩子，就会发现孩子有进步的地方，比如他可能对问题的理解能力提高了，可能某次考试进步了，可能某领域科学文化知识增加了，可能在劳动或公益活动方面表现不错，可能在文艺、体育方面取得了好名次，也可能有什么小发明、小创造，等等。

千万不要拿自己的孩子与别人的孩子比较，你应该拿孩子的今天比昨天，比前天。只要孩子努力了，并在原来的基础上有了进步，那么即使进步很小，也应及时给予肯定。家长不能因为孩子的进步不起眼儿，不值得一提，就选择漠视、忽略，要知道，“星星之火，可以燎原”，孩子的优点是一步步积累起来的。

家长们请牢记：孩子往往越表扬，优点越多；越批评，缺点越多。赞美是父母送给孩子最好的礼物。父母越是能够发现和放大孩子的优点，孩子就越会具备更多的优点，从而变得更加优秀。

称赞孩子的话尽量具体

赞美孩子时，你是否习惯于用“你真棒”“你真乖”这种笼统的词语？你想过把赞美的话说得具体一点吗？

心理学上将赞美分成两种类型：“具体的赞美”和“抽象的赞美”。

具体的赞美是指对某种具体的表现或者行为进行称赞，比如孩子帮助妈妈倒垃圾，或者通过努力考上了理想的学校。

而抽象的赞美则是指用宽泛、笼统的词语来赞美孩子，如“闺女真棒”“儿子真厉害”“你真懂事”“你是个好孩子”等。

相对于具体的赞美，很多家长运用抽象的赞美时常常显得更加轻车熟路。在他们眼中，孩子的每一个成长细节都是值得惊叹和赞美的——孩子会笑了，孩子会翻身了，孩子会走路了，孩子会说话了……就是在这种持续的惊喜中，他们已经习惯于对着孩子说出“真棒”“真好”这样的评价。

家长随口的夸奖，看起来既省事又符合以鼓励为主的教育精神，可是这样的表扬多了，对孩子来说，不仅毫无意义，还可能会给他带来极大的负面影响。因为“好”是一个很抽象的概念，如果父母长期将“好”字挂嘴边，不但会让孩子产生厌倦心理，还会让他们有压力——觉得自己什么都好，最后他们会害怕失败，经不起挫折。

另外，孩子理解能力有限，如果他们听到的都是父母的抽象赞美，却不知道自己究竟好在哪里，久而久之，就可能会变得依赖别人的看法，也就是我们常说的“爱听好话”。

4岁的嫣儿是个活泼乖巧的女孩，平日里听惯了家人对她诸如“你真棒”“你真好”的夸奖。

一天，妈妈的一位朋友到家里做客，看到可爱的嫣儿，不禁也称赞了几句。嫣儿听了很高兴，甜甜地说“谢谢阿姨”。

过了一会儿，家里又来了一位客人。这位客人因为急着和嫣儿的妈妈说事情，就没顾得上和嫣儿打招呼。

这时，嫣儿拿了一根香蕉给先来的阿姨。当妈妈问她为什么没有给后来的客人也拿根香蕉时，嫣儿振振有词：“谁让她没有夸奖我。”

嫣儿的妈妈并没有意识到随口的夸奖会对嫣儿造成怎样的影响，所以才有了故事里的一幕。

其实，对孩子施与具体的赞美，效果比抽象的赞美好得多。因为表扬越具体明确、就事论事，孩子就越容易理解。更重要的是，表扬得越具体，孩子对哪些是好行为就越清楚，进而不断重复这一行为，这样，表扬才具有更长久的激励效果。

举个例子，孩子玩耍完后，将玩具收拾好，如果这时家长表扬说：“宝宝，你真是个乖孩子。”赞美的效果就会大打折扣，因为孩子不明白“乖”具体指什么。聪明的家长应该这样表扬：“你自己把玩具收拾得这么干净，真是一个乖孩子。”

又比如，“你今天早上主动帮妈妈铺床，我真高兴，谢谢。”“你主动帮妈妈摆放碗筷，下楼时主动搀扶爷爷，真不错！”这些具体而针对性又很强的夸奖，不仅能让孩子感到愉悦、踏实，还能让孩子知道究竟哪一种行为是值得表扬的，这样他才能继续这一行为。

刚了解“夸具体”原则时，很多家长往往难以适应，不知道除了习惯性的赞美之外还能说些什么。很简单，教你一招——好话不嫌“啰唆”。看看上述有益的表扬语，哪一句不比“你真棒”啰唆？这就意味着要用更多的话语去描述孩子的努力，结果自然就能引起孩子的共鸣，这不仅能达到夸奖的目的，也能使我们的养育过程“省力而见效”。

夸品质不夸漂亮

外表是父母给予的，品质才是后天形成的，所以，夸孩子“可爱”“漂亮”的父母们，你们知道自己错在哪儿了吗?

一位女士去外国朋友家做客。见到朋友漂亮的小女儿，她禁不住夸奖道：“多么漂亮的孩子呀，实在是太可爱了！”

朋友听了，当时并没有说什么。等女孩离开后，她严肃郑重地对这位女士说：“你伤害了我的女儿，应该向她道歉。”

这位女士大惊：“我怎么会伤害她呢，我刚刚才赞美了她！”

朋友摇了摇头：“问题就出在这里。你称赞她的外表，而外表是父母给予的，与她本人的努力毫无关系。可是现在她还很小，不会分辨，你的夸奖会让她误以为这是她自己的本领，把天生的容貌当作值得骄傲的资本。这会影响到她对自己的判断。而她刚刚和你打招呼，递给你水果，这是她自己的行为，你可以为此而夸奖她的礼貌。”

于是，这位女士十分正式地向朋友的小女儿道了歉，同时称赞她很有礼貌。

生活中，看到孩子漂亮、可爱，人们会不自觉地去夸奖孩子“你真可爱”“长得真漂亮”。然而这个故事却让人反思。很多人在夸奖孩子的时候，并没有把先天的优势和后天的努力区分开，认为只要给孩子称赞就是鼓励孩子。殊不知，外表漂亮是父母给的，不是孩子用自己的劳动或努力换来的，根本不值得炫耀。

漂亮是一种个人资源，从大人到小孩，人们都会为自己拥有这一资源而自信和自豪，所以，女孩子都乐意别人夸自己漂亮，男孩子都乐意别人夸自己帅。然而一味夸奖孩子长得漂亮，很容易给孩子造成认识上的误区，因为这是在变相地向孩子灌输这样的思想：长相是很重要的东西，自己是因为漂亮才讨人喜欢的。时间久了，孩子就会过于注重自己的外表，注重穿衣打扮，以致忽略个人美好品质的塑造。很显然，没有哪个父母希望自己的孩子将来仅凭长相生存，因为那是非常危险的。

楚楚自小长得漂亮可爱，长辈们见了总忍不住夸几句：

“楚楚真漂亮！”

“我们楚楚一看就是个小美人！”

有一次，妈妈带着她去参加同学聚会。聚会上，妈妈的同学们也都非常喜欢漂亮可爱的小楚楚，以致夸赞声不断：

“你女儿跟你一样，真漂亮！”

“楚楚这么漂亮可爱，要是我的女儿就好了。”

在大人的夸赞声中，楚楚渐渐明白了“漂亮”是个好东西。所以，她也常常为自己生得漂亮而自豪。

上了幼儿园以后，身边的小朋友多了，有了对比，楚楚对“漂亮”这件事更加敏感起来。这让她对自己的穿着打扮越来越在意：每天都吵着要穿花裙子、戴漂亮蝴蝶结；有时，还对着镜子摆半天造型。更重要的是，她开始学会跟妈妈要衣服了，只要班里有人穿了漂亮的衣裙，她就也让妈妈给自己买，如果妈妈不同意，她就去找爷爷奶奶……

爸爸妈妈看在眼里，急在心上——这么小就爱打扮了，将来可怎么得了？

楚楚会有如此表现，正是长辈们夸奖不当导致的。所以，家长要注意，不要让自己或他人对孩子容貌的过度夸奖，以免助长孩子的虚荣心，使他放松对自我的严格要求，忽略自己的内在品质和修养。

其实，与其夸孩子漂亮，不如赞赏他们的美好品质，例如称赞他们有爱心，懂得帮助别人；称赞他们勇于承担责任，勤快，等等。因为这些美好的品质是孩子后天努力得来的，应该予以肯定。

请记住，孩子长得如何不能决定孩子未来的生活，大多数情况下，反而是品质、意志和性格等会对孩子的生活、工作和前途产生举足轻重甚至决定性的影响。所以，作为父母，在夸奖孩子时应引导孩子努力养成良好的思想品质、坚强的意志，从而帮助孩子到达成功的彼岸。

夸努力不夸聪明

你是否常夸孩子“聪明”？殊不知，聪明反被聪明误，夸孩子聪明，不如夸孩子努力！

生活中，除了“真可爱”“真漂亮”之外，“真聪明”也是很多家长夸奖孩子的口头禅。因为“聪明”这个词用起来最简单，也最直接。殊不知，反复对孩子的聪明加以强调，对于那些性格外向且很爱表现自己的孩子来说，很容易让他们因自恃聪明而变得任性、唯我独尊，最后聪明反被聪明误。

小博是个爱动脑思考问题、喜欢动手钻研的男孩，时不时会搞一些小发明小创造。每次小博有什么成果，总会骄傲地向家人宣布并演示一番。

面对小博表现出的创造天赋，家人自然是高兴，所以总是会表扬几句，以鼓励他的积极性。亲戚朋友来家里串门，也都称赞道：“小博真聪明！长大准能做个科学家！”

渐渐地，小博的“聪明后遗症”就显现出来了。家人越来越多地听到他说的一句话就是：“某某同学笨得像头猪，一道简单的数学题都做不出来。”“老师讲得太简单了，我不听都会。”同时，他开始把更多的聪明才智用在了投机取巧上——有时一天就能弄出十几个华而不实的“发明”，只为在家人和同学面前卖弄。

表扬的话语听得太多，孩子就会很自然地总结出“聪明可以博得大家喜爱”这个结论，于是，瞧不起同学、不能踏实地学习、喜欢炫耀自己的小聪明等坏行为也就接踵而来。其实，出现这样的问题，责任不在孩子，而在家长身上。孩子开朗、表现欲强，这是天性使然，他们最初的目的也并不是借此博得家长的称赞。但当家长曲解了孩子的本意，用最简单、副作用最大的“你真聪明”去应付他们时，他们的思维也就开始误入歧途了。

美国教育学家曾做过一项实验。研究人员先是让幼儿园的孩子解决了一些难题，接着，反复对其中的一半孩子说：“你们很聪明，答对了8道题。”又反复对另一半孩子说：“你们很努力，答对了8道题。”然后，给所有孩子两种任务供他们选择：一种是他们有把握能够做得非常好的；另一种是可能会出一些差错，但最终能学到新东西的。结果被夸聪明的孩子有2/3选择了容易完成的任务，而被夸努力的孩子有90%选择了具有挑战性的任务。

为什么会出现这种差异呢？难道只是夸奖的语言不同，就会对孩子造成截然不同的影响吗？其实，这与孩子的心理有关。儿童心理学研究表明，小孩子都喜欢被夸奖，受过一次夸奖就会期待下一次夸奖。

经常被夸奖聪明的孩子，为了保住自己聪明的光环，就会有两种举动：一是用耍小聪明的方式来进一步显示自己的聪明，而这会导致他做事不够用心，不能脚踏实地；二是不敢尝试和挑战难题，因为他们担心如果自己做不到的话，会有损自己聪明的形象。

在这两种心理的作用下，久而久之，他们会变得不爱动脑筋，思维也会变得越来越缓慢。而这又会导致孩子感觉自己变得越来越笨，并因此不敢面对困难，变得很脆弱，一旦失败就很难再振作。

正所谓“小时了了，大未必佳”。很多孩子在小时候表现得很聪明，长大后却碌碌无为，多半是受了“聪明”之累。对于智慧外露型的孩子来说，这种危害更严重。针对这种现象，家长该怎么做呢？

首先，要坚决杜绝对孩子“聪明”的称赞，遇到别人这样说时，也要制止。

其次，要多称赞孩子的努力和进步，例如，当孩子取得成绩时，父母应该告诉他，这是刻苦努力的结果，并发自内心地赏识和赞扬他：“你真是个努力的好孩子！”

总之，要用各种有益的词汇去替代“聪明”。

巧用请教式赞美

作为父母，你肯放下架子虚心向孩子请教，其实就是在变相地肯定孩子，这是对孩子最由衷的赞美！

请教式赞美指的就是以低姿态有针对性地去请教他人，以自己的普通甚至平庸凸显对方在某方面的高明或优势，使其心理得到满足，从而达到赞美他人的目的。父母采用请教式赞美更能给孩子以激励，可以让孩子更加努力地发扬自己的优点。可以说，请教式赞美是一种极有效的教育方法。

也许有的家长觉得这种做法不可取，认为如果自己低头向孩子请教，那孩子就会猖狂得谁也不放在眼里。其实，向孩子请教，好处多多。

1. 增强孩子的自信心

在孩子的成长过程中，父母始终处于引导地位，在孩子眼里，父母就是超人，几乎就无所不能了。如果在必要的时候，父母恰当地向孩子请教，将会收到意想不到的效果。比如，你不妨向孩子请教一个你知道答案的问题。本来孩子对这个问题只是略知一二，但只要你虚心去问，他一定会积极采取查资料、请教老师等办法找到问题的答案。当他告诉你让你满意的答案时，他同时也会收获很强的荣誉感，自信心也能有所提高。

2. 增强孩子的成就感

当孩子解答了你提出的问题后，他就会产生成就感。在成就感的影响下，孩子的责任感和自信心也会油然而生，处理问题的方法自然也就有了。这也会对孩子的一生产生重大影响。

3. 增强孩子的成人感

在孩子心目中，大人几乎是无所不能的，如果他连大人提出的问题都能解答了，他自然会有成人感。于是，孩子会逐渐成熟起来，再不是父母眼中的小不点儿了，遇到任何事情，他都会乐意与家长分享和分担。

当家长把“请教式赞美”用在督促、指导孩子学习上时，效果会更好。通过这一心理学技巧，家长能够轻易纠正孩子学习上的坏习惯，激发孩子努力学习的动力和兴趣。父母向孩子请教问题时，孩子会得到巨大的鼓舞。

小杰没有学习外语的天赋，他本来在小学时英语就学得不怎么样，上了初中后，英语仍然比较差。为了帮助小杰学好英语，提高他学习英语的积极性，小杰的爸爸妈妈尝试了很多办法。例如，给他买来英语光盘，让他时常收听；家里每件物品上都贴有相应的英文单词；每天跟他进行英语对话，等等。

刚开始时，小杰还觉得很新鲜，但这对提高他的英语兴趣和成绩并没有太大的帮助。后来，爸爸想到了一个方法，他决定向小杰学习英语。爸爸的英语在上学时就不怎么突出，如今，他已经十几年没用过了，剩余的那点可怜的英语知识早就忘光了。

决定之后，爸爸就开始行动，重新拿起英语课本，拜儿子为师：“儿子，我觉得你的英语比我强多了，能不能给爸爸我当英语老师啊？”

“我不行吧？我的英语这么差。”面对爸爸的提议，小杰显得有点不自信。

“没关系，我已经这么多年没接触过英语了，底子肯定比你差多了，来，我们可以从头学起来。”

“哦。那我怎么教你呢？”小杰“好为人师”的本性露了出来。

“我向同事的孩子借了一套英语书，我们就学习同一册吧，如果我遇到不懂的单词啊，句子啊，语法啊，我就问你，怎么样？”

“行！”小杰高兴地答应了。

自此以后，爸爸总是抱着初一的英语课本，很虚心地请教小杰。而小杰总是郑重其事、兴致勃勃地查字典，找资料，然后精心地教爸爸。并且，他自己对英语学习也更上心了。

故事中的爸爸正是运用请教的方式，激发了孩子努力学习英语的兴趣。父母放下架子向孩子学习，其实是在肯定孩子，以及由衷地赞美孩子，这对一个渴求发展的孩子来说是弥足珍贵的。古往今来，有无数成功者就是因为小时候长辈一句激励、赞美的话，才创造了自己生命的辉煌，这样的例子不胜枚举。

向孩子请教，可涉及很多方面，只要是孩子强于父母的地方，无论是做人、做事，还是生活、学习，都可以成为父母请教的内容。所以，虚心向孩子“请教”吧，你一定会发现它神奇的效果！

勿把物质奖励当成主要表扬手段

在你的观念里，物质奖励等于表扬？NO，精神奖励为主，物质奖励为辅，才是表扬孩子的正确方式。

7岁的苗苗在绘画方面很有天赋，她经常一个人趴在桌上画画。为了提高她的积极性，每当苗苗画完一幅画，妈妈就会用买零食、延长看电视时间等方式奖励她。这个方法在最初一段时间的确有效，苗苗绘画的积极性提高了很多。但时间长了，妈妈发现苗苗有时画的画已不再像最初那么鲜活，那么富有想象力了，而且苗苗对奖励的要求越来越高，一包蜜饯不够，看电视的时间也越来越长，不让看电视就不画画。

妈妈用奖励的方式鼓励苗苗，本意是想提高苗苗的绘画积极性，可为什么结果却适得其反呢？

为了让孩子好好学会一个本领，或者安心把一件事做完，比如学弹一首曲子、画完一幅图画、把积木搭完等，很多家长常常会许诺给孩子一些奖励，而且奖品会不断升级，从去游乐场到买名牌运动装，从吃西餐到出国旅游，可谓无所不包，但效果并不好——往往每种办法用了一两次后就失效了，孩子又故态复萌，该怎么着还怎么着。

事实上，这些方法归根结底都是在对孩子进行物质刺激。须知，人对奖励的热衷程度取决于他在这方面的需求程度，而现在的孩子在物质上并没有太大的欠缺，一般的物质刺激已很难满足孩子的“胃口”，而且还存在很多弊端：

1. 会助长孩子的贪欲

孩子不断成长，需求也会不断增加，当孩子不再满足于一般的物质奖励时，他们想要的东西往往会超过家长的承受能力。就算家长能够承受，这样的做法也会使孩子沉迷于物质享受，甚至让孩子变得越来越贪婪。

2. 时效性不长

物质奖励只能在短时间内起到强烈的刺激作用。但时间长了，没有新鲜感了，这种刺激作用就会消失，孩子也就失去动力了。

3. 不能真正激发孩子的自觉性

父母以物质奖励孩子，是为了激励孩子从内心自觉自愿地去做好某件事情，以获得进步。可事实上，兴趣才是孩子行动的内在动力，而物质奖励只是一种外在的、表面的东西，它并不能真正激发孩子的自觉性和自豪感。

4. 让孩子为得到奖励而走歪路

不断升级的物质需求，还可能让孩子为得到某种奖励而采取不正当的手段。

小波是一名小学三年级的学生，学习成绩一般。妈妈为了鼓励他好好学习、提高成绩，决定采用物质奖励的办法。

这次考试之前，妈妈对小波说：“只要你有一科能考满分，我就给你买最新款的游戏机。”

游戏机是小波期盼已久的东西。听妈妈这样说，小波于是下定决心，这回一定要把游戏机弄到手。可问题是，他知道自己的学习水平如何，考试绝对没有可能得满分。这可怎么办呢？经过一番思想斗争，小波决定为了心爱的游戏机铤而走险。

考场上，小波把头歪向了右边的同桌，他想抄同桌的，结果被老师抓了个现行。最后，小波不仅被宣布考试成绩作废，老师还要求他在全班同学面前做自我检讨……

看到这里，很多家长会认为以后不用再给孩子奖励了，其实这种想法也不对。物质奖励并不是不能给，但要奖励得当。

当孩子不需要物质激励也能出色完成某项活动时，父母没有必要画蛇添足地给他奖励。例如，当孩子做对一件事情或者帮忙做了家务的时候，可以为他们点个赞、送一个微笑，用适度的言语真诚地提出表扬，指出不足，给孩子信心和鼓励，但是一定不能有物质的奖励。当你说出“做得真好，奖励你一个玩具”的时候，就注定在下一次做得好的时候必须要有玩具奖励了。但当你鼓励孩子完成某项他并不是太喜欢的活动时，不妨给孩子一句爱的鼓励或一点物质奖励。为了防止孩子产生攀比心理，家长可选择必需品或对孩子有益的奖品，如运动器材、书籍等，切忌选择奢侈品。

总之，家长要记住，把物质奖励当作奖励的辅助措施，注重精神鼓励，才不致将孩子培养得唯利是图。

过度表扬不可取

你是看到孩子有一点点进步就欣喜若狂、赞不绝口的父母吗？你懂得把握夸奖孩子的“度”吗？

在孩子最需要的时候给予夸奖，效果是最好的。夸奖太少，孩子会产生被欣赏的饥渴；夸奖过多，则会让孩子依赖夸奖，或是对夸奖麻木、不珍惜。有些父母望子成龙、望女成凤心切，看到孩子稍微取得一点进步就欣喜若狂，赞不绝口。久而久之，必然助长孩子骄傲自满的情绪。而一味的夸奖也容易让孩子变得过分依赖表扬——得到表扬，他们就进步一点；不表扬就退步，甚至没有办法正常学习。

虽然小善是独生子，但爸爸妈妈一直没有娇惯他。平时，他经常帮爸妈做些力所能及的事。在幼儿园，他的表现一直是非常优秀的，经常能得到老师的称赞。

小善上了小学后，老师发现他很爱哭，考试得不到第一名他会哭，做的手工不如其他同学他会哭，跑步没有别人快他也要哭，这让老师十分头痛。后来，老师与小善的爸爸妈妈沟通过才知道原因。原来，小善从小到大一直在家长和老师的夸奖中长大。到了新环境，优秀的同学多了，老师也不再以他为中心，不再处处重视他、表扬他，这让他感到很失落，所以才会用哭来发泄自己的情绪。

孩子如果受到过多的夸奖，自信心就会膨胀，找不准自己的位置。这样的孩子在人格上往往是不完善、不成熟的，心理上也会十分脆弱，对于自己不熟悉或不擅长的事物往往不敢尝试，很难承受挫折和打击，一旦遇到不顺心的事就会难以忍受，小善就是代表。

所以，对于孩子，适当的赏识与鼓励是必要的，但家长也要注意分寸，千万不要夸奖过了头。要知道，表扬不是多多益善，家长不能想怎么说就怎么说，要把握好尺度。

那么，这个尺度到底怎么把握呢？具体来讲，可以参考以下两点：

第一，家长应该适当地克制一下自己表扬孩子的冲动，让表扬变得更加可贵。孩子第一次独立走路，第一次完完整整地背出一首唐诗时，的确会让家人欣喜不已。但如果只是一些每天都要做的事情，譬如小便前会叫妈妈，或是自己平稳地翻身下床，就不必大张旗鼓地夸奖或表扬了。

第二，家长要了解孩子的兴趣和现有能力，以及同龄孩子的平均水平，然后在一个相当的水准上评价孩子。需要记住的是，表扬的标准要随着孩子能力的提高一起提升。

Part 6

怎样批评，孩子更爱听

随意惩罚，不如先制定规则

无规矩不成方圆，作为家长，你想让孩子少犯错，与其一味地惩罚孩子，不如好好地给他制定规则。

面对孩子的各种错误行为，不少父母经常采取批评或惩罚的方式对待孩子。然而，如果批评不当，很容易让孩子产生抵触情绪，结果适得其反；而惩罚虽能制止孩子的错误行为，却起不到让孩子主动纠正错误习惯的作用。

接受惩罚之后是不是就能长记性、保证下次不再犯错呢？针对这个问题，记者在街头随机采访了很多70后、80后的成年人。

在这些人的记忆中，打屁股、打手心、罚站、抄写课文、罚扫地，是他们小时候经常会遇到的家庭“作业”。他们对小时候被罚的事记忆犹新，但很少有人记得为何被罚。

30岁的刘语回忆说，他上小学时被父亲罚站在高板凳上。罚站并没有什么，关键是他们家住一楼，而高板凳摆放在单元门口，这引来了本楼和对面那栋楼里的小伙伴的围观。现在刘语回忆起这一幕，都觉得臊得慌。

由此可见，惩罚只是一种劣性条件刺激，其效能是短暂的，不能持久。受罚的孩子改正了错误并不等于他已明白事理，并不能保证他下次不会再犯。另外，如果家长不事先说出要求及后果，只是随个人的心情来责备甚至处罚孩子，那么很容易让孩子产生随时可能因出错被批评的想法。这样的孩子容易焦虑不安，犹豫不决，缺少判断力。

与其制定各种惩罚条例来减少孩子犯错误的机会，不如先制定规则，即清晰、明确地给孩子提要求、下指令，并提前商量好，如果违反了以上规定，孩子会受到怎样的惩罚。这样做才会使惩罚更有效。

惩罚的措施和后果，本身就具有一定的警示作用，可以起到预防的效果。如果父母提前跟孩子进行充分沟通，孩子自然也就明白哪些事情不能做，以及做了会受到什么样的处罚等，这无形中会给孩子增加一道心理防线，能够有效帮助他抵御犯错的冲动。

秦女士有一个个性活泼、自制力极强的儿子，他一向知道什么时间自己该干什么。在谈到育儿经时，秦女士这样说道：

“在培养儿子的守时观念时，我的做法是先定规矩，然后严格执行。我儿子其实和其他的小孩子一样，非常喜欢看电视和玩游戏。我给他规定了一个关机睡觉的时间，最多提前10分钟做个提示。如果延时关机，那不好意思，他可能会依照我俩之前的约定，一连三天甚至一周都不能看电视、玩游戏。

“在培养他整洁有序的习惯时，我也是这样做的。例如，如果他没有在规定的时间里把自己的玩具收拾好，没有把房间整理好，那么抱歉，只能执行我俩之前的规定，把他心爱的玩具丢到院子里，任由风吹日晒，不到时间不准捡回来。

“在他六七岁的时候，有一次他玩完玩具没有收拾，我让他在十分钟内必须把玩具收好，可是他却像没听到一样，继续看他的动画片。于是，我把他最喜欢的变形金刚扔到了院子里，当时正在下雨，变形金刚在雨里被弄得全是水和泥点。从此以后，他再也不敢乱丢玩具了。”

俗话说：“无规矩不成方圆。”做任何事情前都必然应当先定规矩、规则，再严格按规矩和规则行事。秦女士之所以能培养出如此优秀的儿子，与她的教育方式不无关系。那么，我们应该如何制定规则呢？

1. 以爱为基础

家长在制定规则时，必须以爱为基础，当孩子体会到家长的关爱时，自然会更乐意接受家长制定的行为规范。

2. 与孩子一起制定规则

不少父母认为规则应该由成人制定，之后让孩子遵守就可以了。可实际上，活动的主体是孩子，如果不尊重他们的意见，那制定出的规则可能就会成为一种强迫性的命令，甚至成为压制、约束孩子合理要求和愿望的手段。对父母来说，重点不在于制定了什么规则，而在于这些规则依据的是什么，如何让孩子理解这些规则。因此，孩子必须要参与其中，而且大人要把道理跟孩子讲清楚。

3. 规则要简洁、明确

给孩子制定规则，一定要简洁、明确，让孩子清楚地知道什么可以做、什么不可以做，例如告诉孩子：“发脾气时可以打枕头，但不可以打父母，也不可以打其他任何人，更不允许摔东西。”“遇到不喜欢吃的东西，你可以不吃，或者给妈妈，但不能随便扔在地上。”

4. 确定违规后果

制定规则时，必须同时与孩子约定不遵守规则后他要承担的相应后果。在国外的许多家庭里，多数用扣孩子零用钱或增加家务活作为惩罚。而我们每个家庭可以根据自己的情况，把取消一些已经说好的奖励作为惩罚。例如如果不准时去做某件事，那么约定的某个奖励，如观看周末电视里的足球赛或者是与同学去郊游的活动就会被取消。

5. 遵守规则要一以贯之

定好的规则，无论什么时间、地点、场合，都要遵守。不能在家里是一套，在外边又是另一套，今天是这个样子，明天又是那个样子。比如：在家不能随手乱扔垃圾，在外边也不能；在公共场合不能大喊大叫，在家里有长辈说话的时候也不能大喊大叫。这样，孩子才不会感到迷茫，不知所措。

需要特别提醒父母的是，所有的规则都不仅仅是给孩子制定的，父母也要严格遵守，以身作则。

保持冷静，收起自己的愤怒

面对孩子的过失，你是情绪激动、怒火万丈，对孩子大呼小叫？还是先冷静下来，再去批评教育？

调皮的儿子拿着妈妈的高级口红当彩笔，将家里洁白的墙壁画了个乱七八糟；

正在练手工的女儿将妈妈新买回来的漂亮台布剪得破烂不堪，因为她想把台布上的那些漂亮花朵剪下来做拼图；

虽然整天耳提面命地教育孩子要诚实，但突然有一天发现儿子经常对自己撒谎；

尽管多次告诉孩子要少吃糖，吃糖太多不仅对牙齿不好，还会让人发胖，可是女儿却拿着糖躲到被窝里偷偷吃；

……

作为家长，多少都会碰到类似的事情。“那一瞬间，我感觉自己的肺都快要被气炸了！”有的家长这样形容自己当时的感受。于是，他们情绪激动、态度粗暴、大发脾气，对孩子劈头盖脸地一通批评，意在使孩子改正，但往往收效甚微。

原因何在？

有关专家做过的一项调查显示，当家长在孩子面前大呼小叫时，孩子的注意力全集中在家长怒火万丈的状态上，根本不会理会家长在喊叫什么。

有时候，家长发脾气管教孩子还可能起到相反的作用。孩子可能会对家长的情绪产生强烈反感，导致更加叛逆。另外，家长在盛怒之下可能会口不择言，对孩子说出不该说的话，或者做出过激的举动，这将对孩子的身心产生极为不良的影响。

因此，不管孩子犯了什么样的错误，在批评孩子之前，父母一定要强迫自己先冷静下来，之后再引导孩子自我反省、悔过自新，这样会事半功倍。

一天，上初一的月儿下午放学后迟迟未归。眼看已经晚上八点多了，月儿妈妈心急如焚，一直站在小区门口张望。终于，她看到了从公交车上走下来的月儿。

“你还知道回来？”此时，妈妈的焦急已瞬间转化为怒气。

“妈妈，对不起，让你担心了，我和同学到书城买复习资料，回来又遇上堵车，所以就晚了。”月儿解释道。

可是，愤怒的妈妈哪里还听得进这些，她训斥道：“既然要买书，为什么不提前说一声或打个电话？！你知道我和你爸爸有多担心吗？我看你是成心要把我俩急死才甘心！”

“妈，你为什么这么说呢？我又不是去做坏事！”月儿听妈妈这样说，很不高兴。

“难道只有做坏事我才能说你？”

“我不就是回来晚了吗，你至于这样吗？”

“你说得倒轻松，我和你爸着急的时候你在哪儿呢？”

……

回家后，妈妈仍是不依不饶，一边训斥月儿，一边述说自己有多着急，弄得月儿非常反感。结果两个人好几天都没说话。

月儿和妈妈的关系闹得这样僵，以后无论妈妈说什么，月儿可能都听不进去了。如果月儿的妈妈当时能冷静下来，在月儿跟她道歉时，换一种口气跟月儿说话，如："月儿到底是大姑娘了，知道心疼妈妈了。妈妈确实很着急，如果你能提前打个电话或让人捎个信儿给我，我就不会这么着急了。"效果就会大不一样，女儿也会自觉地认识并改正错误。

其实，面对孩子的过失，保持冷静的态度，不仅有利于维护父母在孩子心目中良好的形象，还有利于亲子沟通，让孩子更容易接受父母的意见。然而，当孩子犯了错，尤其是犯了比较大的错误或者屡错屡犯时，很多父母都很难不逞一时之气。所以，为了学会保持冷静，你要参考以下几点：

1. 练习积极的自我暗示

负面的、妄自菲薄的想法只会让问题更复杂。如果你发现自己有了消极的想法，那么立刻打断自己，对自己喊"停"，然后调整心态，尽量去想积极的一面，这样能帮助你更好地控制情绪，客观面对需要解决的问题。下面是一位家长进行的积极的自我暗示：

"放松，慢慢来。"

"我会帮助我的孩子。"

"不要急，一步一步来。"

"我是个好家长，我一定能做到。"

"情况会变好的，只是还需要一些时间。"

经常给自己积极的心理暗示，你会发现，你对自己家长这一身份的感觉会越来越好。即使孩子的行为暂时没有明显转变，你这么做，问题至少不会继续恶化。

2. 不把孩子的气话放在心上

做到这点真的很不容易，尤其是在孩子赌气骂你、说出一些伤人的话时，你心里就更难受了。不过一定要记住，孩子完全是无心的，他只是还没有学会如何处理愤怒或沮丧的情绪。所以，要是孩子跟你顶嘴，口不择言，说你是个差劲儿的家长，你千万不要与他争辩，要学会把那些负面的气话置之度外，这样，你的教导才会更有成效。

3. 给自己 5 分钟的冷静时间

生气时，家长一定不能大发雷霆，而应该给自己5分钟时间冷静一下，想想究竟发生了什么事。这能够让你重新调整好情绪，理智地看待问题。此外，你也可以暂时离开一段时间，这能让火药味浓重的气氛缓和下来。

4. 关注行为而非动机

暂时将孩子做错事的原因放在一边，集中注意力在行为本身。如果一味地追究原因，一定会让自己陷入混乱。把眼前的事情解决后，再找机会和孩子好好聊聊，看看究竟发生了什么事，孩子为什么这么做。

5. 语气要坚决

保持冷静指的是面对孩子的不当行为时，你不会意气用事或使用粗暴的方法应对。因此，保持冷静并非让你一味容忍，有时也需要你提高音量，但语气一定要坚决，这样孩子才能听你的。

了解事情的原委再下结论

当你看见或听说孩子“犯错”时，了解过事情的原委吗？还是上来就是一顿批评，根本不听孩子解释？

生活中，很多父母一看见或听说孩子“犯了错”，立刻劈头盖脸地对孩子进行斥责，根本没有考虑过孩子犯错的背后有没有什么内情。结果，大人生气，孩子委屈，教育效果也大打折扣。

有一个6岁的孩子，刚从奶奶家回到父母身边。有一天，妈妈炒了一盘鸡蛋端到桌子上，接着进厨房继续炒别的菜，等她再次来到桌旁时，孩子已经把鸡蛋吃得精光。

见到此情此景，这位妈妈的火气“噌”的一下就上来了，她厉声批评道：“你跟谁学的，这么不懂事，爸爸妈妈还没上桌，你一个人就把鸡蛋都吃光了。难道没人告诉你，吃饭时要等家人全上桌才能动筷子吗？”

“妈妈，奶奶说……”

“奶奶说什么？你还想狡辩？”妈妈不等孩子把话说完，就训斥道。

孩子没再吭声，只是悄悄地掉起了眼泪。

“你这孩子怎么这样，你不懂事，还不能说了？还有脸哭！”

谁知妈妈这么一说，孩子哭得更委屈了。

后来，这件事过去很久，孩子才告诉妈妈：他在奶奶家里时，吃得越多，奶奶越高兴，多吃点儿，奶奶还表扬呢。但奶奶从没有告诉过他，别人没吃的时候，他不能吃……

在孩子“犯错”后，如果父母都像故事中的这位妈妈一样，在不了解真相之时就妄下定论而冤枉了孩子，甚至认为他的解释是在狡辩，这等于是在把孩子从自己身边推开。所以，父母在发现孩子“犯错”后，如果没有亲眼看见事情的经过，千万不要一上来就批评，一定要给孩子解释的机会，弄清事情的原委再下结论。

一天，因为小伟打架，妈妈被老师“请”到了学校。老师说，他已经批评了小伟，但是小伟有点不服管教，还时不时跟他顶嘴，好像打架打得理直气壮。

在回家的路上，小伟噘着嘴，依旧一副闷闷不乐、很不服气的样子。

妈妈被老师“请”，本就很没面子，现在又看小伟这个样子，自然恼火：“你以后别再给我惹事了，行不行？！”

“你们都不问我为什么打架，就批评我，凭什么？”小伟生气地说。

“不管因为什么打架，都是不对的……”妈妈脱口而出，不过，她突然意识到，儿子这么生气，可能真的有什么委屈，于是强压住火气，用平静的语气问道：“那你能告诉我，你为什么打架吗？”

听妈妈这样问，小伟很委屈地讲述了事情的经过。

原来，在课间休息时，突然有个同学骂小伟，小伟告诉他不要骂人，谁知那个同学不但不听，反而挑衅道："你想找打是吧，正好我手痒了，想找个人练练手呢！"一边说，还一边朝小伟挥起了拳头。小伟躲闪不及，只得奋起"自卫"，结果两人就打了起来。

听了小伟的话，妈妈很庆幸自己给了儿子解释的机会。于是，她停下脚步，蹲下来真诚地对小伟说道："小伟，对不起，看来妈妈和老师都错怪你了。"

"本来就是。"小伟小声地应对道。

"你自卫是对的，妈妈支持你。不过，你在动手自卫时，一定要记得出手不能太重，不能伤了自己和别人。"

"嗯。"

"其实，这件事可以有比打架更好的解决方式，比如你可以趁机逃跑，事后再找机会跟这位同学谈谈，这样就可以避免打架；你也可以去找老师，让老师帮忙处理。你说呢？"妈妈耐心引导说。

"妈妈，我知道错了。我的确不该跟他打架。"小伟低头思考了一会儿，主动跟妈妈承认了错误。

孩子虽小，但无论做什么事情，也都有他自己的理由。这个理由或许并不成立，也或许有一定的道理。所以，为了避免冤枉孩子，伤害孩子，父母在了解事情的原委之前，千万不能从成人的角度臆断孩子的行为，上来就批评斥责。一定要先弄清事情的经过，然后再有针对性地进行教育。

避免重复老套的说教

批评孩子时，你是不是一直在重复老套的说教？是不是孩子听了根本没什么反应？没反应就对了！

上小学四年级的平平，在课间休息的时候总是不安分，一会儿拽拽这个女同学的小辫子，一会儿拍拍那个同学的后背，一会儿又拿走同学正在玩儿的皮球……总之，不断有同学向老师告平平的状。老师对平平进行了批评教育，但毫无效果，于是老师只好请平平的妈妈来学校了。

平平的妈妈来到学校后，老师对她说，平平一直就有这种行为，但过去不像现在这样频繁，所以就没请家长。儿子的表现让平平妈妈既失望又生气，一回到家，就开口质问平平："今天你们班主任又跟我说，你在学校老是搞破坏，招惹同学，有没有这回事？"

平平低着头，"嗯"了一声。

"我跟你说，你给我记住了，以后不许再这样，听见没有？"妈妈吼道。

“哦，知道了。”平平一脸委屈地低声答道。

“你还委屈了，我可把丑话说在前头，要是再让我知道你在学校惹事，看我怎么收拾你！”

平平收敛了几天，后来又依然如故。上面的对话继续重复着，平平妈妈真的不知道该怎么办了。

细心的家长是不是发现了故事中的问题到底出在哪里？是的，问题就出在“上面的对话继续重复着”，老套的说教在平平身上已经不起什么作用了。或许一开始，平平对老师和妈妈的批评是有所感觉的，所以“收敛了几天”。然而时间久了，“你应该怎么样”“你不应该怎样”这种老套的说教，对平平而言，已经无关痛痒了。

家长遇到孩子犯错误时，往往是直接批评，要求孩子改正，却几乎没有考虑过探究一下孩子出现这种行为的原因是什么。正如故事中，老师和家长自始至终都没有问过平平“你为什么要这么做”。如果妈妈在发现问题后，能及时了解孩子的真实想法，结果就会大不相同。

去了学校几次以后，平平妈妈觉得这样下去对孩子的成长非常不利。为了找到解决的办法，她买了一本讲述父母如何与孩子沟通的育儿书，认真研读了一下，结果让她受益匪浅。

这天，当她再次从学校挨完批评回到家后，并没有像往常那样一开口就质问平平，而是问道：“今天你们班主任跟我说，你在学校又搞破坏了。妈妈记得你过去是很遵守学校纪律的，也从不招惹同学，是什么原因导致你经常这么做的呢？”

平平看了看妈妈，欲言又止。

“别担心，说出来妈妈不会批评你的，或许我还会帮你把问题解决了呢？”

“因为同学们都不喜欢和我玩，他们嫌我戴着矫正视力的眼镜，做游戏时动作不如其他人灵活、准确，我在哪一边，哪一边就会输。”

“于是你就去招惹他们？”

“我只是想和他们一起玩。他们玩得那么开心，我真的好羡慕。但我不知道该怎么说，就拍拍他们的肩膀、拿走他们的皮球，让他们注意到我，从而邀请我加入他们的游戏。”

了解了平平搞破坏的原因后，妈妈做了两件事：一件事是主动找平平的班主任谈话，请求老师帮助平平回到同学们中间去；另一件事是教平平如何与人交往、沟通，告诉他采用推、拍等方式是没有用的，应当直接用语言表达自己的诉求才对。

后来，在全班同学的热情接纳和关心下，平平再也没有搞过破坏了。

可见，批评孩子时，老套的说教是最没有效果的。找出原因，解决问题才是关键。那么，家长究竟该怎么做呢？

1. 指出孩子的错误行为

家长要向孩子明确指出，他的错误行为破坏了纪律，伤害了别人的感情，所以必须对错误行为的后果承担责任，进行补救。

要让孩子有一种坦白承认错误的精神，防止其为推卸责任而采取以下策略：否认错误行为（我根本没做错事）；把错误行为合理化（又不是只有我一个人做了），为自己的错误行为辩解（是他先开始的）。同时，要把孩子的注意力引导到由于他的错误行为带来的不良后果和应负的责任上，让孩子做一些事情来挽回局面。

2. 说明什么是孩子应该做的

在采取补救方法的同时，你要耐心地向孩子解释什么是他们能做的，而不是说什么是他们不能做的。因为孩子往往有逆反心理，父母越是禁止他做什么，他越是想尝试一下。孩子有时是因为好奇心才犯错，父母应该避免孩子出现逆反心理。

3. 把孩子本身和孩子的不良行为分开

当父母不满意孩子的某种行为，需要孩子做出补救时，对孩子本身仍旧要表示好感，不要笼统地责怪孩子。对此，父母可以把批评限制在孩子的一定行为上，例如，可以说“没被允许就进入别人房间，这种行为是不礼貌的”，不能说“没被允许就进入别人房间，你真没礼貌”。父母应坚决摒弃只要孩子不守规矩，就指责孩子“坏”的做法，更不能采取诅咒或威胁的口气，这会让他觉得你不再爱他了，从而与你产生对立情绪。如果父母对孩子的行为很关心，孩子感觉你是爱他的，那么，你依然是最能影响到他的人。

4. 处理要及时

研究表明，通常情况下，在孩子发生错误行为之后，马上要求孩子进行补救，是促使孩子从中受到教育的最有效方法。特别是当孩子的错误行为正在进行的时候加以制止更为有效。如孩子抢了其他小朋友的玩具，父母应该及时让孩子归还玩具，并向对方道歉，而不要说“我以后再和你算账”或“等你爸爸回来再说”，因为延误会使孩子忘记自己的错误行为。

5. 让孩子自己提出补救的办法

这能促使孩子对自己的行为进行更多的思考，让他们更具责任感。如果孩子提出的办法不妥当，父母可以再提出一些补救的办法来引导他。

批评孩子要就事论事

孩子犯了错，你批评时是就事论事，还是喜欢东拉西扯算旧账，把上星期，上个月，甚至一年前的事都拿出来，没完没了地说？

小学四年级的明明语文成绩一向不错，然而在最近一次的月考中，他的语文竟然只考了73分，连80分的标准线都没过。

放学回家后，明明把成绩单交给了妈妈。妈妈看到成绩单后，二话没说，揪着明明就来到书房，狠狠地教训了一番。期间，她拿出自己最得意的大作——《儿子大考成绩全记录》，从孩子小学一年级开始，每次的月考、期考分数她都记录在册，并且还做了详细的分析。她挑出明明自从上学之后考得最差的几次成绩借题发挥，又是训斥，又是对比，又是分析……足足训了儿子两个多小时，直到丈夫回来，她还意犹未尽。

好不容易挨到8点多，丈夫过来叫吃饭，她对儿子的批评才算结束。这期间，明明一直在小声抽泣着。

妈妈则说得口干舌燥，心烦意乱，收拾好东西，拉明明去餐厅吃饭，明明死活不去，而且哭声越来越大，反抗也很激烈。生气之极的妈妈推搡了明明几下，然后头也不回，自己一个人去吃饭了，而明明则站在书房里大哭。

妈妈刚坐下没多久，就听到隔壁的书房一声巨响，接着是稀里哗啦撕东西的声音。她和爸爸急忙跑到书房，看到地上乱作一团，明明把书桌上的全部东西都打翻在地，而他此刻正发狠地撕着那本《儿子大考成绩全记录》……

面对批评，明明为什么会有这样的过激举动？这恐怕需要家长们认真思考一下了。

事实上，生活中很多家长都会有类似明明妈妈那样的行为，当孩子犯错后，家长不是就刚刚发生的错误来批评，而是喜欢东拉西扯算旧账，把上星期，上个月，甚至一年前、两年前孩子的过失都放在一起念叨，没完没了地说，殊不知这样做只会加大解决问题的难度，造成以下后果：

1. 冲淡批评的主题

某个妈妈在批评孩子时这样说道："你最大的毛病就是不敢表现！像上次小朋友们表演节目，你怎么不敢上去呢？其他人表演得那么好！每一个人都笑容满面的！说一下你就哭了是不是？还哭？你最大的毛病就是爱哭！""看看，说着说着又乱扔东西了，你最大的毛病就是爱发脾气！"……讲来讲去，连她自己都不清楚想讲些什么了。

每一位做家长的，都想借着孩子的每一次错误，举一反三，让他牢记前车之鉴，以便以后的路走得更稳健。这种动机当然是好的。然而，批评时唠唠叨叨，过多地翻一些陈年旧账，必然会冲淡批评的主题。当批评失去重点，连你都不知道自己要讲些什么时，孩子怎么会知道你在说什么？这样的批评能起到什么作用？

2. 伤害孩子的自尊心和自信心

每个人都可能犯错误，试想，如果一个成年人被上司抓住自己的每一次失误不放，他还能有好心情工作吗？不可能。成年人都难以忍受，更何况一个未成年的孩子。

孩子做错了事，本能地会觉得紧张不安，进而产生会被父母责骂的戒备心理；尤其是一再犯错的孩子，更是害怕父母把过去的错提出来。父母翻起陈年旧账，对孩子没完没了地责骂，会让他觉得自己一无是处，他的自尊心和自信心都会受到严重的伤害。孩子有可能会想，自己在父母眼里这也不行，那也不行，全是缺点，以后再努力也没有用，自己永远无法摆脱以前所犯的错误，不如这样一直错下去，于是从此变得自暴自弃，不思进取，不再改变。这样一来周而复始，就会形成恶性循环。

所以，对于孩子过去犯的错，家长应该学会忘记，不要总是记着孩子的不好。父母以宽容和理解的心态对待孩子的过错，那么孩子即便再犯错误，他也会因为大人的理解和支持而激起前进的信心，以及争取做得更好的决心。

因此，我们就某一问题批评孩子时，一定要就事论事，有什么错纠什么错，错在哪一步批评哪一步，干脆利落。批评一次，就结案一次，切勿小题大做、借题发挥、“举一反三”，对孩子以前犯过的错念念不忘，以防让孩子无所适从、惶恐不安。比如，孩子考试成绩不理想时，家长和孩子坐下来一起探讨一下本次考试失分的原因，提醒孩子以后避免此类问题的发生，这比批评孩子上课不好好听讲、下课不认真做作业的效果要好得多。

不要给孩子贴上“负面标签”

你给孩子贴过诸如笨蛋、爱哭鬼、自私、小心眼儿、胆小鬼、怕人等“负面标签”吗？

父亲：“这次考试你一定要考第一名。”

女儿：“一定要第一名吗？”

父亲：“没错。”

女儿：“万一考不了第一名呢？”

父亲：“考不了第一名就说明你笨！”

上面是一对父女的对话。“考不了第一名就说明你笨！”父亲这句话的分量有几个孩子能承担得起？要知道，“第一名”永远只有一个，难道除了这一个“第一名”是聪明的，其他的孩子都是笨蛋？这是哪门子的理论！作为父亲，自己在心里期望女儿能成为第一名，是可以理解的。可为什么非要把它作为一个标准、一个真理，让孩子去承担这不堪的重负？给她贴上“我不是第一名，我是笨蛋”的负面标签，难道这样做就不怕把孩子给压垮吗？

生活中，家长爱给孩子贴各种各样的“负面标签”绝非个别现象，类似的情况并不少见。例如，一个很瘦弱的孩子，母亲总是很无奈地当着他的面对人说：“没办法，他就是不爱吃饭！”父亲在闲谈时说自己的孩子：“我家孩子脑子笨，反应慢，不是学习那块料！”还有爱哭鬼、自私、小心眼儿、胆小鬼、怕人等，这些都是不利于孩子健康成长的负面标签。或许父母说出这样的话大都出于无心，然而这些负面标签不但会伤害孩子幼小脆弱的心灵，还会严重地影响孩子健康成长。

孩子尚不懂得客观评价自己，他们对自己的评价来自于权威、父母、老师。这个时候，老师、家长的评价，很容易起到贴标签的作用。一旦孩子的自我定位被父母的负面标签所捆绑，负面标签往往会引导孩子踏入歧途，因为这是他得到的指引。他们会认为，“我根本不需要努力，我知道我很懒惰”，或者“我有什么好在乎的，反正他们认定我顽皮捣蛋”，如果孩子这样想了，你还能期望他能有什么改变呢？

一次课间，孩子们跑过来告诉老师，男生冰冰用铅笔戳伤了同桌的手腕，老师赶过去时，个头不大的冰冰正瞪着眼睛“呼哧呼哧”地喘着粗气。看着老师走过来，冰冰抹了一把眼泪，做出一副满不在乎的样子，说：“反正我已经不是好孩子了！”那话语里有不服气，更有着一种绝望和赌气的情绪。

经过家访，老师了解到，原来冰冰从小生活在爷爷奶奶身边，是被他们娇惯着长大的。入学后回到爸爸妈妈家中，冰冰的很多习惯让妈妈看不惯，因此常常被她严厉指责和训斥，得到很多负面的评价。久而久之，他就根深蒂固地认为自己真的不是“好孩子”，开始自暴自弃了。

由此可见，对于负面评价，你越强调它的存在，事情就越朝着这样的方向发展，这不仅不会帮助孩子改掉坏习惯，还会使这些所谓的坏习惯更加牢固地跟随着孩子，成为孩子的一部分。如此，便印证了那句话，“你害怕孩子变成什么样子的人，孩子就会成为那个样子的人”。

因此，无论基于哪种原因，家长都不应该轻易给孩子贴上负面标签，应该相信自己的孩子，给他积极的暗示和期望，让他健康、愉快地成长。

1. 多为孩子喝彩

当孩子考试不理想或者做事情失败的时候，父母应该多给孩子一些喝彩和鼓励。已经习惯给孩子贴负面标签的父母，则更应该有意识地提醒自己，将那些难听的词语换成正面鼓励的话语，以给孩子积极的影响。

2. 给孩子积极的心理暗示

小俊今年12岁，曾经是一个令人头疼的孩子，学习成绩不好，上课总是爱搞小动作。但是自从妈妈改变自己的教育方式后，这一现象得到了很大的改观。

有一次，小俊的英语成绩又没及格，妈妈并没有像过去那样骂他“笨蛋”，而是和蔼地对他说：“没关系，妈妈觉得你下次一定会考好。”

下次，小俊的英语成绩果然得到了提高。妈妈于是接着说：“妈妈觉得你下次一定会考得更好。”渐渐地，小俊的英语成绩提了上来。

积极的心理暗示，犹如润物无声的细雨，在不知不觉中就影响了孩子稚嫩的心灵。故事中，小俊的妈妈巧妙地运用心理暗示，让小俊相信自己下次能考取好成绩，并对他寄予更高的期望。而小俊感受到妈妈的期望，心理潜能得以激发活化，自信心增强，极大地提高了学习热情和动力，从而真正将成绩提高了上去。因此，无论何时何地，父母都应该将一种积极的心态和情绪传递给孩子，引导孩子朝着健康、积极、向上的成长之路前进。

讽刺和嘲笑孩子要不得

孩子做了幼稚的事，你会把它拿来当作亲友之间的笑柄谈资？你认为孩子是自己的，偶尔讽刺、嘲笑一下无所谓？那你就错了！

一天，保罗在自己家的草坪上教8岁的女儿莫妮卡使用割草机。当他正在指导莫妮卡怎样将割草机掉头时，妻子喊他接电话。保罗转身的一瞬，莫妮卡因为自己控制不住割草机的抖动，把割草机推到了草坪旁边的花圃上，一片花草顿时被夷为平地。

回头看到刚刚发生的一幕，保罗非常生气。因为他花费很多时间和精力，才侍弄出这个让邻居们羡慕不已的花圃，而此刻它就这么被破坏了。怒气冲天的他对莫妮卡吼叫起来："你这个笨蛋！你什么时候才能不做这些让人笑话的蠢事！"

妻子听到了，赶快走了过来。她把手放在保罗的肩上，安抚他说："亲爱的，请记住，我们是在养小孩，不是在养花。"

死掉的花已无法挽救，此时，若再去伤害一个孩子的心灵，让孩子的自尊心和自信心因此被伤害，这才是真正无法挽回的损失。

“就你那破锣嗓子还想当歌星？做梦吧！”

“你怎么总犯一些低级错误？说你蠢好还是神经病好？”

“一件事我要重复多少遍你才能记住？你是聋了吗？要不你怎么听不进去？”

“考不到90分，以后你还有什么出息！难道你想留在家里当一辈子寄生虫吗？”

……

孩子做事失败，一些家长会因为自己面子受损而对他们大声呵斥；孩子做了件幼稚的事，一些家长还会把它拿来当作和朋友之间的谈资笑柄。他们把这看做是很平常的事，觉得不说严重点孩子不会往心里去，或者认为孩子是自己的，拿孩子的事开个玩笑也无所谓。事实上，这些有意或无意的举动是非常不明智的，因为它们会给孩子的心灵造成难以想象的伤害。

孩子天性敏感，如果他们将那些来自最亲近之人的嘲讽当真，那么那些话语对他们来说就无异于一把无形的尖刀，会深深地刺伤他们的心。他们会想，连自己的父母都瞧不起自己，还有谁能瞧得起自己呢？即使他们知道那些只是父母的无心之语或者是玩笑的话，也仍会觉得自己的人格没有得到父母应有的尊重。而一个习惯以讽刺的语气批评孩子的家长，又怎么可能得到孩子真心的尊敬呢？

通常情况下，家长对失败的孩子更容易发出嘲讽。也许讽刺和嘲笑的话是家长出于一种恨铁不成钢的心理脱口而出的，或者是为了激励孩子故意为之，以为通过这种方式会让孩子更加争气。

殊不知，比起令人沮丧的失败，家长的数落、讽刺、讥笑、小看，会让孩子更加难过，他们可能会因此而伤透了心，因为他们连连受挫，本是最需要家长安慰的。如果这样的打击太多，孩子会产生严重的自卑感，甚至完全陷入绝望的境地，长大后会变得畏首畏尾、胆怯、没有自信，结果就真的成了什么事都做不成的“笨孩子”了。

另一个极端是孩子因家长的嘲讽而产生怨恨，耿耿于怀，将这种恨隐藏在心底，等到长大后再寻找机会加以报复。

我们不妨来对比一下两位家长的不同做法：

5岁的小俊因为紧张，在“宝宝才艺大赛”上的小提琴表演出现了失误，曲子还没拉完他就哭着跑下了台。台下的妈妈非但没有安慰他，反而当着其他老师、小朋友和家长的面，气急败坏地指责他：“在家还拉得好好的，怎么一上台就全忘了？这么多天都白练了。你可真是够笨的，居然还有脸哭！”

8岁的家栋小小年纪已经是小学四年级的学生了。他品学兼优，深受老师和同学的喜爱。学校的运动会，家栋报名参加了短跑比赛，却得了最后一名。从没遇到过失败的家栋很难过，很长时间过去了，都没能从失意的状态中走出来。

“儿子，还在为运动会的事难过吗？”爸爸问。

“是啊，我居然得了最后一名，太丢人了。”

“你有没有想过为什么会这样呢？”爸爸说，“你比参赛的其他同学年纪都小，他们比你长得高大，腿也比你长很多。我问过你的体育老师，他说你是同龄孩子中跑得最快的，姿势也很棒。这场比赛对你来说并不公平。爸爸相信，等你到四年级的年纪时，一定跑得比他们快。”

听了爸爸的话，家栋很快就从失意中走了出来。

在一些家长看来，孩子的表现关系到自己的“脸面”。所以，一旦孩子做错了什么或是失败了，家长往往觉得面子上挂不住，所以不能冷静客观地接受现实。其实，指责、埋怨甚至挖苦，只能给孩子的心理蒙上阴影，导致他们自暴自弃。小俊妈妈的做法就不可取，因为这很可能导致小俊对拉小提琴彻底失去信心。

明智的家长应该向家栋的爸爸学习，首先要保持平和、坦然的心态，帮助孩子找到问题的症结，然后用鼓励、循循善诱等方法帮孩子摆脱失意情绪。“其实开头的段落你拉得还是不错的。因为这是你第一次当着这么多老师和小朋友的面表演，所以紧张是难免的，以后再有几次这样的机会，你就会慢慢适应了。”如果小俊的妈妈能这样肯定小俊的成绩，相信小俊一定能够再接再厉。

孩子正处于性格形成期，虽然还不够成熟，却有着强烈的自尊心。来自语言的伤害虽不像皮肉伤害，可以一眼看到，但它给孩子带来的精神创伤，却比皮肉伤害更加痛苦。即便家长的“语言攻击”已经停止，在孩子内心，伤害仍然会继续存在，它甚至会成为一个巨大的阴影笼罩孩子一生。所以，家长要做到不在任何情况下讽刺嘲笑孩子，要懂得维护孩子的自尊心。

不要当众批评孩子

父母当众宣布孩子的过失，只会让他们无地自容！那么，你还要坚持“人前教子”吗？

中国有句俗语：“当面教子，背后教妻。”在国人的观念里，同样是有了不恰当的行为，因为妻子是成人，要考虑她的面子，所以有话要背着人说；而孩子无所谓自尊心不自尊心的，所以人前有错人前纠正，人后有错人后纠正，不必讲究场合。这种看法看似正确，其实却大错特错。

希望别人认可和欣赏自己，不希望别人窥见自己的缺点和不足是人的本性，也是有了强烈自我意识的孩子的心理需求。所以，父母在批评孩子的时候，千万要照顾到他的这种本性和需求，否则，自尊心极强的孩子对此是难以承受的。

一位高中生的母亲向教育专家咨询孩子的家教问题。她忧心忡忡地对专家说：“我儿子读高一，他中考前后变化非常大：跟人说话不敢抬头，做事缺少自信，不愿跟同学来往，学习成绩也直线下降；在家，他几乎不和我们交谈，大多数时间，他都是一个人待在自己的小屋里，只有吃饭时才肯出来。我们问他话，他只会用‘嗯’‘啊’‘还行’敷衍我们，我们的话他根本听不进去，真是急死人了。在初中的时候，他可不这样，那个时候，他特别阳光、自信，为什么他现在变成了这个样子啊。”

专家没有对这位妈妈的话做任何评判，因为他觉得她的儿子出现这种变化一定事出有因，因此他提出与她的儿子谈谈。

经过沟通，专家了解到，在男孩读初三的时候，一次放学后，因为考试成绩不理想，妈妈当着很多同学的面批评他道：“你怎么能考这么差？真是太没用了！吃那么多饭都白吃了？你说我养你有什么用……”

从那以后，男孩就觉得自己在同学面前“抬不起头来”，总觉得同学在对自己指指点点，觉得同学看不起自己、开始疏远自己。男孩变得自卑、敏感、多疑，也开始恨妈妈，也恨自己的“无能”。这也是他对父母封闭自己、疏远同学的主要原因，而这也严重影响了他的生活和学习。

英国教育家洛克曾说过：“父母越不宣扬子女的过错，子女越看重自己的名誉。他们把自己看做是有名誉的人，所以会更小心地去维护别人对自己的好评。如果父母当众宣布子女的过失，让他们无地自容，他们会觉得自己的名誉已经受到了打击，设法维护好评的心思也会越加淡薄。”的确，孩子虽小，却也有很强的自尊心和羞耻心，如果被家长当众批评，那他们的心理防线很容易就会被击溃，就如同故事中的男孩那样。

而且，父母如果在公共场合或者当着其他孩子的面批评孩子，还可能使孩子产生敌对心理，使教育效果适得其反。例如，孩子因为调皮在人前屡屡“造次”，家长感觉伤了自尊，就大声呵斥孩子，误以为只有这样孩子才会长记性，才能印象深刻从而改掉毛病。殊不知，当众批评只能让孩子暂时慑于压力，不敢抵抗。下一次，孩子在人群中更加会有行为粗鲁、蛮横无理、举止轻率、目无尊长的表现。

因此，孩子有了缺点，父母最好私下对孩子进行批评，并指出改进的措施，要尽量不让周围的人听到批评孩子的话语，不让周围的人看到自己批评孩子的行为。这样的批评，孩子更容易接受。

一名女士带着她11岁的女儿出席一个朋友的聚会。其间，她的一个朋友问道：“你女儿在家一定很爱干净，屋子很整洁吧？哪像我儿子，屋里乱得就跟猪窝一样。”

小女孩就在妈妈身旁，她担心妈妈揭自己的短儿，眼睛望向妈妈。见此情景，朋友哈哈大笑，似乎已经知道了答案。

这名女士用慈爱的目光看了看女儿，然后对朋友说：“我女儿很乖的，自己的屋子一向都是自己打理，很干净的。”

小女孩悬着的心放了下来，笑了。朋友离开后，这名女士刮了刮女儿的鼻子，笑着对她说：“女孩子可要爱干净喔，要不然别人会笑话的。”小女孩频频点头。

从此以后，小女孩每天都会自己把房间打扫干净，再也不让妈妈插手了。

小女孩之所以虚心接受了妈妈的教育，正是因为她的妈妈没有让她当众丢脸，在外人面前保全了自己的自尊心。

可见，父母想让孩子听进自己的“逆耳之言”，就必须注意处处给孩子留足面子，尽量做到“人前不教子”，尤其是不要在孩子的同学和同伴面前批评孩子，让孩子“颜面大失”。

面对孩子的错误，建议比批评更有效

孩子犯错时，你是只知道一味地批评，还是会给出改正建议？

孩子自制力不强，难免会做一些调皮捣蛋的事情，有时还会闯下祸事。这个时候孩子会非常害怕、痛苦、后悔，如果父母一味地揪住错误不放，会使孩子们更加害怕犯错误。让我们看看下面这个故事：

爸爸走进自己的工具间，看见工具被扔得遍地都是，旁边放着儿子的一个玩具，说明儿子曾经来过这里。爸爸怒不可遏地走到客厅，看见儿子正在看他的漫画书，于是一把将他抓了起来，领到了工具间，说："这是怎么回事？我跟你说过多少遍了，要把工具放回原处。"

儿子害怕极了，现在他才想起来，刚才在工具间他想把玩具车修好，中途妈妈喊他接电话，他就跑了过去，拿起电话，和朋友聊了很久。没想到放下电话以后，他完全忘记了正在修理的玩具车，所以走进客厅，看起了漫画书。

现在，他如何跟爸爸解释呢？看着爸爸怒火冲天的样子，他感到非常懊恼。没错，这种事情已经发生了很多次。“这次，我又惹爸爸生气了，看来我什么事情都不会做好。我的记性为什么会这么差呢？”

他在心里不停地埋怨着自己，情绪变得很低落。

然而，如果故事中的爸爸采用另一种方式处理这件事情，结果可能会完全不同：

爸爸到工具间看到工具被扔了一地后，走到客厅，发现儿子正在看他的漫画书，爸爸抑制住自己的不快，平静地对儿子说：“儿子，能不能跟我一起到工具间去一下？”等他们到了工具间，爸爸和儿子一起看着工具间乱成一团的景象，爸爸对儿子说：“我想，你到这里是想把自己的玩具车修好，对吗？”

“嗯，我本来是想自己修好的。”儿子非常窘迫地说，“但是我听见妈妈叫我去接电话，就离开了这里，后来就忘记这件事了，而且，我鼓捣了半天，也没有把玩具车修好。”

“是吗？那现在让我们一起研究一下你的玩具车出了什么毛病。”

找到毛病后，爸爸和儿子两个人一起修好了玩具车。之后，爸爸对儿子说：“那么下次你应该记得把工具放回原处了，对吗？”

爸爸这样做，既指出了孩子的错误，对他提出了改正建议，又没有损伤孩子的自尊心，这样孩子就不会因犯错误而产生恐惧感，甚至失去自信心，当他犯了错误，就有勇气承认错误，更有勇气改正错误。而且孩子会很清楚，自己犯错误并不影响父母对自己的爱。

在孩子犯错或失败时，关心孩子，对孩子提出改正建议，让孩子对错误行为进行补救，给他们指明前进的方向，让孩子建立自信心，是父母最明智的选择。具体操作时，家长应参考以下三点：

1. 了解孩子的犯错经过

孩子犯错后，父母一定要让孩子讲述事情的经过，自己认真倾听孩子的“申诉”。

一天，妈妈收拾床时，发现原本雪白的床单上被画得乱七八糟，顿时怒火攻心——这床单是搬新家的时候买的，有点儿贵，被画成这样，能不心痛吗。待心情慢慢平复下来，妈妈把毛毛叫到了身边：“告诉妈妈，这是谁画的？”

“是我画的……”毛毛没有隐瞒。

“那你能告诉妈妈，为什么要在床单上画这些东西吗？”

“我本来是在书上画的，可是书太小了，所以画到床上去了……”毛毛低着头轻轻地说。

听毛毛这样说，妈妈大概了解了事情的经过，知道毛毛的确不是故意的，于是说道：“原来是这样，虽然你不是故意的，但这好好的床单被你画成这样，很难洗干净。所以你要记住，下次不要再坐到床上去画画，如果你想画画，就去桌子上。”

“好！”毛毛也意识到了自己的错误，连连点头。

后来，毛毛看到妈妈用力刷洗床单，很后悔：“妈妈，对不起，我下次再也不在床上画画了。”

听到毛毛这么说，妈妈很庆幸当时没有立即发火，避免了用暴力来解决问题……

父母只有了解了事情的前因后果，才能更客观地看待孩子的错误。所以无论问题多么严重，父母都要仔细了解孩子的犯错经过，然后再给出中肯的建议。

2. 指导孩子分析错误产生的原因

孩子犯错后，父母生气、打骂都是于事无补的。只有在情绪平稳的状态下，指导孩子分析错误产生的原因，才能给孩子最实际、有用的建议。

4岁的小强早上起床后想喝牛奶，于是就独自打开了冰箱门。装牛奶的瓶子是玻璃的，非常重，小强刚抱着瓶子走了两步就抱不动了。只听“咣当”一声，牛奶落在地板上，溅得满地都是。小强被吓傻了，呆呆地站在那里。

妈妈听到动静，急忙从卧室里走出来。看到这幅场景，她既心疼又生气。她看了儿子一眼，尽量平复情绪说：“你能告诉我发生什么事情了吗？瓶子怎么会掉在地上？”小强看妈妈的表情很平静，但不知道如何回答妈妈。

其实，妈妈已经猜出是因为儿子的力气小，拿不稳瓶子，才导致瓶子掉在地上的，于是，她对儿子说：“你现在年纪还小，没有办法拿稳这个瓶子。以后你要是想喝牛奶了，就告诉妈妈，妈妈帮你拿。”

紧接着，她又说道：“你已经4岁了，但是手臂的力量还是不够，以后爸爸每天去晨练的时候，你也跟着去吧。等你把身体练好了，有力气了，拿这个瓶子就会轻而易举了。”

小强赶紧点点头，说：“好的，我一定好好锻炼，争取成为爸爸那样的男子汉。”

孩子的每个错误背后都是有原因的，父母只有找到原因，才能让孩子彻底改正。

3. 给孩子建议时态度要真诚

父母在面对孩子犯的无心、无知的错误时，要语气平静、态度诚恳地告诫孩子，面对这些事情时该如何处理。用真诚、恳切的态度给孩子提建议，远比严厉的批评更有效。

批评孩子，尽量避开这两个时间段

批评孩子不能随心所欲，要看时机，有两个时间段，是一定要避开的。

很多家长在家里对孩子进行批评教育都是随时随地、随心所欲的，比如孩子穿衣服太慢或者吃饭不专心，家长总是当时就批评孩子。这是一种教育的误区，不仅不能达到教育孩子的目的，有时候还会起到相反的效果。

批评孩子也是要注意时间的。为保证达到最佳教育效果，家长批评教育孩子应尽量避开以下两个时间段：

1. 早晨

每天早晨，下面的情景都要在小亮家上演：

6点10分，小亮的妈妈准时起床，为儿子准备早餐。6点半，牛奶、鸡蛋、面包被端上桌，妈妈开始反复地叫小亮起床，直到7点才会把儿子叫起来。

小亮没精打采地起床后，胡乱刷刷牙、洗洗脸，然后坐到饭桌前用最快的速度“消灭”这顿早餐。

这时，妈妈在为他叠被子，收拾凌乱的衣服、物品，嘴里还不住地数落着：“看看你，老是把哪儿都弄得一团糟，我跟在你屁股后面收拾都收拾不完。天天让你起床都得喊破嗓子你才动，早饭已经凉了吧？总吃凉饭，还吃得这么快，胃迟早要吃坏，天天跟你说你也不听。要是我一叫你你就起床，不就不用这么着急忙慌的了，那样也不会老是迟到挨批评了……”

小亮对妈妈的话充耳不闻，只顾把吃的、喝的填进肚子，然后用手背抹抹嘴，抓起妈妈早已经放到客厅沙发上的书包，转身就往外走。

妈妈又追在小亮的身后喊着：“着什么急呀，吃这么几口就饱了？也不仔细检查检查书包里的东西都带齐了吗，别又落点儿什么，每天都毛毛躁躁的，什么事情都得让人提醒……”

等妈妈追到门口，小亮早就跑得没影儿了。

早晨是一天的开始，如果有个良好的开端，就能愉快地面对新的一天。然而当孩子每天早晨都像小亮一样如此开始，脑子里全都是家长的批评和唠叨时，又怎么能有饱满的精神去学习新知识？

美国《读者文摘》曾调查了一千多名孩子，以了解他们的苦恼和要求，其中，“希望父母早晨不要批评自己”成为大多数孩子的共同要求。

早晨是各家各户最忙乱的时候，父母要准备早餐，收拾屋子，还要替孩子做出门前的准备。这时候，父母常常会无意识地对孩子大声喊叫，说他们起床太晚了，洗脸太慢了，眼看要迟到了，等等，斥责声不时响起，这是非常不对的。因为心理专家指出，如果父母在孩子出门前大声批评了他，那么这种声音整天都会回荡在孩子头脑中，进而破坏孩子的心情。更为严重的是，声音最容易让孩子感到恐惧，早晨的大声批评会扰乱孩子宁静的心境，使他们一整天心神不定。

在早晨批评孩子，父母的一腔怨气固然是发泄出去了，但对孩子心理上的伤害将长久地留在孩子的心里，导致孩子越来越听不进你的批评，越来越厌烦你的唠叨。因此，父母一定要控制自己的情绪，坚决不在早晨与孩子发生冲突，以保证他高高兴兴地出门，怀着愉快的心情迎接新的一天。

2. 用餐时

有的父母因为工作忙，平时抽不出时间教育孩子，只有吃饭的时候全家人才会聚在一起，觉得这是教训孩子的好机会，所以常常在饭桌上批评孩子，弄得孩子从拿起筷子的那一刻直到放下饭碗，无时无刻不心惊肉跳，愁眉不展，甚至就着泪水咽下饭菜。

据中国青少年研讨中心在全国六大城市2500名中小学生中进行的调查显示，有一半多的孩子在吃饭时挨过父母的“批”。餐桌本是合家团聚、情感汇聚的欢乐地，而父母若是在孩子进餐时给孩子施加过多的压力，将会对孩子的身心健康非常不利。

正常情况下，孩子吃饭时胃内会分泌许多消化酶，帮助食物消化。消化酶的分泌是受神经支配的，孩子如果在吃饭时受到父母的责问、训斥，会引起神经功能的紊乱，消化腺分泌功能就要受到抑制，吃进去的食物就不能得到很好的消化和吸收，时间长了就会引发食欲不振、营养不良、贫血、消化不良等症状，从而影响孩子的生长发育。

另外，如果家庭教导被饭桌上的斥责所取代，孩子就会把吃饭和挨训联系在一起，从而对吃饭产生一种习惯性的惧怵和恐慌，以致在饭桌上坐立难安，备受压抑和困扰。时间久了，会诱发心理疾病。

还有很多孩子在用餐时受到训斥伤心落泪，边吃边哭，这很容易使饭粒或其他较整的食物呛入气管，造成气管异物，轻者会引起肺炎，严重时会造成窒息甚至急性死亡。

孩子犯了错误，需要批评，但批评教导一定要选择时机，切忌迫不及待地在吃饭的时候批评、责备甚至打骂。

当然，这并非是说在餐桌上不能教育孩子。餐桌虽小，但意义重大，家长如果能够营造一个轻松、愉快的进餐环境，那么就等于搭建了一座与孩子沟通的桥梁。

在一片欢声笑语中，孩子能边吃边发表自己的“高见”和讲述当天的见闻，这样既能促进孩子语言表达能力的发展，也有利于父母了解孩子的内心世界，同时还能使进餐时的气氛更加活跃。

慎用表示批评和惩戒的体态语言

面对孩子时，你是否喜欢叉腰、瞪眼？是否会在无意间显露出表示批评或惩戒的体态语言？如果答案是肯定的，那你要注意了！

体态语言虽然无声无息，但能传达丰富的信息，其真实性比口头和书面语言都高。随着年龄的增长，人的体态语言可能会变得更加隐蔽，但是想百分之百地隐藏内心的真实情感是很难办到的。国外有一种说法叫“MMES”，意思是“微小短暂表情”。这种表情可能只持续一瞬间，但在这短暂的时间里一个人的思想和表情会高度统一，从面部或身体其他部位传递出真实的感受和态度，从而透露出潜藏在人心中的秘密。

对孩子的批评和惩戒表达了父母的否定态度和不愉快的情感，并通过一定的体态语言显露出来。父母和子女长时间相处，互相了解，会对彼此体态语言的微妙变化把握得很细腻、及时、准确，因此，父母可以运用体态语言向孩子传达自己的观点和态度。同时，父母应该明白，表示批评和惩戒的体态语言都是消极性的，如果运用不当，会严重影响亲子关系。

1. 背着双手

这一体态传递出的是权威信号，父母对孩子不满或批评孩子时经常背着双手，孩子能从中感受到父母的威严。父母在督导或惩戒孩子时可以把双手背到身后。但是在一些普通场合，比如和孩子聊天时，不应采取这种体态，因为这样会给孩子一种居高临下、气势逼人的感觉，让孩子产生心理压力，不利于亲子间进行沟通与交流。

2. 双臂交叉于胸前

某地举办了一个中小企业节能减排论坛，这次论坛的重点是中小企业应该在发展过程中加大节能减排力度的问题。在主办方主讲人热情洋溢地演讲时，人们发现，台下坐着的几排中小企业老总们有一大半都做出了双臂交叉于胸前的姿势。原来，对于发展本来就很艰难的中小企业来说，节能减排对他们而言是一种压力，这会让他们的生存更加艰难。正是因为中小企业的老总们对所听到的内容持否定和怀疑态度，所以他们才做出了交叉双臂的动作。

双臂交叉于胸前是人与人交流过程中最常出现的一个姿势，这一体态传递出的是否定、防御的信号。当人们交叉双臂抱于胸前时，就好比在他和别人之间筑起了一道屏障，将他不喜欢的人或物阻挡在外边。

在批评孩子时，父母经常会下意识地采用这种体态语言表示否定态度，但这样做会给孩子一种压力或蔑视的感觉，妨碍亲子间的情感交流。当然，这种体态并不是完全消极的，有时也会给人一种悠然自得的感觉。父母与孩子交流时，如果在交叉双臂的同时面带微笑，也能给孩子一种平易近人、和蔼可亲的感觉。所以，父母要灵活运用这一体态，以免产生副作用。

3. 漠视

有时，当孩子提出无理要求时，父母只是用眼睛随意一瞥，甚至看都不看一下，把孩子晾在一边，这就等于拒绝了孩子的要求，同时也起到了批评和惩戒的作用。然而，这种漠视对孩子的自尊心伤害极大。又如，孩子兴高采烈地跟父母说一件事，父母漠然视之，就会对孩子的心理造成伤害。因此，家长要慎用这种体态语言，即便用它批评和惩戒孩子，也要与口头语言相结合，把道理给孩子讲明白。

4. 瞪眼

瞪眼是人发怒时的一种自然面部表情，表达了强烈的反对和生气的情绪，对孩子的严重不端行为具有威慑作用，能起到暂时中止孩子不良行为的效果。但是父母不能无所顾忌地采用这种体态语言。因为家长在生气发怒时，咬牙切齿，横眉竖眼，一副凶神恶煞的模样，时间久了对孩子并没有太多的好处，它只会导致亲子关系紧张，让孩子对家长敬而远之。因此，当孩子的行为让家长生气的时候，家长应控制自己的情绪，不要瞪眼发怒。

学会拒绝，
掌握对孩子说“不”的艺术

简单粗暴的拒绝要不得

当孩子不停地做某件恼人的事，或提出不合理要求时，你是简单粗暴地拒绝，气急败坏地说“不行”“不许”“不能”？还是耐心引导，委婉地说“NO”？

“不行，你不能玩儿这个！”

“别动，你不许碰那个！”

“不行，我们不能买这个！”

……

“不行！”“不许！”“不能！”生活中，我们常常听见父母对孩子喊出这样的字眼。在这种简单粗暴的拒绝下，孩子要么被这一连串的“不”打压得缩手缩脚，要么就像打乒乓球一样，把这些“不”给父母一个个打回去，把父母气得牙痒痒，却又无可奈何。

两岁半的岩岩对家里的饮水机好像格外感兴趣，只要大人稍不注意，他就会按下饮水机的开关，任凭开水流满接水槽，再流到地板上。每当这时，发现了岩岩正在“做坏事”的妈妈都会气急败坏地大喊道：“你怎么又去动它！不许动那个知不知道！”

可是不知哪会儿一不留神，岩岩又笑嘻嘻地站在了饮水机前……

为此，岩岩妈伤透了脑筋，她实在不知道除了大声叫喊，该怎么阻止岩岩这种危险的“破坏行为”。

一次，岩岩趁大人不注意，又悄悄地玩起了“给饮水机放水”的游戏，恰好被岩岩的小姨发现了。小姨开始也像妈妈一样，立刻大声喊道：“岩岩，你不能动那个！”并且快步上前，强行把岩岩抱离了饮水机。

岩岩冷不防被抱走，还被最疼爱自己的小姨呵斥，心里委屈极了，一面夸张地大哭，一面张牙舞爪地还要去。

小姨无法，只好把岩岩放到地上，耐心说道：“岩岩，你知道小姨为什么不让你动饮水机吗？”

岩岩并不回答，只是一面哭，一面用眼睛偷偷瞄了瞄小姨。

于是，小姨又把岩岩领到饮水机前，按了一下出开水的开关，说：“你看，这里流出的都是开水，非常烫，一不小心就会烫到你。被开水烫到可是非常疼的，要不你试试看？”小姨一边说，一边作势把岩岩的手指拉到了流淌的开水旁。感觉到开水旁的热气，岩岩立即把手缩了回来。

经过这一番折腾，岩岩也知道了开水的厉害，从此再也不玩儿饮水机了。

可见，简单的拒绝、粗暴的呵斥不仅不能阻止孩子的好奇心，还会让孩子产生逆反心理。所以，拒绝孩子也要讲究方式，只有这样，拒绝才会有效果。

浩浩是个动画片迷，一看起来就没完没了，怎么说都不听，让妈妈非常头疼。

有一次，他已经抱着平板电脑连续看了两个小时的动画片了，妈妈催了好几次，他还是不肯休息。这下，妈妈急了："浩浩，你怎么那么不听话呢！你还要不要你的眼睛？把眼睛看坏了，你以后还怎么看动画片？"

"妈妈，再让我看一集！就一集行吗？好妈妈。"浩浩央求着。

"不行，一集都不许看了，这集结束就关电脑！"

"哼，我就要看！"浩浩见妈妈拒绝，干脆耍起无赖来。

这时，浩浩的姐姐毛毛走了过来："弟弟真不听话，把电脑给我！"说着，就把平板电脑抢过来，关掉了。

"不行！"浩浩"嗷"的一声哭了起来，并且迅速把电脑抢了回去，开机继续看起来。

眼看着一场战争要爆发了，妈妈灵机一动，对毛毛说："毛毛，我们一起搭积木玩吧！"

"好啊好啊！"毛毛一听，立刻找出积木，跟妈妈一起搭了起来。

搭积木也是浩浩喜欢的游戏，他见妈妈和姐姐玩得那么开心，也扔下电脑跑了过来……

当你不希望孩子做某事时，简单粗暴的拒绝基本都是无效的。就像故事中的妈妈，如果她没有用"搭积木"来转移浩浩的注意力，恐怕很难将浩浩从动画片中拉出来。所以，拒绝孩子做某事，应尽量采取委婉的方式，具体可参考以下方法：

1. 用"可以"取代"不行"

心理学家发现，听到父母说"不"时，一些孩子根本无法理解父母为什么会拒绝自己的要求。例如孩子提出要吃巧克力，父母说："晚饭前不准吃巧克力！"那么只会让孩子怒气冲天。但如果父母换一种方式，说："可以，饭后我会给你吃巧克力，但现在我们要先吃一个苹果！"这样，孩子会更乐于接受。

2. 耐心解释，说出感受

当你拒绝孩子时，要向孩子耐心解释清楚，你为什么不喜欢他的行为。比如，当孩子一遍又一遍敲饭桌的时候，你可以说："这样敲会把饭桌敲坏的，这会让我很伤心。别敲了，好不好？"虽然跟孩子讲道理很难，可这至少会让孩子明白：他所做的事影响了别人，要学会考虑他人的感受。

3. 让孩子二选一

拒绝孩子时，不妨给孩子一个选择机会，比如，孩子要看动画片，你想拒绝，可以说："在家看动画片，和出去玩滑板车，你选哪个？"这样的选择题，通常会让孩子非常乐意达成你的心愿，因为这能让他感觉自己有"权力"控制局面。

4. 亲自示范并告诉孩子

有些孩子不停地做某件恼人的事，是因为他不知道还有什么别的事情可做。这时，父母最好能给予示范，并告诉孩子怎样做更好。比如，3岁的丽丽老是爱戳小弟弟，那父母就可以告诉她"你可以亲亲弟弟啊！"或者"你可以拿拨浪鼓逗弟弟笑！"这样，丽丽以后就知道该怎么做了。

总之，拒绝孩子要讲究策略，简单粗暴地说"不"要不得！

拒绝孩子，一定要告诉他理由

拒绝孩子时，也许你没有简单粗暴地说“NO”，可是在你“温柔”的拒绝里，用的是清楚、真实、合理的拒绝理由，还是随意的敷衍和哄骗？

前面说了，拒绝孩子时，不能简单粗暴地说“不”，应该耐心解释。可是现实生活中，很多父母似乎都没有这个意识，他们要么含糊其辞，要么用“下次”来敷衍，却自始至终没有想过跟孩子讲讲拒绝的理由。这不但会让孩子觉得难以理解，以致达不到拒绝的效果，还可能对亲子关系造成隔阂。

一天，妈妈带丫丫去镇上办事。

在镇上，丫丫看到一个和她年纪相仿的小姑娘，头上戴着一个特别漂亮的蝴蝶发卡。

丫丫十分羡慕那个小姑娘，也想要一个一样的发卡。于是，她指着那个小姑娘对妈妈说：“妈妈，你看，那个发卡好漂亮，你也给我买一个吧！”

妈妈抬眼看了看那个小姑娘，没有说话。

“妈妈，给我买一个好不好？”丫丫尽量用乖巧的语气向妈妈询问道。

“妈妈今天没带那么多钱，下次来再买好吗？”妈妈说。

从那以后，丫丫每天都盼着妈妈能再去镇上，好给她买回那个漂亮的发卡。可是，后来妈妈又去了很多次，都没能让丫丫如愿以偿。每次丫丫提起发卡，妈妈都说下次再给买。

慢慢地，丫丫不再相信妈妈，也不愿再提起那个发卡了。可是这件事在她的心里，却始终像根刺一样存在着，她甚至怀疑，妈妈是不是不爱自己。

很多年以后，一个偶然的机会，丫丫跟妈妈聊起往事，开玩笑一样说起了这件事。谁知妈妈直到这时才道出了真相：“那时候你外婆刚刚出院，为了给她治病，咱们家欠了一大笔外债，连吃饭都成了问题，哪还有钱给你买发卡啊！”

听了妈妈的话，丫丫感慨万千：要是当时妈妈能告诉她原因，她何至于闷闷不乐那么久，还对妈妈不再信任呢……

的确，如果丫丫的妈妈当初能稍微解释一下，说明为什么不能给她买那个发卡，相信丫丫也不会那么久都对那个发卡念念不忘，更不会产生妈妈不爱她的想法。所以，当孩子提出一些要求或者出现一些不合适的行为时，父母认为不可以，就一定要明确地拒绝孩子，并且把拒绝的理由告诉他。

周末了，龙龙吵着要去世纪公园看恐龙展：“妈妈，我们去吧，我真的很想看恐龙！”

“宝贝，这周不行，爸爸妈妈都没有时间陪你去！”龙龙妈拒绝道。

“可是，这是最后一周了，明天就结束了。”龙龙还在央求。

“宝贝，我也很想带你去，可是今天妈妈要去参加李阿姨的婚礼，这个妈妈早就跟你说过的呀，怎么能随便改变计划呢，妈妈如果不去，是很失礼的。”

“那爸爸呢，爸爸可以陪我去！”龙龙还是不肯放弃。

“你忘了，爸爸今天有个重要的会议，早晨就出门了，要下午才能回来。等他回来，你们再赶到公园，公园都关门了。”龙龙妈耐心地解释着。

“可是，妈妈，错过这次机会，下次就不知道什么时候了！”龙龙做着最后的努力。

“原因妈妈已经解释过了，爸爸妈妈不是不想带你去，是真的没有时间带你去，要不这样，今天你跟妈妈去参加李阿姨婚礼，等下次有恐龙展，爸爸妈妈一定带你去，好吗？”

“好吧。”龙龙想了一会儿，知道没有转圜的余地，最后不情愿地点了点头。

如果父母在拒绝孩子时，都能像龙龙妈一样耐心地解释，说出的理由合情合理，那孩子也不可能无理取闹，非要坚持自己的要求。

不过，在现实生活中，很多父母不知出于什么原因，在拒绝孩子时，不明确告诉孩子真正的理由，而是喜欢编造一些借口来骗孩子。比如，在孩子想买某件东西时，父母往往习惯说“太贵了，买不起”，而实际情况是这件东西并不贵。这样不具说服力的理由，又怎么能达到有效拒绝孩子的目的呢？其实与其说“太贵”，还不如告诉孩子，这件东西家里已经有了，或者这件东西不值得买，这样不但能使拒绝更有效，还能让孩子形成一定的消费观念，成长为一个理智消费的人。所以，拒绝孩子，一定要讲清楚理由，而且理由要真实、得当。

学会疏导，而不是打压

如果你的孩子是个天生不讲理的主儿，你跟他说理由、讲道理通通没用，你该怎么办？是想办法疏导，还是狠狠地打压？

有些孩子性格比较执拗，他要干一件事，你跟他摆事实，讲道理，就算磨破嘴皮子，他可能仍不肯罢休。遇到这样的孩子，父母是最头疼的，到最后，被气得暴跳如雷，很容易失去耐心，进而对孩子进行狠狠地打压：“我说不许就是不许！今天我还治不了你这个小兔子崽子了？！”更有甚者，会直接动手，把孩子暴打一顿。其实，这根本不是解决问题的办法。

一天，小凡闹着要去吃自助餐。可是妈妈考虑到小凡刚刚感冒痊愈，肠胃比较脆弱，不适合大吃大喝，所以就拒绝了。

可是，小凡却没那么容易打发，他向妈妈撒娇道：“妈妈，我都好久没去吃自助餐了，我真的好想吃，你就带我去吧。”

“宝贝，你的感冒才刚刚好，不适合去吃自助餐，等过些天咱们再去好吗？”妈妈解释道。

“我就想今天吃嘛！”

“今天真的不行。”

“不嘛！”小凡仍在坚持。

“都说了你现在不能吃，难道你还想生病打针？”妈妈有点不耐烦了。

“我不管，我就要吃！”

“你要气死我啊？好，你耍倔是吧，那你以后都别想吃自助餐了，从此咱们家就没有吃自助餐这一说了！”

“你不带我去，我就不吃饭！”小凡听妈妈这样说，一边撒泼，一边大哭起来。

“你……好，不吃就不吃，谁怕谁！”

……

这是一个明显的打压孩子的例子，可是，妈妈打压式的拒绝，并没有让这场“吃自助餐”之争有一个圆满结局，相反，还让叛逆的小凡以不吃饭相要挟。最后，妈妈生气，孩子伤心，非常影响亲子关系。

所以，当孩子坚持要做某事，父母给他讲道理讲不通时，不妨试试疏导的办法。所谓疏导，就是先了解孩子这样做的理由和情绪，然后一步步诱导孩子放弃他的要求或想法。

上次的事情过去没多久，小凡去奶奶家玩儿，快到中午时，又想起了他心心念念的自助餐。奶奶觉得小孩最好不要暴饮暴食，所以也像妈妈一样，果断拒绝了。

于是小凡又跟奶奶撒娇道：“奶奶，我都好久没吃过自助餐了，上次想吃就没吃成。我真的好想吃，您就带我去吧。”

“宝贝，你还小，肠胃脆弱，去吃自助餐，必然要暴饮暴食，这样会生病的。况且你感冒好了才没多久，就算你真的想吃，也得再养养身体。”奶奶也像妈妈一样，耐心地解释道。

“我就想今天吃嘛！”小凡再一次坚持着。

“那你能告诉奶奶，你为什么要去吃自助餐吗？”奶奶假装很好奇的样子。

“因为自助餐有烤肉，有汉堡，有大虾，有三明治等很多好吃的东西，还有各种水果和饮料！”听奶奶问，小凡立即开心地数说起来。

“那你能告诉奶奶，如果你去吃自助餐，你最想吃的是什么吗？”

“大虾！还有三明治！”说起这两样东西，小凡眉飞色舞。

“那咱们一会儿去甜品店买一块三明治回来，中午奶奶再给你做你最喜欢吃的油焖大虾怎么样？”

“好啊好啊！奶奶你真好！那咱们现在就去买三明治吧！”听奶奶这样说，小凡已经把“要吃自助餐”这件事抛到九霄云外了。

可见，拒绝孩子时，疏导要比打压更有效。尤其是对那些已经有了思辨能力，且吃软不吃硬的大孩子，强硬的打压，只会激化他们的不良情绪，激发他们的逆反心理，而正确的疏导，却能让他们乖乖地放下执念，“缴械投降”。

所以，你的孩子是个天生不讲理的主儿，讲道理根本讲不通？你的孩子吃软不吃硬，你强硬他更强硬？你的孩子天生性格执拗，怎么说都不听？那么，在拒绝他们时，别强硬地打压了，还是想办法疏导吧！这样，你的拒绝才能成功！

拒绝孩子时，决不能妥协

当孩子反复提出不合理要求，甚至为了达到目的而撒娇、耍赖时，你是拒绝，还是妥协？当孩子用眼泪“轰炸”你时，你能否狠心地将拒绝坚持到底？

当孩子提出一些不合理要求时，很多父母开始拒绝时态度强硬，可是如果孩子反复提出自己的要求，甚至撒娇、耍赖、哭闹，他们就会心软，进而放弃自己的原则，选择妥协。这其实是拒绝孩子的大忌。因为你只要有一次妥协了，下次孩子就会用同样的方式达到目的。这样一来，你的拒绝，只会面临一次次的失败。

一个冬天的早晨，天气很冷。洋洋还躺在被窝里，摆弄着自己的洋娃娃。突然，她想起了昨天丽丽拿的那个芭比娃娃，那个娃娃不仅打扮得特别漂亮，还会说话。

“妈妈。你能给我买一个丽丽那样的芭比娃娃吗？”洋洋撒娇道。

“什么样的芭比娃娃？你不是已经有好几个了吗？”。

“可是她那个更漂亮啊！我都没有那么漂亮的娃娃！”

“可是我看你现在的洋娃娃个个都很漂亮，你难道不喜欢她们了？”妈妈在试着引导自己的女儿。

“喜欢，可是我更喜欢丽丽那样的娃娃嘛！”洋洋大喊道。

“怎么了，宝贝？”奶奶闻声，从另一个房间赶了过来。

“奶奶，我要丽丽那样的芭比娃娃！”

“哦，洋洋要那样的娃娃啊，可是我们没有啊！”奶奶说，她昨天带洋洋在外面玩的时候，见过丽丽的那个。

“我就要嘛！”

“不行，你都有好几个了，不能再买了！”洋洋已经有大大小小四五个洋娃娃了，妈妈不想再给她买了，所以一口回绝了。

“我就要，我就要嘛！”见奶奶在这儿，洋洋一边叫喊，一边哭了起来。

“好好好，宝贝别哭，等吃完饭咱们就去买，好不好？”奶奶见不得孙女受委屈，赶紧答应了。

“妈！您不能这么惯着她！”妈妈责怪完婆婆，又转头对洋洋说，“说了不能买，就是不能买！”

谁知，洋洋根本不吃妈妈那一套，她光着身子就从被窝里爬出来，扑到了奶奶的怀里：“奶奶，我要那个娃娃！”

“好好，给你买，给你买，快回被窝，别冻着啊！”

妈妈见状，无奈地摇了摇头，她知道，这次她的拒绝又失败了。

很多父母都像故事中的奶奶一样，不忍心看见孩子哭闹。只要孩子一哭闹，就无条件地满足他的要求。于是，孩子的欲望在哭闹后得到了满足。但是，这也让孩子明白了一件事：哭闹是管用的。

所以，法国著名教育家卢梭说：“当孩子哭着要东西的时候，无论他是想更快地得到，还是为了使别人不敢不给，家长都应当干脆地加以拒绝。”

的确，真正有效的拒绝，绝不能因孩子的哭闹、撒娇而妥协，不能因条件的改变而妥协，更不能因家庭成员的意见不一致而妥协。因此，做父母的有时心肠必须要“硬”，能狠下心来对孩子说“不”。

晶晶的父母都是高级知识分子，家庭条件不错，但父母从不对晶晶娇生惯养。这不，晶晶3岁了，妈妈决定把她送进社区的幼儿园。可是，像大多数孩子一样，上幼儿园的第一天，晶晶哭着喊着要找妈妈，要回家。

因为晶晶是班里年纪最小的，老师被她哭得心软，就把她送回了家。

晶晶妈送走了老师，表情严肃地对晶晶说：“小朋友都在幼儿园，不到放学的时间，谁都不能回家，这是规矩，你也不能例外。所以，现在你要自己回幼儿园去。”

“妈妈，我不想回去！”晶晶听妈妈这样说，站在门外呜呜地哭了起来。原来，晶晶被老师送回来后，妈妈压根就没让她进门。

见女儿哭得伤心，有那么一刻，晶晶妈真的想妥协，可是她忍住了。她就那样站在那儿，“狠心”地看着女儿哭。

哭了一会儿，见妈妈没有反应，晶晶终于妥协了，央求妈妈说：“妈妈，晶晶回去，但是你能送晶晶回幼儿园吗？”

晶晶妈看见女儿可怜的样子，真想一把抱起女儿，把女儿送回幼儿园，可是她心里很清楚，如果今天她真这样做了，就等于认同了女儿撒娇耍赖的行为。这样一来，明天、后天、大后天……女儿还是会像今天一样。

于是，晶晶妈狠下心对女儿说：“晶晶乖，幼儿园就在咱们小区，又不远，你自己就能回去，等放学了，妈妈第一个去接你！”

晶晶知道妈妈的脾气：原则问题没得商量。所以，她最终还是一个人回幼儿园去了。

见女儿一边流着泪说“妈妈再见”，一边一步一步倒退着离开家门，晶晶妈也心疼地掉下了眼泪。

不过，从那天起，晶晶上幼儿园再也没有哭过。

正是因为妈妈的“狠心”和不妥协，晶晶才没有像别的小朋友那样，反复上演哭着不上幼儿园的闹剧。

其实，孩子都是看大人脸色行事的，如果你一看见他流泪就迁就他，那就等于在鼓励他哭泣，他就会认为，强硬的讨要比温和的索取更有效，进而将“你的拒绝—他的哭闹—你的妥协”当成一种习惯。

所以，如果你想培养一个“无赖”，那就尽情去放纵、迁就孩子吧；如果你想培养一个听话、优秀的孩子，就要学会坚持，面对孩子的不合理要求，绝对不能妥协！

拒绝孩子，也要因人而异

你是否会困惑，为什么同样的拒绝方法，在老大那管用，到老二那却失效了？为什么同是讲道理，这个孩子能听进去，那个孩子却听不进去？

王女士家有一男一女两个宝贝，在外人看来，一男一女正好凑成一个“好”，别提多让人羡慕了。但随着二宝一天天长大，王女士却越来越烦恼。原来，二宝是个男孩子，本来就淘气，淘气也就罢了，他还特别不听话，一想要什么东西或想干什么，只要大人不满足他的要求，就咧开大嘴哭，一点儿道理都听不进去。这让王女士特别不解：老大想做什么，只要给她讲道理，很快就能说通，怎么到了老二，就油盐不进呢？

生活中，很多父母都会有类似王女士的困惑：“为什么人家的孩子那么听话，不让干什么就不干了，我家孩子却怎么说都不听呢？”殊不知，孩子虽小，却也有自己的感情需要和意识需要，所谓千人千面，这句话用在孩子身上同样合适。正因为如此，相同的拒绝方式，用在不同的孩子身上会出现不同的效果，也就不难理解了。

所以，父母拒绝孩子的不合理要求时，应该因人而异。

1. 对不同年龄的孩子

对不同年龄的孩子，要使用不同的拒绝方法：

（1）0～2岁的孩子，直接拒绝他

2岁前的孩子，语言功能还不完善，如果父母对他讲比较复杂的道理，他可能根本听不明白。所以，对这个年龄段的孩子，应采取直截了当的拒绝方式。比如，他想干什么你不允许，就直接对他摇头或说“NO”；当他有危险举动，比如去摸电源插孔或玩儿打火机的时候，你要马上制止，甚至给他一点小小的惩罚，如取消他看动画片的权利等。

（2）2～4岁的孩子，对他冷处理

这个年龄段的孩子，已不再像以前那样听话，他们经常会和大人“对着干”，叛逆性十足。所以，这个年龄段的孩子提出不合理要求时，父母就不能再强硬地拒绝了，而是应该多用用“冷处理”这个办法。比如当他在商场吵着要玩具时，你可以先把他拖走，在对他采取不理睬的方式，等事后双方都冷静下来了，再同他讲道理。

（3）4岁以上的孩子，给他讲道理

这个年龄段的孩子，不仅在语言理解能力上有了相当的提高，而且对周围的环境事物也有了一定的认识。所以，当这个年龄段的孩子提出不合理要求时，父母完全可以用“讲道理”的方式来同孩子沟通了。比如他想多看一个小时的动画片，你在拒绝时，就可以坦白而简单地告诉他为什么不行，看时间长了会有什么后果等。

2. 对不同性格的孩子

孩子的性格脾气不同，父母拒绝的方式也应该不同：

（1）容易兴奋的孩子，强制他休息

很多孩子特别容易兴奋，听不进劝。对于这类孩子，当他提出不合理要求时，父母可以把他带到另一个场所，让他脱离使他兴奋的环境，两眼冷静地看着他，强制他休息片刻。

毛毛跟妈妈一起路过游乐园时，立刻被里面各式各样的娱乐设施吸引了，他一面蹦跳着，一面兴奋地大喊：“妈妈，我也要玩儿！我也要玩儿！”

毛毛妈知道，儿子一玩儿起来，没有一两个小时是不会出来的。她待会儿还有事，于是说道：“宝贝，今天不行，妈妈待会儿还有事情，下次我们再玩儿好吗？”毛毛哪里肯听劝，只见他小嘴一噘，喊道：“不行，我就要玩儿！”

毛毛妈知道毛毛的脾气，如果不离开这儿，他是非玩儿不可的。于是赶紧拉着他走到了旁边的公园里。这时，毛毛还沉浸在要去游乐园玩儿的情绪中，嘴里一直喊着要去游乐园。这下，毛毛妈生气了，她用两只眼睛看着毛毛，一句话也不说，直到把看毛毛看得不再叫喊了，才说：“毛毛，你先休息一会儿吧！”

毛毛见状，顺从地坐在了椅子上。结果没一会儿，毛毛的兴奋劲就过了，他再也不喊着去游乐园了……

（2）有好奇心的孩子，转移他的注意力

小孩注意力不集中，很容易被新鲜事物所吸引。所以，当这类孩子提出不合理要求时，父母不妨利用他的好奇心，把他的注意力从他坚持的事情上转移到其他新奇、有趣的地方。比如在逛街时，孩子看见一个玩具，非吵着要买，你可以说：“咦，宝贝，你快看，那边好像有变戏法的，我们去看看好吗？”这样，孩子的注意力被吸引过去，很快就会忘记刚才的要求和不愉快。

（3）依赖心理强又胆小的孩子，对他进行轻柔的暗示

依赖心理强又胆小的孩子，往往心思更细腻。当这类孩子提出不合理要求时，

父母不妨对他进行轻柔的暗示。

都已经10点了，莎莎还是不肯去睡觉。她一会儿缠着妈妈给她讲故事，一会儿又说她不敢一个人睡。妈妈当然知道她的那点小心思，就说：“你不一直都有多多（莎莎最喜欢的一个毛绒玩具）陪着吗，怎么会是一个人呢？”

“可是，妈妈，我还是不想去睡觉，我想跟你在一起。”

“可是宝贝，你不去睡觉，是不是妈妈也睡不成？妈妈明天还要上班呢，你想想，如果妈妈不按时睡觉，是不是明天就会很累？”

莎莎想了想，懂事地点了点头，然后依依不舍地回屋睡觉去了。

（4）好胜心强的宝宝，用激将法激激他

好胜心强的孩子，往往什么都喜欢拔尖，喜欢跟人争个高下。当这类孩子提出不合理要求时，父母可以充分利用孩子的好胜心理，让拒绝变成鼓励。

明明最喜欢看的动画片就是奥特曼。平时，他常常以奥特曼自居，在那“嘿嘿哈哈”的，说在打怪兽。

一天，小明感冒发烧，医生给开了退烧针，可是当护士拿着针管要扎下去时，小明挣扎着跑开了，他一边跑，还一边哭喊道：“妈妈，我不打针，我不打针！”

妈妈很是无奈。突然，她灵机一动，对远远站着的明明说：“奥特曼连怪兽都不怕，一定也不怕打针。你成天说自己是奥特曼，没想到却怕打针，你这样，怎么能与奥特曼相比呢！”

明明本就是个好胜心极强的孩子，他听妈妈这样说，立刻走上前道：“我比奥特曼还厉害，我才不怕呢！”

总之，对于不同的孩子，要选用不同的拒绝方式，只有这样，你的拒绝才会更加有效。

父母唯一不能拒绝的，是孩子的爱

你是否觉得现在的孩子太自私，不懂得爱父母？那么，你给过孩子爱你的机会吗？当孩子对你表达爱意时，你选择的是接受还是拒绝？

生活中，我们经常会看到这样的情景：当幼小的孩子正津津有味地吃着自己喜欢的食物时，妈妈会逗孩子：“宝贝，给妈妈吃一口好吗？”这时，孩子会毫不犹豫地举起小手，把食物送到妈妈嘴边。可妈妈呢，往往只是用嘴碰一下，然后拒绝说：“妈妈不吃，逗你玩儿呢，宝贝吃！”

妈妈没有真吃，是因为爱孩子，可是她不知道，她在表达这种爱时，却拒绝了来自孩子的爱。孩子在成长的过程中，正是因为父母一次次不经意的拒绝，才遏制了他们爱人的天性，逐渐习惯了被爱。

所以，当一些父母抱怨孩子太自私，不知道付出爱时，自己是否检讨过，是什么让孩子变自私的呢？在最初的最初，孩子真的没有对你表达过任何的爱意吗？当孩子向你表达爱意时，你又是怎么对待他的呢?

还在上幼儿园的丹丹一放学，就奔向了来接自己的妈妈，然后兴冲冲地说："妈妈，妈妈，我给你留了好吃的！"

"什么好吃的啊？"妈妈问。

"你猜猜！"丹丹一边说，一边在衣服兜里摸索起来。

"那我怎么猜得到！"妈妈好像对这件事并没有多大兴趣。

"给！"丹丹摸索了半天，终于找到了她留给妈妈的"美食"——一块小小的点心渣。由于这块"美食"太小了，加上它又在丹丹的衣兜里打了几个滚，蹭得有点黑，如果不细看，真看不出是什么东西。

丹丹高高地举起小手，摊开手掌，那块小小的"美食"就躺在她的手心里。

丹丹看着妈妈，眼睛里充满了期待。可妈妈看见那块黑乎乎点心渣，并没有表现出多少惊喜，她微微皱着眉头问："宝贝，这是什么啊？"

"我们中午吃的点心，南瓜饼啊。我以前从来没吃过南瓜饼，觉得它味道好极了，所以特意留了一点儿给妈妈！"丹丹还在举着她的小手。

"哦，是吗，谢谢宝贝。"妈妈敷衍着，"咱们赶紧回家吧！"她并没有接过孩子手中的"美食"，而是顺势拉起丹丹那只高高举起的小手。

这个动作，让丹丹手里那块小小的点心渣瞬间掉到了地上。丹丹本能地想要去捡，可是在妈妈的拉扯下，她小小的身子已经离开了点心掉落的位置。

"还磨蹭什么呢，快走啊！"妈妈感受到了孩子的迟疑，不耐烦地催促着。

她根本没有注意到孩子眼睛里的失落……

不知道在以后的日子里，丹丹还会不会给妈妈留"好吃的"。但有一点可以肯定，就是如果丹丹的妈妈一直这样拒绝丹丹的爱意，那丹丹慢慢就会像其他孩子一样，变得"自私"起来。到那时候，她再有什么好吃的，很难再会想到妈妈。

所以，作为父母，对孩子什么都可以拒绝，唯一不能拒绝的，就是来自孩子的爱。聪明的父母，绝不会像丹丹的妈妈一样。

有一次，丹丹的同学君君和丹丹一样，也偷偷留了一块中午的南瓜饼给妈妈。当妈妈看到君君在衣兜里摸索了半天，终于拿出一块小小的黑乎乎的点心渣时，立即开心地接了过来："宝贝，这是什么好吃的啊？妈妈好像都没见过呢！"

"我们中午吃的点心，南瓜饼啊。我以前从来没吃过南瓜饼，觉得它味道好极了，所以特意留了一点儿给妈妈！"君君骄傲地解释道。

"是吗，谢谢宝贝，妈妈也从没吃过南瓜饼呢！"妈妈开心地把南瓜饼送到嘴里，假装嚼了嚼那一块小小的点心渣，实在不能品出味道，"嗯，味道真不错！妈妈太爱你了！"

"那下次我们再吃南瓜饼，我再给妈妈留一块！"

……

要记住，爱是一种双向的情感交流，孩子在接受爱的同时，也渴望付出爱，渴望得到他应有的情感体验的满足，因此，父母怎么能轻易拒绝来自孩子的爱呢？愉快地接受孩子的爱吧，而不是拒绝，这才是对孩子真正的爱！

Part 8

用说服改变孩子，家长必知的亲子说服术

用事实说服孩子

对待任何事情，孩子都有自己的思维和见解。你想说服他改变立场，与其苦口婆心地劝说，不如把事实摆在他面前，让他自己说服自己！

很多父母感叹：“现在的孩子太有个性了，想说服他们，实在太难了！”的确，现在的孩子都有自己的想法。有时候想要说服他们改变主意，的确没那么容易。比如很多父母会告诉孩子，天气冷时要多穿衣服，否则会把腿冻坏的，可孩子根本听不进去，一定要穿着单薄的衣服出去，因为酷嘛。再比如很多父母都会劝孩子少玩电脑，因为伤眼睛，可是孩子却能说出无数个一定要玩电脑的理由，让父母根本无法辩驳。

其实在这种情况下，对于父母来说，最好的办法就是用事实说话——当你将事实摆在他面前时，他自然会心服口服，自己说服自己。

毛毛从小就不爱学英语，虽然他其他科目成绩都不错，但总成绩总会被英语

“拉后腿”。为此，毛毛妈没少教育毛毛，可是毛毛每次都振振有词：“我是中国人，学好中文就行了，学外语有什么用？”

有一次，毛毛爸出国公干，回来时，给毛毛带了一个礼物——智能机器人。这可把毛毛高兴坏了。他一见到礼物，立即打开包装，拿出里面的机器人摆弄起来。可是，他摆弄了半天，都不得其法，无奈之下，他只好找说明书来看。谁知，他一打开说明书，立刻傻眼了——上面全是英文，根本看不懂。最后，毛毛只好厚着脸皮去找爸爸。

毛毛妈把这一切都看在了眼里，于是趁机对毛毛说道：“你看，你说学外语没用，现在就用到了吧！如果你好好学，何必还要爸爸帮忙。”

毛毛也意识到了这一点，叹息道：“唉，书到用时方恨少，看来古人说的一点错都没有啊。”

“我们毛毛那么聪明，从现在学起也不晚啊！你不是最爱看外国名著吗？等你学好了英语，直接读英文原版，那才带劲儿呢！”爸爸在一旁适时地鼓励道。

经过这件事，毛毛果然努力学起了英语。

都说事实胜于雄辩，从毛毛的故事可以看出，用事实说话，孩子想不服气都难。不过，父母给孩子摆事实时，要懂得对症下药，要用具有说服力的实例，不能为了劝说孩子，随便拿过来一个事例就信口开河，因为这样的事例，本身就缺乏说服力。

最近，小宇跟学校里的“坏学生”混在了一起，不但学会了抽烟，还常常在网吧打游戏到深夜。

小宇的爸爸知道这件事后，十分生气，就把儿子叫到跟前，苦口婆心地劝说道：“小宇啊，你也不小了，应当知道，交友不慎会毁了自己的前程。你赶紧和你们学校那帮坏分子划清界限吧！”

小宇听了，很是不屑：“他们怎么就是坏分子了？如果抽烟玩游戏就是坏分子，那社会上大部分人岂不都不是好人？”

“抽烟玩游戏的确不能代表什么，可你们现在还是学生，学生做这些事就是不对！你看邻居家的大壮，就是因为上学时总跟那些坏学生混在一起，后来跟着他们打群架，伤了人，才进了少管所。这事你也是知道的。”爸爸说。

“爸，这怎么一样呢？他是因为欺负学校的一个女生，被别人打了，又带着他那帮哥们去找场子，最后打起了群架。”小宇争辩道，“可是我认识的那些同学，人都特别好，而且各有特长，就比如爱玩游戏的高峰，他可是个电脑天才！”

“别跟我说这些，不让你跟他们一起，你就乖乖地跟他们绝交！”父亲生气了。

“凭什么你说绝交就绝交！你都没见过他们，凭什么乱下结论？”小宇的倔脾气也发作了。

“反正你必须远离他们！不然……”爸爸的话还没说完，只听“哐”的一声，小宇摔门离开了。

小宇的爸爸想用事实说话，可他所举的事例根本不具代表性，一点说服力都没有，所以才会招来小宇的强烈反感，让小宇最后摔门而走。可见，用事实讲话时，这个“事实”一定要典型，要有代表性，否则，说了还不如不说！

用赞美说服孩子

厉害的家长，能用赞美的力量，让孩子高高兴兴地接受自己的建议！那么，你是个厉害的家长吗？你懂得用赞美来说服孩子吗？

据说，齐景公生性好玩，常常爬到树上去捉鸟。晏子想说服齐景公改掉这个恶习。有一天，齐景公掏了鸟窝，一看是只小鸟，就把小鸟放回鸟窝里。

晏子问："大王，您怎么累得满头大汗？"

齐景公说："我在掏小鸟，可是掏到的这只太小、太弱，我又把它放回巢里去了。"

晏子称赞说："了不起啊，您具有圣人的品质！"

齐景公问："这怎么说明我具有圣人的品质呢？"

晏子说："大王，您把小鸟放回巢里，表明您深知长幼的道理，有可贵的同情心。您对禽类都这样仁爱，何况对百姓呢？"

齐景公听了这些话十分高兴，以后再也不掏鸟玩了，而且更加关心百姓的疾苦。晏子顺利地达到了说服的目的。

心理学研究告诉我们：每个人的内心都有自己渴望的评价，希望别人能了解，并给予赞美。所以，很多聪明的推销员在说服顾客时，都会先从发现和巧妙赞美顾客的优点开始，使顾客得到一种心理上的满足，等他心花怒放时，再向他推销，这时，顾客一般都会愉快地接受推销员的劝说。

其实，孩子和大人一样，同样渴望得到别人的赞美。因此，父母在说服孩子时，不妨学学推销员，多关注孩子的优点，给予他适当的赞美，让孩子得到心理上的满足，这样，孩子才更容易在愉快的情绪中接受父母的劝说。

这天，妈妈让明明洗一件短袖衬衫。可是明明洗了好久也没有洗干净，最后竟就那样晾了起来。

妈妈不满意，让明明重洗。明明不乐意了，反驳道："洗衣服本来是女孩子的事，我哪里能做好！"

妈妈并没有生气，而是笑着说道："谁说你做不好的？上次你帮我洗毛巾，就洗得特别好，跟新买的似的。"

听妈妈这样说，明明脸上露出了自豪的表情。

看儿子态度有所缓和，妈妈又趁机问："可是这次为什么没有上次洗得好呢？"

"我还有很多事情没干呢，可能太着急了。"明明解释说。

"原来是这样！我就说嘛，我们明明做事一直很认真。我敢说，这次你只要静下心来洗，就一定会洗好的，不信你试试？"妈妈继续给明明吃"甜枣"。

而明明呢，听了妈妈的话，果然高高兴兴地又拿去洗了，而且洗得很干净。

如果明明的妈妈没有采用赞美的方式说服明明，而是絮絮叨叨地反复让他重洗，可能会得到完全相反的结果。可见，赞美是说服孩子的一种有效办法。

不过，父母在运用赞美说服孩子时，要注意根据孩子的嗜好、习性、脾气和情感，抓住其心理弱点，选择他真正感兴趣的事情进行赞誉，这样才能取得好的说服效果。另外，父母还要注意褒奖适度，恰到好处，如果夸过了头，给孩子虚假的感觉，反而会引起孩子的反感。

莎莎最近总是把房间弄得很乱，却从来不知道收拾。妈妈每次要求她收拾，她都随便弄一下就交差，把她说急了，她干脆当个“甩手掌柜”，不管了。

这一天，妈妈看见莎莎的屋子里扔得到处都是玩具，桌子上则摆满了铅笔、尺子、卷笔刀、课外书等，就说：“莎莎，你怎么又把屋子弄这么乱，还不收拾一下！”

“妈妈，我现在忙着呢，过一会儿吧！”莎莎回答。

过了一会儿，妈妈见莎莎毫无动静，就又提醒道：“莎莎，快收拾收拾你的屋子，乱死了。”

这次，莎莎干脆不吱声，装作没听见。

“莎莎，我记得你们老师跟我说，你在学校可爱干净了，课桌从来都收拾得整整齐齐。”

“真的吗？”莎莎听了很高兴。

“是啊，老师说你的课桌是最整齐的，有一次，你还因为这个得了一朵小红花吧？”

“妈妈，你听谁说的啊？我们就没有因为这一项发过小红花！再说了，我的课桌可不是最整齐的，小兰的比我的整齐多了！”莎莎一听，立即反驳道。

“哦，那可能妈妈记错了。”

“妈妈，你是故意夸我，想让我收拾屋子的吧？我才不上你的当！”

……

不难看出，这是一次失败的劝说经历。莎莎的妈妈想用赞美的方式劝说莎莎收拾屋子，本来没有错，错就错在她赞美莎莎时，没有掌握“度”，一不小心就夸过了头，所以才会露出“破绽”，被莎莎轻易识破。

如果想达到说服效果，妈妈在莎莎问“真的吗”之后，应该这样说：“是啊，老师说你的课桌比很多同学的都整齐！妈妈倒真想看看，我们莎莎收拾出来的桌子是什么样的。”“比很多同学的都整齐”，这样的赞美，听起来合情又合理，无论真实情况是不是这样，孩子都愿意相信这是真的。所以，莎莎听妈妈这么说，可能很容易就接受妈妈的建议，快速收拾好桌子。

如果莎莎“上钩”了，妈妈还可以继续引导：“哇，真不错！你收拾得这么好，不如顺便把玩具也收拾一下。妈妈相信，你一定会给我一个惊喜的！”在这样的赞美中，孩子怎么可能拒绝“收拾玩具”的要求？

所以说，用赞美说服孩子，怎么赞美，也是一门学问。父母想要掌握这门学问，就需要多用心，多观察，以爱来交往，以情感来投注，以人格来感化，真正去了解孩子。这样才能对孩子说出合适的赞美之词，叩开孩子心灵的大门，让孩子真心真意地接受你的建议。

用故事说服孩子

孩子都爱听故事，当你把故事当作消遣讲给孩子听时，想过它其他方面的妙用吗？对，它有一个神奇的作用，就是可以用来说服孩子！

孩子都喜欢听故事，当你直接劝说无效时，不妨给孩子讲个相关的故事，这样更能打动孩子。

3岁的蒙蒙特别挑食，只吃肉，不吃菜。妈妈担心他营养失衡，只好费尽心思为他更换食谱，可是他瞧都不瞧一眼，只要有青菜送到嘴里，立刻就会吐出来。

“要肉菜搭配才有营养呢，光吃肉不吃菜，怎么能长高呢。”妈妈劝说道。

“我才不吃菜，反正我就不爱吃菜！”蒙蒙小嘴一噘，就拒绝了。

有一天，妈妈终于想到一个办法，她把耳朵贴在蒙蒙的小肚子上，做出倾听的样子。蒙蒙很好奇，就问妈妈：“妈妈，你在做什么啊？”

“妈妈好像听见你的肚子在说话呢！”

“真的吗？它说了什么？”蒙蒙信以为真。

“哦，肚子里的肉肉在说：‘青菜青菜，快来跟我玩呀，我自己一人在小肚子里好寂寞啊，你们快进来。’”

蒙蒙一听，注意力立即集中到了自己的肚子上。

妈妈乘胜追击：“哎呀，肉肉在你的小肚子里跳舞呢，快，把青菜送进肚子里，让它们一起进肚子里做游戏。”

蒙蒙听妈妈这么说，麻利地扒了几口菜，然后得意地抚摸着自己的肚子说：“它们在我肚子里跳舞呢。”

就这样，蒙蒙在这种故事的氛围内不知不觉吃完了自己的饭菜，妈妈的难题也就解决了。

可见，用故事说服孩子，比你滔滔不绝地向他灌输大道理要实用得多。

不过，父母用故事说服孩子时，也应区别对待：对于年纪比较小的孩子，要把故事讲得生动有趣易懂，让他听后能立刻明白这个故事想要传达的道理；而对于稍大一点的孩子，则可以讲一些真实、有震撼力的故事，讲完故事后，父母还可以用提问的方式和孩子讨论对此事的看法，这样，孩子能更深刻地理解故事的含义，并自我反省和改变。

小红从小就“护食”，在家吃东西时，只顾自己，从不顾别人。

一天，家里来了客人，吃饭时，小红看见桌上有自己喜欢吃的大虾，就毫不客气地端到了自己跟前，狼吞虎咽地大吃起来。

妈妈尴尬极了，但碍于家中有客人，又不好对孩子大吼大叫，所以只好强压着火气，耐心引导道：“小红，平时妈妈都跟你说什么了，你都忘了吗？”

“妈妈你跟我说过很多话啊，我怎么知道你指的是哪句。”小红一面吃，一面狡辩。

“小红！你有点过分了啊，赶紧把虾放回原处！”妈妈见小红一副假装不懂的样子，只好明说。

“不嘛！”小红根本不听。

“没关系的，小孩子嘛。”眼看妈妈就要发作，客人赶紧打圆场。

客人走后，妈妈想起了《孔融让梨》的故事，于是把小红叫到身边，给女儿讲起了故事：“古时候，有个叫孔融的孩子，在他4岁的时候，有一天，父亲的朋友带了一筐梨子，给孔融兄弟们吃。父亲叫孔融分梨，孔融挑了个最小的梨子……”小红听得很认真。

“小红，你说孔融的做法好不好呢？”讲完故事，妈妈问道。

“好。”小红回答。

“那如果是你，你会怎么做？”

“像孔融一样，把最小的留给自己，把大的分给别人。”

“小红真乖，这才是好孩子，那妈妈问你，如果家里再来客人，你还会把自己喜欢的食物端到跟前自己吃吗？”妈妈借机追问。

“不会了，妈妈，我知道错了，以后再也不会那样了。”小红小声说道。

果然，从此以后，小红在吃东西时知道与别人分享了，再也不那么自私了。

每个故事都来源于生活，甚至高于生活，有着深刻的教育意义。在说服孩子时，多用故事来传达一些信息，远比生硬、乏味的说教更能打动孩子。所以，当孩子“不听劝”时，多想点合适的故事来说服他吧！

用“选择题”说服孩子

你常常给孩子选择权吗？想说服孩子时，你是否会耍一点点“小心机”，拿出两个你能接受的方案，让孩子做一个“选择题”？

我们去饭店吃饭时，通常会遇到这样的情况：当你点完餐以后，服务员会重复一遍你点的菜品，然后再让你做个选择。比如，你说：“要一盘红烧茄子、一份蒜薹炒肉、一个清蒸鲈鱼、一个果仁菠菜。”

服务员会重复说：“给您重复一下，您要了四个菜：红烧茄子、蒜薹炒肉、清蒸鲈鱼、果仁菠菜。对吧？”

“没错！”

“那您喝点什么呢？啤酒还是饮料？”

于是你接着回答：“一瓶可乐吧！”

这是一种非常高明的“说服术”，对方不问你“要不要喝的”，而是让你在啤酒和饮料之间做一个选择。你一不小心，就开始考虑“到底要喝点什么”。

在日常生活中，父母想要说服孩子时，不妨也试着用选择题（啤酒还是饮料）来代替是非题（要不要喝的）。因为它可以有效减少你和孩子之间的正面言语冲突，并让孩子觉得自己受到了尊重，从而更愿意做出配合。

乐乐最近迷上了恐怖片，所以在晚饭前就宣布：“吃完饭我要看《笔仙》！”

恰好今天爷爷奶奶也在，所以爸爸想一家人开开心心地看个喜剧片。于是他直接劝说道：“宝贝，我们别看吓人的电影，看周星驰的搞笑片好不好？”

“不嘛，我就要看《笔仙》！”乐乐一听，立即否决了。

“你怎么这么不听话，咱们大家一起看个喜剧片，开开心心的多好！”

“是我先说要看恐怖片的！”乐乐丝毫不让。

“今天我就不让你看！”

……

“唉，好了好了，咱们今天就看恐怖片。”爷爷看父子俩争论不休，只好出来打圆场。

这件事过去不久，有一天，乐乐要参加学校组织的歌舞比赛。妈妈问他：“你想穿什么样的衣服？”

“我要穿小明那样的衣服！”没想到乐乐会提出这样的要求。

小明是乐乐的同学，小明那样的衣服乐乐家根本没有。怕他闹，妈妈赶紧解释道：“要穿小明那样的衣服，怎么也得明天去买，可是你今天就要参加表演了啊！”

乐乐没有吱声，眼睛里却蓄着泪水，一副委屈极了又不肯罢休的样子。

这时候，妈妈灵机一动，拿出乐乐喜欢的两件衣服摆在他面前：“你想穿这件，还是那件呢？”

结果乐乐高兴地选择了自己最喜欢的一件，很快就忘掉了刚才的不开心。

看，这就是让孩子做“选择题”的妙处。试想一下，如果针对看电视的问题，爸爸也能像妈妈一样，避开“恐怖片”这个词汇，直接让乐乐做个选择题：“宝贝，咱们是吃完饭就看《少林足球》，还是吃完饭出去玩一会儿再看？”那乐乐可能就会跟着爸爸的思路做一个选择，把“恐怖片”抛到九霄云外去了。

再举个例子，妈妈周末想带孩子去公园玩儿，普通的说法是：“宝贝，我们去公园玩儿好不好？”如果孩子不愿意，那这位妈妈想要说服孩子，可能就要费一番工夫了。但如果换个说法：“宝贝，你是想上午去公园玩儿，还是下午去公园玩儿呢？”那么很容易就能让孩子按照你的意愿来。

其实，用做“选择题”说服孩子的厉害之处就在于，选择题中的选项，都是你能接受的方案，无论孩子做出哪个选择，都能和你达成共识，这让你在无形中就说服了孩子。

所以，当你抱怨自己的孩子太固执，用什么方法都说服不了他时，不妨试试这种不着痕迹的说服方式。只要你多练习、常使用，就能运用得得心应手，进而成为一个具有超强说服力的父母。

用“拆屋效应”说服孩子

你知道怎么成功说服孩子接受你的要求和建议吗？你知道如何避免与孩子无休止地扯皮与纠缠吗？其实有一个很简单的办法，就是运用“拆屋效应”！

鲁迅先生曾于1927年在《无声的中国》一文中写道：“中国人的性情是总喜欢调和、折中的。譬如你说，这屋子太暗，须在这里开一个窗，大家一定不允许的。但如果你主张拆掉屋顶，他们就会来调和，愿意开窗了。”这种为了达到一个较小的目的，而提出很大要求的做法，在心理学上称为“拆屋效应”。

《影响力》的作者罗伯特·西奥迪尼曾做过一个实验：

他假扮成县里青年咨询计划部门的工作人员，到大学校园里去询问大学生们是否愿意陪一群少年犯去参观动物园。他们要与一群年龄各异的少年犯一起在公共场所待上好几个小时，却没有任何报酬，这对于大学生来说毫无吸引力，所以正如我们预料的那样，绝大部分人都拒绝了这个请求。

但当他用一种不同的方式对同一所学校的学生提出这个问题时，却得到了截然不同的结果。罗伯特·西奥迪尼是这样做的：在邀请大学生作为义务管教员去动物园之前，他先提出了一个更大的请求——在至少两年的时间里，每周花两个小时的时间为少年犯提供咨询服务。当然所有人都拒绝了这个请求。在他们拒绝了这个请求之后，罗伯特·西奥迪尼又提出了陪少年犯参观动物园的请求。这一次，答应去动物园的学生人数是原来的3倍！

其实，无论是大人还是孩子，在判断某事物时，都会无意识地进行相互比较，然后趋利避害，两难当中取其易。所以，父母如果想让孩子接受某件事情或建议，不妨也用用“拆屋效应”，即当你觉得孩子很难接受你的要求时，可以先提出一个他更不能接受的要求，比如，你想让孩子和小伙伴一起玩儿玩具，那不如先说：“你把这个玩具送给你的小伙伴吧！”孩子自然是不肯的，这时候你再提出“开窗”的要求：“那你跟小伙伴一起玩儿吧。”有了前面的对比，出于本能，孩子会痛快地接受你想让他接受的事。

小宇放学回家，进门就嚷着要吃红烧肉。恰巧这天小宇的妈妈不在家，只有爸爸一个人坐在那儿看电视。

“爸爸，我妈妈呢？”

“哦，你妈妈去你李阿姨家了，今天不回来吃饭！”爸爸回答。

“我都快饿死了！爸爸，妈妈不在家，你给我做了什么好吃的？”小宇一脸期待。

“家里什么菜都没有，你想吃饭，就先去买菜吧！”爸爸提出了要求。

“我刚踢完球，很累的！”没想到小宇张口就拒绝了。

“那我看咱们干脆别吃晚饭了，煮饭太麻烦。再说，古人提倡‘过午不食’，不吃晚饭还有益健康呢！”爸爸一副无所谓的样子。

“爸爸，我饿得不行了都！”小宇无奈地喊道。

“要吃也可以，家里有方便面，冰箱里还有咸菜，你就将就着吃点吧。”

“妈妈不让我吃方便面，再说我现在正在长身体，得吃有营养的。”小宇据理力争。

“那你想吃什么？家里可是什么菜都没有！”

“不需要菜，我吃红烧肉就可以。”

“肉也没有，要吃你就得先去买五花肉。”爸爸心中暗喜，因为他的目的马上就要达成了。

“拿钱来！”果然，小宇妥协了。因为他知道，自己不答应，就没得吃。

故事中，爸爸提议让小宇去买菜，小宇不答应。如果换做是别的父母，可能接下来就是无休止的劝说和数落了。但是小宇的爸爸没有这样做，他见直接说说不通，便巧妙地运用了“拆屋效应”：首先提议“不吃晚饭”（把房顶扒掉），让小宇感受到绝望，再提出“去买肉”（开个窗口）这个劝说目标，让小宇又看到了希望。在这种情况下，小宇自然会非常痛快地答应爸爸去买肉。

所以，要想有效说服孩子，避免与孩子无休止地扯皮与纠缠，父母可以多用用“拆屋效应”。这不仅是一种技巧，更是一种智慧！

用孩子感兴趣的事情说服孩子

你知道你的孩子对什么感兴趣吗？你是否跟他热火朝天地讨论过他感兴趣的那个话题？当孩子因为这个开心不已时，你是否想过把它当作说服孩子的技巧？

盈盈是个爱美的姑娘，小小年纪，就对各种美容知识了如指掌了。有时候她说起吃什么对皮肤好，怎么洗脸能清洁毛孔时，让妈妈都自叹不如。

不过，盈盈毕竟还是个孩子，很多道理虽然明白，却不能真正约束自己。这不，都快11点了，盈盈还在客厅看电视。妈妈催了好几次，她都没有离开的意思。

“明天还要早起上学呢，还不赶紧睡觉去！”妈妈再一次催促道。

“我再看一会儿，把这集电视剧看完！”盈盈回答说。

看女儿一副不耐烦的样子，妈妈很无奈。突然，她看到了电视柜上盈盈前几天照的艺术照，于是灵机一动，说道：“我记得你懂得很多美容知识呢！”

“那是！”说起美容知识，盈盈的自豪之情溢于言表。

“我听说，睡觉能美容，不知道是不是真的。”妈妈故意表示出怀疑的样子。

“当然是真的！女孩子多睡觉，皮肤才会好，不爱长痘！”盈盈的语气十分肯定。

突然，她似乎意识到了什么，伸了伸舌头，溜回了自己的房间……

不得不说，盈盈妈是个聪明的妈妈，她在多次劝说盈盈去睡觉无效后，懂得把话题引到盈盈感兴趣的美容知识上，终于成功说服了盈盈。

其实，每个孩子都有自己的兴趣爱好，父母在说服孩子时，如果能像盈盈妈一样，适时地谈论孩子感兴趣的话题，不仅能转移孩子的不满情绪，引起孩子倾听的兴趣，还能让你的劝说更具说服力。

最近，蒙蒙对考上了清华大学的表哥特别崇拜，动不动就表哥怎样怎样，在他的眼里，表哥就是他的偶像。

一天，开完家长会，妈妈把蒙蒙叫到了跟前：“老师说你最近英语成绩不太好，作业也不能按时完成，能告诉妈妈这是为什么吗？”

“唉，我现在讨厌英语了，看见英语单词就烦！”

“可是英语很重要啊，你不好好学，它会给你的成绩拉后腿的！”妈妈耐心地劝说道。

“反正以后高考也不一定考英语了，学他干什么！”蒙蒙一副无所谓的样子。

见蒙蒙这个态度，妈妈知道，再说多少都没用。于是，她很快转移了话题：“蒙蒙，你最近有没有跟你表哥联系啊？”

“当然了，我们现在每周都用电子邮件联系，他跟我说了好多大学里好玩儿的事情呢！”见说起表哥，蒙蒙立马来了兴趣。

“是吗？他学的物理专业，听说大学物理中的很多专业名词都是英语的呢！他跟你说过这个吗？”

“这个，我倒没听表哥说起过。”

见蒙蒙面露窘态，妈妈继续说道：“你表哥的英语可是很厉害呢，在初中的时候就过了四级了。”

“真的吗？”蒙蒙问。

“那当然，不信你们下次通信的时候你可以问问他啊。不过，听你姨妈说，有段时间，你表哥也对英语不感兴趣，但知道了英语的重要性后，他就强迫自己去学习，慢慢地，竟然对英语产生了极大的兴趣，所以早早就过了四级！”

听说自己最崇拜的表哥也曾讨厌过英语，最后却能学得那么好，蒙蒙信心十足地说：“表哥能把英语学好，我也能！”

果然没过多长时间，蒙蒙的英语成绩就提高了不少。

当你利用孩子感兴趣的人或事和他说话时，他会觉得你很在意他，并且愿意与你把话题进行下去。有了他的配合，你与他的交流才能有效果。这样，他很快就会改变自己的想法，接受你的意见，这比你给他讲大道理要实用得多。

所以，父母在企图说服孩子时，与其滔滔不绝地讲大道理，不如把希望他接受的道理转移到他感兴趣的人或事上，这样更容易取得说服效果。

Part 9

给孩子话语权，做孩子忠实的听众

要有主动倾听的意识

作为父母，你是一个好的听众吗？你懂得倾听孩子的心声吗？

一位记者曾经在街头对一些3～9岁的孩子的父母进行了随机采访。在采访中，这些父母都被问到了以下问题：

“孩子最喜欢你穿哪件衣服？”

“他最近最想做的事情是什么？”

“他告诉你自己为什么喜欢和某个小朋友一起玩了吗？”

“每次他做错事，你都会听他申辩吗？”

“你每天有固定时间段听孩子讲自己的事情吗？”

遗憾的是，大多数的父母都无法回答这些问题，而且他们都觉得很惊讶，甚至有些父母表示，这些问题他们从来没有注意过。

教育家周弘说过：“要想和孩子沟通，就必须学会倾听。倾听是和孩子有效沟通的前提。不会或者不知道倾听，也就不知道孩子究竟在想什么，连孩子想什么都不知道，何谈沟通？”可见，倾听是了解孩子最有效的途径。所谓倾听，就是要学会理解、尊重、接纳、期待、分担痛苦、共享快乐，它的意义远不只是给孩子一个表达的机会。

刘女士是某杂志社的主编。为了能让自己专心工作，她把将近3岁的儿子送进幼儿园全托班，每周只接一次。每次孩子从幼儿园回来，都会对她说：“妈妈，我想跟你说说话。”有一次，他竟然哭着向她请求：“妈妈，我知道你很忙，没时间在家陪我，可你能不能把我转到每天都能回家的幼儿园？”面对孩子的请求，刘女士选择了拒绝，因为她和丈夫都是大忙人，常年出差，根本抽不出时间照顾孩子。

在家里的时间是孩子最快乐的时候。每次回到家，孩子不管妈妈爱听不爱听，都会兴高采烈地给妈妈讲幼儿园里的事情。因为孩子需要一个忠实的听众，而自己的父母是最合适的人选。但是刘女士并没有意识到孩子的这个需求，总认为听孩子说话是浪费时间，使自己无法写稿子或思考。所以，每次孩子和她讲话，她都做出很忙的样子，眼睛东张西望，手里还不断地翻动着报纸或书籍。

让人意外的是，刘女士的做法给孩子的语言表达带来了障碍。孩子是个思维能力很强的孩子，为了抓紧时间把话讲完，他就讲得很快，慢慢地，他讲起话来变得磕磕绊绊的。

孩子的变化引起了刘女士的注意。她开始注意改变自己，尽量抽出一些时间来倾听孩子讲话。时间一长，孩子竟成了刘女士学习儿童语言的老师，一手将她带进了奇妙的儿童世界，使她对儿童教育工作达到入迷的程度，也使她学会了怎样用心去读懂孩子。

从上面的故事可以看出，父母没时间倾听孩子内心的后果有多严重。跟孩子交流，有时候并不需要自己说，父母只需作为倾听者，给予孩子关注、尊重和时间，这就是对孩子最有效的帮助。

一位妈妈每天晚饭后都会带孩子出门散步半小时。这段时间，孩子就像个欢快的小鸟，总喜欢叽叽喳喳地说在学校的活动情况，如某个同学出了糗，某个老师如何讲课等。如果孩子在学校犯了什么错误或受了什么委屈，他也会在妈妈的耐心倾听下一吐为快。

针对孩子说的具体情况，妈妈常常因势利导、循循善诱地作出教导，让孩子知道自己这一天的得与失，知道哪些需要继续发扬，哪些需要改正。这样，孩子散步回家后心情舒畅，做家庭作业时也顺心顺手了许多。

如果你发现自己的孩子不爱说话或者说话紧张，甚至听你讲话时漫不经心，你就应该意识到，自己是否陷入了“不会做孩子听众”的误区。此时，父母必须马上做出改变，否则会抱憾终生。

当你成为一位非常好的听众时，便是你成为高明的说话者之时，你也就具备了成为孩子好朋友的条件。你的倾听会使孩子从小学会以平等的心态与人建立联系，会使孩子觉得自己很重要，同时有利于他学会独立思考。

总之，倾听是一门艺术，一门学问，家长一定要学会主动倾听孩子讲话。

让孩子把话说完

生活中，你有足够的耐心吗？你是否总是不等孩子把话说完，就随意打断了孩子的倾诉？

生活中，一些父母虽然有了主动倾听孩子说话的意识，然而在听孩子说话时却总是不够有耐心，总是随意打断孩子的倾诉，不给孩子把话说完的机会。

三八妇女节的前一天，妈妈晚上下班回家后，边换鞋子边问儿子今天在学校表现得怎么样。

儿子回答说很好，然后跑到自己的房间，拿来一张叠起来的纸递给她："妈妈你看。"

妈妈打开一看，发现是一幅画，上面有一个妈妈拉着一个小孩的手，他们的四周还有绿树、红花、白云、小鸟，看上去很不错。妈妈随口问："什么时候画的？"

儿子回答："是上语文课的时候。我……"

他的话还没说完，妈妈就发火了："什么，上语文课你不好好听课，在下面画画，妈妈怎么告诉你的？怎么这么不长记性！"

"妈妈，不是……"孩子似乎还想解释什么。

妈妈更加生气了，心想犯了错还敢狡辩，于是不等孩子说完，就大声喊道："你不用再解释了！"

孩子没再说什么，但眼圈有些红了，过了一会儿就默默地回房间去了。

后来，妈妈发现儿子在之后的几天里总是郁郁寡欢，她以为是自己当时说的话和语气不好，儿子才会这样，心中不免又是一顿抱怨。

有一次，她跟儿子的班主任提起了这件事。班主任告诉她，孩子在课堂上画画，是语文老师允许的，因为第二天是三八妇女节，老师让孩子们给妈妈做一张贺卡……

可想而知，当故事中的妈妈听到事情的真相时，她该有多么悔恨。而孩子当时又是多么委屈。其实，生活中很多父母都像故事中的妈妈那样，在孩子还没来得及讲完自己的事情前，就按照自己的经验大加评论和指教，结果曲解了孩子的意思事小，给孩子造成心理伤害事大。

面对被误解和被伤害的孩子，安慰和道歉固然是必要的，但如果一开始让孩子把话说完再去发表自己的意见，岂不是更好？更能实现与孩子的良性沟通？

父母不让孩子把话说完，往往是出于这样几种心理：

一是觉得孩子太小，什么都不懂，轮不到他们说话。其实，正是因为孩子的思维比大人简单，他们往往才能够从复杂的事情中抓住事情的重点。

二是总认为自己是对的，不听孩子解释，老认为孩子是在狡辩。

三是孩子的话戳到了自己的痛处，让自己感到难堪。因为童言无忌，孩子总是想到什么就说什么。

没有耐心听孩子把要说的话说完，这样做给亲子关系带来的副作用是难以估量的。

首先，如果父母不尊重孩子的发言权，不给孩子倾诉的机会，时间久了，孩子就会与父母产生对抗情绪，以致双方互不信任，沟通困难。

其次，孩子说话得不到父母的重视，他们只能把自己的想法隐藏在心里，做父母的自然也就听不到孩子的心声，了解不到孩子的所思所想，对孩子的教育就会无的放矢。久而久之，孩子就会慢慢习惯沉默，他也就懒得跟父母说话交流了，哪怕是受了冤屈，他也会沉默不语。面对竞争越来越激烈的现代社会，孩子如果不会据理力争，迟早是要被淘汰的，而这样的重负很可能让他产生严重的心理问题。

最后，孩子向父母倾诉心声，其实是提高表达能力、增强社会交往能力的绝佳机会。剥夺了孩子的这一机会，他的表达需求得不到满足，在社会交往中就会出现表达困难的问题，进而产生自卑情绪，这对他的成长是十分不利的，将来步入社会也难以获得成功。

俗话说："己所不欲，勿施于人。"换位思考一下，如果是我们自己，话没有说完就被别人打断，我们是否会觉得自己的尊严被侵犯了？我们还能有说下去的意愿吗?

因此，身为父母，一定要耐心地让孩子把话说完，孩子说得有理，应该表扬，说得不合理，可以进一步交换意见，直至将孩子心中的疙瘩解开。只有这样，孩子才会觉得自己的父母是善意的聆听者，他们才会向你吐露藏在内心深处的秘密，并自然而然地寻求你的帮助，进而建立起一种健康、和谐的亲子关系。

有一天，一位妈妈问她5岁的儿子："如果你和妈妈一起出去玩，我们两个人都口渴了，但是没有水喝，恰巧你的小包里有两个苹果，你会怎么做呢？"

小男孩说："我会把两个苹果都咬一口。"

虽然孩子年纪尚小，还不懂事，但听到这样的回答，妈妈心里还是有点失落。

她很想开口训斥孩子几句，然后教育他该怎样做，可就在话要出口的那一刻，她突然改变了主意——她笑容可掬地问孩子："告诉妈妈，为什么你要这么做？"

小男孩眨了眨眼睛，满脸童真："因为我想把两个苹果都尝尝，然后让妈妈吃最甜的那一个。"

妈妈听后眼里隐隐闪烁着泪花，她非常庆幸自己让孩子把话说完了，否则，她怎么能听到如此动听的语言呢？

孩子是最单纯的，随意打断他的话，不懂得聆听，你的确会错过很多动听的语言。

请记住：好说、会说的孩子身后，一定会有爱听、会听的倾听者。在与孩子交谈、沟通时，请一定让孩子把话说完，请耐心地听他说，就像上个故事中的妈妈那样。

积极回应孩子的话

孩子跟你说话时，你是否常常表现得心不在焉？是否就算回应，也是用“哦”“嗯”“啊”？不过，这些都不叫积极回应孩子的话。

很多父母都会犯一个错误，就是习惯用沉默或心不在焉的态度对待孩子的谈话，不懂得积极回应，这其实是对孩子的极其不尊重。面对这样的父母，孩子很容易失去说下去的欲望。

最近，瑶瑶的妈妈因为工作上的事，心情一直很低落。这天晚上，瑶瑶妈像往常一样，随便收拾了一下碗筷，就坐在沙发上看起了电视。说是看电视，其实她的心思根本就没在电视上。

这时，瑶瑶跑了过来，对她说：“妈妈，我想跟您说件事。”

“哦，说吧。”妈妈心不在焉地答应道。

“我们班不是成立了一个流浪动物救助小组吗，可是因为刚开始，我们还没什么经验，您说我们该怎么救助那些流浪动物呢？”

妈妈眼睛盯着电视，思绪早就不知飘到了什么地方，根本没有听清瑶瑶在说什么。

“妈妈，您在听我说吗？”瑶瑶见妈妈没有反应，就晃了晃她的胳膊。

“哦，我在听呢。”妈妈回过神来，忙说。

“那我问您，您怎么都不吱声啊？”

“对不起，妈妈有些累了，你刚才说了什么？”妈妈问。

“哦，没什么，那您早点休息吧！”瑶瑶说完，站起身回了自己的房间……

尊重孩子，就要对他们的谈话也表现出尊重，而积极回应孩子的话，就是尊重孩子的重要表现。如果父母都像故事中瑶瑶的妈妈那样，因为心情不好或身体疲惫就对孩子的话表现得心不在焉，那很容易让孩子觉得你不够尊重他。

而尊重是相互的，你对孩子表现得心不在焉，孩子也不会对你表现得多热情。相反，如果你积极回应孩子的话，孩子也会愿意对你敞开心扉。所以，聪明的父母，不管自己多累、多忙，心情多么糟糕，都会对孩子的话做出积极的回应。

在公司忙了一天后，强强的爸爸终于拖着疲惫的身躯回到了家。可是，他刚坐在沙发上，连口水还没来得及喝，儿子强强就跑了过来。

“爸爸，爸爸，我要告诉你一个秘密，你可不要告诉妈妈哟！”

“什么秘密啊？”爸爸强打起精神问道。

“妈妈最近总是出门，也不知都去忙什么了，周末都不在家。所以我决定把她的钱包藏起来，看她还怎么出去！”

“嗯，这倒是留住她的一个好办法。”爸爸回答道。其实他知道妻子去忙什么了——强强的外婆病了，她每天都去医院照顾病人了。只是这件事一直没有告诉强强。

“那等妈妈回来后，我就趁她不注意把钱包拿走，爸爸你可千万别告诉她！”

“行是行，但是这样做，会不会有什么不好的后果呢？”爸爸引导道。

“这个，我没想过。”

“如果你把妈妈的钱包藏起来，妈妈出门了，突然发现钱包不见了，会不会很着急？如果她出去有很重要的事，身上却没带钱，又该怎么办？”

“这倒也是。”强强若有所思地点了点头。

“你妈妈的脾气你是知道的，如果耽误了她的事，她一冲我们发火，咱们可就都没好日子了。”

“唉，看来这个办法行不通了，那咱们怎样才能让妈妈不出门呢？”强强有点泄气。

“我觉得你可以亲口问问妈妈，她每天都去忙什么了，如果真的有很重要的事，那我们也不能阻拦；如果她每天并没有那么多重要的事出去办，你就告诉她你的想法。”

“行，爸爸，我听你的！”说完，强强高高兴兴地回自己房间了。

换成别的父母，如果是在极度疲惫的情况下，可能根本不会理会孩子的话了，就算理会，最多也就是用“哦”“嗯”“啊”作答。但强强的爸爸没有这样敷衍孩子，他不仅对孩子做了积极的回应，还对孩子不恰当的想法进行了正确的引导和启发，这才是身为父母最明智的做法。

总之，当孩子与你交谈时，你身为父母，切莫用“哦”“嗯”“啊”敷衍，或干脆不理不睬，一定要积极回应，这样才能建立和谐的亲子关系。

对孩子的话表现出浓厚兴趣

当孩子兴致勃勃地跟你述说某件事情时，你是会表现出足够的兴趣，并鼓励孩子继续说下去？还是一副不感兴趣的样子，让孩子备受打击？

在孩子主动向父母讲述一件事时，如果父母没有兴趣听，和不积极回应一样，孩子同样会备受打击，从而丧失继续说下去的动力和积极性。

小女孩抱着刚买的布娃娃，兴奋地对妈妈说："妈妈，隔壁的苏苏也有一个布娃娃。但我的布娃娃比苏苏的漂亮。她的布娃娃是她奶奶给她买的。妈妈，我要好好照顾她。我要给她梳个小辫子，用红头绳扎起来，还要每天给她洗脸、洗脚，把她打扮得漂漂亮亮的。"

妈妈觉得女儿与她谈论的话题无聊极了，于是转移话题："宝贝，你的头发乱了，来妈妈给你梳一下。"

小女孩跑到妈妈的梳妆台前，拿来一把梳子给妈妈，一边让妈妈梳头，一边说："妈妈，大人用大梳子，小孩用小梳子，所以我要用小梳子给布娃娃梳头发。"

"行了，行了，知道了，你怎么越说越起劲儿啦！"妈妈皱着眉头，呵斥了一句。

女孩莫名其妙地挨了一句呵斥，吓得呆住了。她想，是不是自己做错了什么，所以才让妈妈生气了呢？

其实，类似的场景经常出现在小女孩的生活中，每当她跟妈妈讲什么的时候，妈妈都会表现得毫无兴趣，或者直接转移话题，这使得女孩情绪很低落。

任何人在讲话时，都希望有一个好听众，希望听者对他的话感兴趣，孩子更是如此。

不管孩子要跟大人诉说的是一件多么简单的事情，只要父母表示出认真倾听的样子，对孩子的谈话表现出浓厚兴趣，都将是对孩子很大的鼓励。孩子得到鼓励就会兴致勃勃地讲下去，进而表达出自己的情感和思想，这可以更好地实现与父母的思想交流和情感沟通。

那么，当孩子开口说话时，父母应该怎样鼓励孩子继续说下去呢？

1. 倾听时要专注

作为父母，无论你是在看喜爱的电视节目还是在与别人聊天，也不管是在工作还是在做家务，只要孩子想和你沟通，并诉说一些事情，你都应该立即停下手中的事情，将倾听孩子提升为当前最重要的事。你应全神贯注地听孩子说话。这不仅尊重了孩子，也能为亲子沟通打造良好的氛围。

2. 通过眼神表现出倾听的兴趣

在孩子讲述某件事情时，父母应该睁着眼睛非常好奇地、有兴致地看着他们，并且很自然地传递自己的兴趣和愉悦之情。一定不要东张西望，或者眼神游离不定地关注周围的事物。

3. 通过言语表现出倾听的兴趣

在倾听孩子诉说的时候，父母可以用简单的诸如“太棒了”“真是这样吗”“我想的跟你一样嗳”“你的想法不错，接着讲”“我简直不敢相信”等附和性的语言来表示你的兴趣。

另外，父母对孩子所谈话题的兴趣还可以用参与谈话的方式传达，而且这种互动性的语言更有利于引导孩子表述自己的想法，把事情说清楚。例如：“哦，是吗？你觉得这件事他们做得对吗？”“我知道这件事情让你很伤心，然而，你自己就没有错吗？”

除此之外，言语还包括说话的语调、语速、节奏等。父母在和孩子沟通的时候应该克服以下毛病：语调过高、声音微弱、粗声粗气等。

值得注意的是，父母不能只是单纯地倾听孩子诉说一些事情的经过和想法，还应帮助孩子解决事情中的问题。但是，父母要记住，不要用自己的嘴巴给孩子提出指导意见。最好的办法是让孩子进行独立的分析和判断，而父母只需要做一个倾听者即可。

4. 通过表情表现出倾听的兴趣

在与孩子沟通的时候，当父母觉得用言语表达不便时，可以采用表情来表现出自己的兴趣。

当孩子谈论一些非常好奇的事情时，父母应该不断流露出吃惊的表情，孩子最容易吃惊，用大人的话讲就是“大惊小怪”，他们希望看到大人对自己所说的事情表示出吃惊的表情，这会让他们很得意；当孩子谈论一些伤心的事情时，父母应该在内心体验孩子的伤感，并通过面部表情表现出来，让孩子感知到父母正在认真听自己讲话；当孩子谈论一些非常愉快的事情时，父母应该开心地倾听孩子诉说，并用愉快的、喜笑颜开的表情传达自己的情绪信息。

允许孩子发泄不良情绪

当孩子表现得有点“不正常”时，作为父母的你，是马上用命令或呵斥的手段制止？还是想办法帮助孩子更好的宣泄？

任何人都需要被理解，虽然孩子年纪还小，可是他也有他的苦恼，而且正是因为他只是个孩子，有时甚至连自己的苦恼是什么都无法清楚地表述出来，所以他会心情不好，并出现某些“不正常”的情况，比如闷闷不乐、大哭大闹、不合作、发脾气、不讲道理等。很多家长一见孩子这样就开始烦了，会马上采取命令或呵斥的手段，试图制止孩子的这种“不正常”表现。

其实，在孩子每一个“不正常”的表现背后，都有一个正常的理由，他们是在宣泄精神或身体上的创伤所引起的负面情绪，是在召唤大人的关注，希图他们帮助自己更好地宣泄。因此，父母要及时观察孩子的神情举止，当孩子有“不正常”的表现时，一定要给予孩子及时的关注，倾听孩子的心声。尤其在以下三种情况下，父母一定要注意倾听孩子。

1. 当孩子哭泣时

孩子哭闹，多半是受了委屈或者某种欲望没有得到满足，通常都是为了眼前的事情。有些父母一见孩子哭了，就非常着急，一直问孩子怎么了，谁欺负他了，有时还会强行禁止孩子哭泣："这么大了还哭，丢不丢人？""不许哭！""赶快闭嘴！""又不是大事，犯得着哭嘛！"结果这么一说，孩子哭得更厉害了，也不愿意跟父母说什么了，父母只能在一边干着急。

孩子哭是很平常的事，如果家长希望孩子健康快乐地成长，就应该这样做：当孩子哭着回到家里时，你应当停下手边的事情，关切地看着他，但不要打断孩子的哭声，也不要责备他或者不停地抚慰他，要允许孩子畅快地哭。如果孩子一直哭而不说话，家长可以轻轻地把他搂在怀里，或者温柔地抚摸他的头，用充满爱抚的目光注视着他，同时温和地鼓励他抬头望着你，感受你对他的爱。这种动作和表情可以向孩子表明，你已经做好倾听他的委屈的准备了。

孩子哭的时候，情绪会随之放松。他在宣泄悲伤的过程中，能敏锐地感受到你的反应，这时，你对他的爱抚和关切会直接进入他的内心，使他觉得温暖而安全，他会说出自己最糟的感觉，随着诉说，那些令他不快的情绪就会渐渐消失，哭泣也会随之停止。

8岁的可可有一个急脾气的妈妈，每次只要可可哭着到家里，她的妈妈就立刻问个没完没了，非要马上问出原因不可，可结果是可可哭得更厉害了。

这一天，可可放学回家，一进门就一边哭一边冲着妈妈大声嚷道："妈妈，我再也不去上学了！"奇怪的是，妈妈并没有开口问她为什么，而是招手让她走过去，示意她把事情的原委讲给她听。

可可虽然不知道这是为什么，但还是乖乖地走到妈妈身边，把头伏在妈妈的腿上，边伤心地哭泣边诉说道："今天本来轮到小池打扫教室的卫生，但老师误以为是我。因为教室的地板没扫干净，我被批评了一顿！"

妈妈没有说话，只是轻轻地搂住了可可，抚摸着她的头发。可可也不再说什么，只是伤心地哭着。在妈妈的爱抚下，可可渐渐止住了哭泣。几分钟后，可可站了起来，擦了擦眼睛，像个没事儿人一样去看电视了。

原来可可的母亲得了咽喉炎，嗓子哑了，医生叫她少生气，不要说话。可可回家时，她刚吃完药，听到女儿的抱怨，她本想问问这是为什么，想安慰孩子不要哭了，但因嗓子疼说不出话，只好静静地听着孩子哭诉。

以前为了止住孩子的哭声，她可是想尽了办法，结果是一点儿作用都没有。而自己这次什么都没有跟孩子说，孩子怎么这么快就好了呢？可可的妈妈百思不得其解。

其实，这就叫"此时无声胜有声"——一旦孩子通过哭泣宣泄出情绪之后，他就又可以精神焕发地面对生活了。

2. 当孩子恐惧时

恐惧是孩子成长过程中普遍存在的一种心理现象，怕黑、怕陌生人、怕妈妈离开自己、怕动物……都是孩子恐惧的原因。对于家长来说，一定要理解孩子的恐惧，并想办法帮助其排解这种情绪。有的父母直接轻视或忽略孩子的恐惧，甚至斥之为无稽之谈；有的父母为了锻炼孩子的胆量，常常是明知道孩子害怕，偏偏强迫他"迎难而上"。这些做法都是错误的。

正确的做法是，在孩子感到恐惧时，家长要接受并尊重他的心情，然后轻轻地抱住他，尽可能地说一些确信你们一切都好的言语，用鼓励的眼神看着他，告诉他你就在他身边，不需要害怕。家长的声调一定要平静，并允许孩子挣扎、哭泣和发抖。这样，孩子便能摆脱恐惧重获轻松，从而意识到父母是自己的坚强后盾，从感情上更加亲近父母。

当然，在孩子恢复常态之后，家长应该引导孩子以正确的态度面对让他感到恐惧的事情，让孩子以一种新的领悟去静静地观察、倾听和接触事物，进而不再产生恐惧的情绪。

3. 当孩子愤怒时

很多家长认为，孩子小小年纪，在家里“寸功未立”，没有资格发脾气，更没有资格愤怒，所以当孩子生气时，家长会更加生气。即使是孩子在外面跟老师、同学、伙伴生气，若回到家里仍是余怒未消，家长也没有耐心去倾听。

实际上，愤怒的孩子表面看上去气势汹汹，但他的内心往往是惶恐不安、悲伤透顶的，他们发怒的时候，恰恰是他们需要帮助的时候。此时，父母一定不要斥责他们，而是应该保持冷静。愤怒中的孩子有时可能会对试图安慰自己的父母大喊大叫，说出诸如“我恨你！”“你走，否则我更生气！”等话语，有时甚至会对试图靠近自己的父母拳打脚踢。家长这时千万不要生气，更不要对孩子不理不睬，一走了之，因为这样做将不利于孩子情绪的发泄，孩子会压抑自己的情绪，也会觉得父母并不关心他，进而使情绪更加糟糕。这时父母要努力靠近孩子，向他表明你要和他在一起，他对你很重要。

有些时候，愤怒中的孩子可能会试图避开家长，想要独处。这时，父母切不可听之任之，而是应该继续留下来，坚持接近他，让他感受到你想帮助他的意愿，让他知道你没有把他的话当作耳旁风。所以，如果孩子命令你“走开”，你就说：“那好，我后退几步可以吧。但我真想过去跟你坐在一起。”当孩子发现自己虽然对父母态度不好，但是父母不仅没有计较，还这么关心自己时，他的情绪就会慢慢缓和下来。

父母看到孩子的情绪缓和了，就要引导孩子把内心的怒气和不满发泄出来，听他说些什么，看他是否有道理，然后再看看自己能做些什么。

父母一定要记住，不要尝试和一个愤怒的孩子讲道理。否则，很可能会导致问题升级。父母只需爱抚他，关注他，陪伴他，允许他大发雷霆即可。孩子发泄了自己的情绪后，能很快恢复平静，理智地面对自己面临的问题。

当然，孩子处于悲伤、恐惧、愤怒等负面情绪中时，父母接纳孩子的情绪，引导孩子把这种情绪发泄出来，并不意味着家长就认可了这些负面情绪，也不意味着孩子以后还可以这样做。因为允许孩子发泄不良情绪，只是为了帮助孩子摆脱负面情绪，使他恢复正常的思维能力，进而有足够的注意力来理解和接受家长的正确意见和建议。但当孩子恢复了常态后，家长就要通过引导和教育，来培养孩子的情绪管理能力，使其形成健全的人格和健康的心理，从而使他勇敢地接受人生的挑战。

允许孩子说“不”

当你给孩子话语权，征求孩子意见的时候，你给过孩子说“不”的权利吗？

生活中，有些家长知道应该给孩子话语权，所以在家里有什么事情或者安排时也会征求孩子的意见。但是只要你仔细观察就会发现，这些权利只是象征性的。

一家三口坐在一起吃晚饭，父母都把好吃的菜夹给了女儿，然后他们边吃边聊，就女儿的教育问题开起了一次“餐桌会议”。

“咱们的闺女马上就4岁了，得让她学点什么了。”妈妈首先发言。

“让孩子去学舞蹈吧。”爸爸说道。

“宝贝儿，你觉得怎么样？”妈妈很民主地问孩子。

“我不想学舞蹈。”

“不行，必须得学舞蹈，这对培养你的气质、陶冶你的情操很有用。”

“让孩子学学女子防身术吧，这对锻炼孩子的体质有帮助。”爸爸又说道。

“宝贝儿，你的意见呢？”

“我不想学防身术。”

“不行，必须得学，这不仅能提高你的身体素质，还能保障你的人身安全。”

孩子不高兴地撇了撇嘴。

“我看让孩子再学学画画吧，对培养孩子的性情有好处。宝贝儿，你觉得怎么样？”妈妈问道。

“我不想学画画。”

“算了，算了，我是听出来了，你就是啥也不想学，整天就知道玩是吧。好了，你吃完了吧，吃完赶紧回屋去，该干什么干什么，大人们商量事情，你别瞎搅和。”

就像上面的故事一样，有些父母虽然给了孩子话语权，但是仅仅给了孩子点头同意、举手通过的权利，却没有给孩子否定的、说“不”的权利。在他们看来，这样才是理想的生活场景：家长说出自己的意见或安排后，在征求孩子的意见时，孩子欣然同意，于是事情在友好、和谐的气氛中被确定下来。如果孩子突然说“不”，就等于将家长已经精心准备的即将付诸实践的方案给否定了，以致打乱了家长的计划，这时家长可能就会罔顾孩子的意见，强迫其执行自己的原计划，并且可能就此将孩子的话语权“封杀”掉。

其实，既然家长给了孩子话语权，允许孩子发表意见，就应该既允许孩子遵从家长的意见和安排，又允许孩子否定或反对，允许他们说“不”。

孩子敢于对比自己强的人说“不”，是个性的显露，是自我意识的抗争，说明孩子已经有了独立的意识，开始用自己的头脑思考了。一个“不”字，其实是孩子在发出自己的“独立宣言”。所以允许孩子说“不”，不仅有助于孩子自主、独立个性的发展，还有利于孩子健全人格的形成。因此，当孩子说“不”时，我们决不能强迫孩子接受自己的观点，按自己的要求去做。否则，孩子可能就会变得没有主见，不敢表达，从而失掉“野性”与个性，只会在心理上依赖别人。

一个妈妈在教孩子画小鸡。孩子提起画笔就开始画，根本没有按照妈妈的要求来。妈妈看到孩子把小鸡的嘴巴画成了扁扁的样子，大发雷霆：“你这孩子怎么回事？让你照着妈妈的画去画，你怎么不听？你看你画成了什么？这是小鸡吗？小鸡的嘴有这样的吗？画得都快像鸭子的嘴了。快，把嘴巴改一改。”

妈妈一边说，一边在孩子的画上修改着，将扁嘴巴画成了小鸡的尖尖嘴。同时，妈妈还一边画一边教导孩子，要孩子细心观察。

然而，孩子根本不领情，他说道：“不，不行！我不照着你的画，我不照着你的画。”他从妈妈手里夺过画，用力擦掉妈妈画的尖尖嘴，同时又画了一个更大的扁扁嘴。

“你这孩子真是没救了！画错了，还不认错！”妈妈更生气了。

“我画的是小鸭子，它在和小鸡玩捉迷藏的游戏。”

可见，孩子说“不”是有他的道理的，家长要耐心地听，并进一步询问原因，让他表达出自己说“不”的理由。如果孩子理由很正当，就应该听从。

当然，孩子的“不”并不永远都对，所以家长还是要设立一定的界限，不是每次孩子说“不”家长就要妥协。如果孩子说出的理由不正当，家长要从理由上反驳孩子，向孩子讲明原因，而不是直接打击孩子，剥夺孩子的发言权。

大人有大人的世界，孩子也有孩子的世界。孩子的内心感受和情感需要往往是成年人容易忽视的，很多表面看来是孩子主观性的东西，其实却是孩子对周围的人、事、物以及现实所做出的情感反馈。因此，聪明的父母应该给孩子说“不”的机会，并借此机会走进孩子的内心世界，进一步加深对孩子的了解，以便与孩子更好地沟通。

允许孩子与自己争辩

你是否觉得孩子应该完全服从自己，因此不允许他们有顶嘴、争辩的行为？

现在的孩子接受教育较早，知识面比父母当年要宽得多，所以他们判断是非的能力和要求独立的心理往往更强。跟父母顶嘴、争辩就是他们表达自己判断的特定方式，这与孩子的“不良行为”是不能相提并论的。但由于受传统教育观念的影响，很多父母不允许孩子与自己顶嘴，他们总觉得孩子见识少、不成熟，应该绝对服从自己，而与自己顶嘴、争辩则是不懂礼貌的表现。事实上，孩子表达自己的独立判断，不可能像大人那样委婉和圆滑，所以他们的顶嘴、争辩行为，父母不要一概斥之为不尊敬长辈、不礼貌，要区别对待。

一天晚上，妈妈和刚上小学的儿子争执起来了。“您这样做是不对的。”儿子大声说，“我有看电视的自由！”

妈妈恼了，大声斥责儿子："不许看就是不许看！明天一早还要上学，太晚睡觉明天起不来怎么办！"妈妈一边冲过去关电视，一边对儿子瞪眼睛。

儿子大吼道："你要打我吗？打我是犯法的，有《未成年人保护法》！"

听了儿子的话，妈妈实在忍不住了，一边说"看谁来保护你"，一边朝儿子的小屁股拍了几巴掌。

儿子大哭起来，显得十分委屈。

第二天，在送儿子去学校的路上，妈妈为昨晚的事向儿子道歉。儿子也不好意思起来，对妈妈说："那我也应该向您道歉，我不应该用那种语气和您说话。"

妈妈这时突然想到，儿子以前从来没有那样犟过，昨晚是怎么了？一问才知道，原来儿子昨天因为字写得好，被老师表扬，作业还被贴在墙上作示范，所以他决定奖励自己看一段动画片。妈妈问儿子："那你昨晚怎么不说呢？"

儿子说："昨晚你给我说话的机会了吗？"

随着年龄的增长，孩子到了三四岁时，他们的独立欲望会明显增强，不再愿意被人处处压制，渴望独立思考和行动。这时，父母过多的干涉行为会让他们感到反感，外在表现就是不听指挥、自行其是、跟父母顶嘴。到了七八岁的时候，这种顶嘴的行为就会越来越多。如果父母总是报之以盛气凌人的强硬态度，不给孩子解释的机会，也不给已经知道爱面子的孩子留自尊，那么只能让自己与孩子的距离越来越远。只有改变这种传统观念，父母才能与孩子很好地沟通。

不允许孩子顶嘴、争辩，这看起来是一种管教态度，实际上是教育思想和理念的反映。事实上，孩子敢与父母争辩是件有益的事。德国心理学家安格利卡·法斯就曾说过："隔代人之间的争辩，对于下一代来说，是走上成人之路的重要一步。"

争辩不仅能帮助孩子变得自信和独立，养成实事求是、以理服人、平等公正等好品质，还能让孩子从争辩中体验到受重视的感觉，并且知道怎样才能贯彻自己的意志。一旦争辩获得“胜利”，他便会意识到父母并非总是正确的，这无疑会让孩子获得一种成就感，让他们既有了估量自己能力的机会，同时也锻炼了意志力。而且争辩有利于家长和孩子沟通思想，双方可以通过争辩达成共识，找到解决问题的办法。如果家长通过与孩子争辩发现自己的教育方法有不妥之处，还可以及时调整。

当然，允许孩子争辩，并不是说可以让他们随心所欲、无理取闹，争辩是在讲道理的基础上进行的。家长要克服自己唯我是从的单向说教的思维定势，允许双向交流的存在。当孩子与自己争辩的时候，不要觉得丢了面子，也不要担心孩子会不听话，不尊重自己。因为孩子也是讲道理的，在与父母争辩的过程中，如果他们觉得父母是讲道理的，那他们就会更加尊重父母、信赖父母。父母要求孩子做的事，如果孩子是通过争辩明白的，那么他们会心悦诚服地去做。

总之，明智的家长不会把自己的意志强加在孩子身上，而是会为孩子创造一种平等、宽松的氛围，给予孩子更多的发言权。

听懂孩子的弦外之音

孩子虽小，话语中也会隐藏着自己的心思。那么，孩子的弦外之音，你听懂了吗？

圆圆对正在厨房做饭的妈妈说：“妈妈，已经是周末了。”

妈妈正忙着切菜，看也没看圆圆就说：“这还用你说吗？我当然知道。”

圆圆有点泄气，但是，她还是鼓起勇气提醒妈妈道：“妈妈，你上周不是说……”

“我说什么了？我忘了。”妈妈仍是头也不抬地回答。

其实，圆圆是想提醒妈妈，上周她答应过这个星期天带自己去海洋馆的。不过听妈妈这么说，圆圆嘟囔了一句“那算了”，就转身要离开。

妈妈觉得圆圆有点奇怪，回头看了看她，问：“你到底有什么事啊？吞吞吐吐的，有话就说，别像你爸似的，一副窝囊样。”

圆圆看了妈妈一眼，说了声“没事了”，就回自己房间去了。

英国教育家斯宾塞说过：“细心的父母可以发现孩子微妙的变化，弄清楚孩子没有明说的思想感情。这需要的技巧是及时抓住孩子隐藏在内心的思想感情的微小、微妙的线索。”由此可以看出，圆圆的妈妈绝不是“细心的父母”。

有时候，出于自尊心或是别的原因，孩子并不愿意或认为没有必要说出自己的想法，但他们又很想让父母明白他们的意图，为此，他们会用试探、提醒等方式对父母进行暗示，然而让孩子失望的是，很多家长都不明其意，有些家长甚至还会嫌孩子小题大做，浪费自己的时间。所以，很多家长都和圆圆妈妈一样，让简单地呵斥成为了亲子交流的主要语言。而这只会让孩子隐藏起自己的真实想法，向父母关闭了自己的心灵之门。

一个女孩的妈妈曾经讲述过这样一件事情：

女儿4岁的时候，每次我看书的时候，她总会打断我，不停地想吸引我的注意。她一会儿指着自己的厨房玩具对我说：“妈妈，快看，我给我的布娃娃做饭了！”一会儿又说：“妈妈，你看我给布娃娃化妆了！”我常常是应付地点点头：“好，继续玩吧。”可没过一会儿，她又装作不小心摔倒，坐在地上哭个不停，等我把她扶起来……最后我忍无可忍了，躲到楼下的小公园里去看书。直到我听了一个关于亲子关系的讲座，才意识到自己的做法对女儿来说是多大的伤害。

孩子在成长过程中，渴望被关注，这是一种情感和安全感的需求，对家庭最小的或独生的成员来说，尤其如此。这些孩子原本是家庭的中心，一旦不被关注，就容易出现故事中小女孩的行为，唱歌、搞破坏、说谎、装病等，这都是孩子用来表达自己不想被忽略的信号。

家长应该学会倾听孩子的这些弦外之音，这样才能真正领会孩子的思想意图，知道孩子在想些什么、要求些什么、希望些什么。为了做到这一点，家长要细心地观察孩子反常的、细微的行为信号，比如孩子的声调、表情、动作等。有些孩子在试探父母时，会用眼角偷偷地瞄父母，或是抿嘴、低头，或是紧张地搓手、揉衣角。这些都是孩子的异常表现，家长要提高对这些细节的敏感度。另外，孩子习惯行为的消失也是一大信号，比如不吃饭、不睡觉、不做游戏或是精神不像平时那样集中等。

除此之外，家长还要学会倾听孩子话中的意思，分辨出孩子想要告诉自己什么，还可以通过提问来弄清孩子的动机。比如孩子说“我们田老师太讨厌了”，家长不要简单地说“不可以说这种话，老师再讨厌也是老师，作为学生你应该尊敬老师”这样的话，因为这对沟通来说是无效的。家长应该意识到，一定是老师做了某些让孩子觉得不公平或是讨厌的事，孩子才会说这样的话。所以家长应该问：“发生了什么事，说来听听？”“是吗？老师做了什么让你不高兴的事吗？”当孩子向父母诉说了原因后，家长就能更准确地了解孩子的想法，从而有针对性地教育孩子了。

在倾听孩子诉说的过程中，家长可以用相似的语言不时地总结、重述孩子所讲的关键内容，包括他的感受及事发原因，还可以猜测孩子的内心感受，并鼓励孩子对自己猜测错误的部分进行纠正。

总之，想要准确理解孩子的弦外之音，家长既要学会察言观色，又要尽量将自己调整到与孩子同步的心理状态下，去体会孩子的真实感受。

Part 10

巧妙引导，
让孩子主动说出内心想法

给孩子一个舒适的谈话环境

你跟孩子谈话时，是一上来就把氛围弄得紧张兮兮，甚至充满火药味，还是尽量让孩子觉得放松、快乐？如果你是前者，那你就真的“out”了！

很多父母抱怨，说想从孩子那听点心里话真难，他们要么什么都不说，要么就用一些毫无意义的话敷衍，你根本不知道他们在想什么。

其实，想让孩子卸下心理防线，畅所欲言，谈话环境很重要。一个轻松、舒适的谈话环境，能让孩子彻底放松下来，在这种情况下，他自然是“竹筒倒豆子”，有说什么就说什么了。但如果你一开始就把谈话氛围弄得紧张兮兮的，甚至充满了火药味，那你将很难从孩子嘴里听到你想听的话。

这天，小敏的妈妈开完家长会一回来，就对小敏大喊道：“过来，我有话要问你！”

小敏看见妈妈这个样子，吓得大气也不敢出，乖乖地走了过来。

“今天你们老师说，班上有几个女生在课堂上乱讲话，你说，有没有你？”

小敏怯怯地看着妈妈，没有吭声。

“我问你呢？你怎么连话也不会说啦？”妈妈提高了嗓门。

“我，我没……”小敏结结巴巴地说。

“看你这个样子，我就是问问，又没怪你！”妈妈嘴上这么说，语气中却带出了生气的样子。

“小敏，你如果没说，就告诉妈妈啊！”爸爸在一旁鼓励道。

结果这一说，小敏又不开口了。

妈妈见什么都问不出，叹了口气，挥挥手让小敏回屋了。

“老师在家长会上点小敏的名了？”爸爸问。

“那倒没有，她只说让家长回家问问孩子，想办法劝他们改掉这个毛病。”

“那晚上我来问吧。”爸爸安慰妈妈说。

晚上，爸爸来到小敏的房间，笑着说：“你妈妈听你们老师说，最近有几个女生在课堂上讲话，不过老师并没有责备的意思，有毛病，改掉就好了。”

“没有我！”小敏张口就否认了。

“哦，那就好。那你知道她们在课上都说些什么吗？”爸爸装作很好奇的样子。

“好像在讲最近正在播的一个电视剧，讲的都是美女帅哥灵宠什么的，我才不感兴趣！”

小敏的话，让爸爸确定，小敏可能也参与了讲话，只是讲得不多，于是接着问道：“那你觉得，她们说话影响到你听课了吗？”

小敏毫不犹豫地点了点头，突然好像又意识到了什么，不好意思地低下了头……

可见，环境氛围对交谈的影响很大，父母想要“套出”孩子的话，让孩子主动说出内心想法，就必须为孩子创造一个舒适、轻松的谈话环境。那么，如何才能为孩子创造出这种轻松、舒适的谈话环境呢？

1. 要保持微笑

父母自然、乐观的微笑，是促进亲子之间轻松、坦诚交流的润滑剂。因此，在和孩子说话时，你要保持亲切、友好、坦诚、随和的笑容。如果你因生气而笑不出来，不妨想想他的优点，或者是高兴的事情，然后试着放松面部肌肉。调节好情绪，确定能亲切地对孩子微笑了，再去找他谈。

2. 眼神很重要

父母正确使用眼神，最能和孩子拉近关系。所以和孩子说话时，父母最好把眼光放在孩子眼睛以下的脸部。因为这种“亲切的注视”，不会让孩子感到有压力。

亮亮特别喜欢跟爸爸说话，因为爸爸和他说话时，从来都不直视他的眼睛，而是亲切地看着他的脸和嘴。每次看到爸爸这样的眼神，亮亮心里就会莫名地兴奋，有主动跟他说点什么的冲动。

有一次，亮亮在数学考试中因为粗心大意，没有考好。怕爸妈说他，就躲到了同学家里，不敢回去。

后来，爸爸赶来接亮亮回家。在回家的路上，亮亮本以为爸爸会训斥他，可是爸爸什么都没说，只是像往常那样，友好地注视着他。

看到爸爸那熟悉的眼神，亮亮紧张的心立刻放松了，并主动向爸爸承认了错误。

3. 运用好手部动作

父母和孩子交流时，运用好手部动作，能为亲子之间的沟通增添不少欢乐气氛。比如竖起大拇指的动作，能带给孩子自信；握拳挥动的动作，能给孩子带来激情；握手和拍肩的动作，能让孩子体会到温暖，并迅速对你产生信任，因为你把手上的温暖传递到他身上的举动，本身就是一种爱的交流。

小军的爸爸是位中学老师，他在和小军说话时，从来不会端架子。所以小军也喜欢把心里话说给爸爸听。

有一次，小军的妈妈误以为小军偷拿了家里的钱，罚小军站了一个小时。等爸爸回来后，在茶几下找到了钱。这件事，让小军委屈不已。

“爸爸知道委屈你了，我相信妈妈很快会向你道歉的。”小军的爸爸找到钱后，把小军叫到了身边，边说边握住了他的手。那亲切、温和的话语，温暖、热情的握手，让小军委屈的脸上立刻露出了笑容。

“爸爸，本来我很生气，可是现在我已经不生气了。其实也是我不好，如果我好好跟妈妈解释一下，也许就不会有这个误会了。但当时我看见妈妈怒气冲冲的样子，不知为什么，就什么都不想解释了。”说起这个，小军似乎又有了点怨气。

“是啊，妈妈的确太冲动了，我会说妈妈的！”爸爸说完，又像是在安慰小军似的，在他的手上轻轻地拍了两下。这下，小军心里最后那点怨气也消失得无影无踪了。

总之，父母想要为孩子创造一个舒适、轻松的谈话环境，就要调动起“全身的细胞”，让每一个动作、表情和眼神都能让孩子感到放松、快乐。

鼓励孩子
养成“把想法说出来”的习惯

你的孩子动不动就不吭声？你问什么，他都沉默以对？那只有一个原因——你没让孩子养成“把想法说出来”的习惯！

现在很多孩子都习惯以沉默对抗父母，你问他为什么跟同学打架，他沉默；你问他对某件事有什么想法，他也沉默；总之，无论你问什么说什么，他都一个态度：不想说。当孩子以这种态度对待父母时，说明他已经与父母沟通不良很久了。在这种情况下你还想让他说出内心想法，几乎是不可能的。

为什么会这样？因为你根本就没有让孩子养成“把想法说出来”的习惯。

也许很久以前，他也是喜欢把想法说出来的，可他常常是才开口，就换来你的一顿骂，或者他说了半天，得到的只是你一句随意的敷衍。久而久之，他自然就不想说也不愿说了。

小欢想象力很丰富，经常会说出一些让大人觉得匪夷所思的话。有一天，她突然对妈妈说："妈妈，我长大后，要建一座会飞的房子！"

妈妈正在忙着做饭，无暇细听她的话，又怕她跑厨房来被烫到，就说："老实在客厅待着，别来厨房！"

"妈妈，我要让房子像小鸟一样，想飞到哪儿就能飞到哪儿！"小欢还在那说着她的房子。

这时，坐在沙发上看电视的爸爸有点不耐烦了："小欢，你能不能安静一会儿，让爸爸好好看电视？什么会飞的房子，异想天开！"

听爸爸这样说，小欢脸上一阵红一阵白，一句话都不说了。

还有一次，妈妈正在和亲戚聊天，小欢突然跑过来说："妈妈，我今天好开心，因为我刚刚想到一个不用坐飞机就能周游世界的办法！"

"什么办法啊？"妈妈敷衍着。

"就是我研制一款瞬间空间转移器，我们想去哪，只要一按按钮，它就能把我们送过去。"

"哦，那等你研制出来再说吧。现在你只是在幻想！"妈妈说完，又转过头跟亲戚说话去了。而小欢则呆呆地站在那，完全没了刚才欢快的表情。

从那以后，小欢好像在刻意控制似的，类似的话说得越来越少。再后来，她几乎不愿跟父母说自己的想法了……

如果小欢每次跟父母说她的"奇思妙想"时，父母都能好好地与她交流，并引导她说出为什么会产生这种想法，又是什么效果？相信至少不会像故事结尾那样，小欢再有什么想法都不愿跟父母说了。

所以，父母如果不想让孩子对自己保持沉默，就必须在孩子表达自己的想法时，给予鼓励，而不是责备和敷衍。同时，还要让孩子把"说出内心想法"当成一种习惯，只有这样，孩子才不会刻意把自己封闭起来。

小洁放学后，没有像往日那样先写作业，而是直接来到了厨房。

当时，妈妈正在做饭，见小洁过来，就随口说道："我现在很忙，有什么事一会儿再说！"

小洁愣了愣，然后带着失望的表情离开了。吃饭时，小洁话很少，跟平时叽叽喳喳的样子完全不同。

这时，妈妈想起了刚才的事情，猜想小洁可能有话要说，就笑着问道："我说晚饭怎么好像少了点儿什么，原来你还没向我汇报你的事情呢！"

见妈妈主动问起，小洁立即说道："今天我们英语测验，我全答对了，老师夸我进步快。"

"是吗，你真厉害！"妈妈开心地亲了女儿一下。

"妈妈，我觉得英语好像不那么难了。"

"嗯，照你这种学习精神啊，学好数学也不是问题！"妈妈知道，女儿最不爱学数学，所以才在这时候鼓励她。

"妈妈，我反思了一下，我的数学之所以学不好，是因为上课时总走神。以后我会改掉这个毛病的。"小洁不好意思地说。

"知道毛病出在哪，这就是进步，妈妈相信你，一定能改掉走神的毛病，把数学学好的！"妈妈说完，笑着拍了拍小洁的肩膀。

"那是自然！"

就这样，在这次愉快的谈话中，妈妈不仅激起了小洁学习的热情，还弄清楚了小洁学不好数学的原因，可谓一举两得。

孩子说出自己想法的过程，也是个性张扬、心灵放飞、思想解放、自我意识得到加强的过程。所以，父母千万不要扼杀孩子的想法。多鼓励，多引导，让孩子把说出内心想法当成一种习惯，你自然就能听到他的心里话了。

通过共鸣点打开孩子的心理防线

你想与孩子建立亲密、友好的关系吗？你想走进他的内心，获得他的信任和爱吗？那么放下身段，寻找你与孩子的共鸣点吧！

李佳是一位幼儿园教师，非常懂得如何与孩子交流。

一天，李佳去朋友家做客，二人聊得正欢时，朋友的女儿，7岁的月月抱着布娃娃走了出来。看见有陌生人在，月月一边害羞地躲到了妈妈的身后，一边悄悄打量着李佳。

李佳就用友好的眼神看着月月，说道："我猜你有很多可爱的布娃娃吧。"

"我有8个布娃娃！"月月听后，立刻自豪地回答。

李佳笑了，做出一副很感兴趣的样子问道："那么多！那在这些布娃娃中，你最喜欢哪个呢？"

这时，月月一改之前羞涩的表情，欢天喜地地跑回自己房间，抱着两个布娃娃跑了出来："这两个都是我最喜欢的！"

"是吗！"李佳一边说，一边从月月手中小心地接过布娃娃："嘿，你们真漂亮，像小公主一样。小娃娃们，你们愿意和我玩儿吗？"

月月见李佳和自己的布娃娃说话，高兴坏了，立刻坐到了李佳的身边："李阿姨，我们可以做朋友吗？"

"当然可以了！你、我、你的布娃娃，我们都是好朋友。"李佳一边抚摸着布娃娃，一边拉着月月的手说道。

"李阿姨，我要告诉你个秘密……"

才这么一会儿，李佳俨然已经成了月月真正的朋友。

很多父母觉得跟孩子交流难，其实，你如果能像故事中的李佳那样，利用孩子的兴趣，投其所好，让自己与孩子产生共鸣，很容易就能与孩子亲近起来，然后慢慢走进他的世界。所以，当你想与孩子建立亲密、友好的关系，想了解他的观点，分享他的喜怒哀乐时，不妨借助共鸣点打开孩子的心理防线。

不过，父母想与孩子形成共鸣，一定要凭借真实的情感，因为孩子的辨别力很强，你的情感是真情还是假意，他很容易就能分辨出来，这是孩子天生的本能。

一天，洋洋的妈妈正在厨房做饭，洋洋拿着自己的画跑了进去："妈妈，你看我画的房子好看吗？"

此时，洋洋的妈妈正忙得团团转，于是随口敷衍道："哇，带翅膀的房子，真好看！不过好像缺点植物，你去再画一点植物吧！"

洋洋听后，有点失望地离开了厨房，嘴里还嘀咕着："这房子明明在天上飞呢，天上怎么可能有植物呢。"

这时候，爸爸回来了。

洋洋一见爸爸，立刻把画送到了爸爸眼前："爸爸，这是我画的房子！"

“是吗，来，让爸爸看看！”爸爸一手抱起洋洋，一手接过画，认真地看了起来，“呀，是一座会飞的房子呢！”

“是的，爸爸。”

“嗯，让爸爸猜猜，我们洋洋画这样一座房子，是想住里面，让它带着我们去旅行，对不对？”

“完全正确！爸爸你太厉害了！我就是想让它带着爸爸、妈妈、我，还有凯特（一只猫的名字）去旅行，这样我们就不用担心凯特一个人在家没人照顾了。”爸爸的话让洋洋非常开心，所以迫不及待地解释起来。

“洋洋很喜欢凯特对不对？所以不忍心丢下它一个人在家。”爸爸顺着洋洋的话问道。

“是的，我们上次出去玩儿，飞机上不能带宠物，所以只能把它放在家里了。”说起这件事，洋洋的声音小了很多。

“没有带凯特，洋洋很伤心是不是？”

洋洋点了点头。

“洋洋不难过，下次咱们再出去玩，就开车去，再也不把凯特丢下了，好不好？”爸爸终于明白儿子为什么要画一座“会飞的房子”了。

“真的吗？那太好了！”洋洋听爸爸这样说，高兴得手舞足蹈起来……

在这个故事中，若爸爸也像妈妈那样，随便敷衍几句，是很难与孩子形成共鸣，并了解到他对凯特的感情的。所以说，父母想与孩子产生共鸣，一定要真心实意地去认同孩子，因为你一个细微的动作、一句赞扬的话，都可能成为你与孩子产生情感共鸣的纽带，如果你的情感不真实，那这个纽带很可能就不会发挥作用了。

用封闭式提问引导孩子讲真话

孩子不说真话？你可以用封闭式提问引导孩子，步步深入。这个过程就像剥笋，最后露出的笋心，就是你想要得到的真相。

“妈妈，那个花瓶真的不是我打碎的！”

“爸爸，我真的没和他打架！”

“我说了没偷就是没偷，你们为什么不相信我！”

……

这样的场景有没有觉得很熟悉？当孩子信誓旦旦地说“真的……”的时候，可能事实正好相反。那么如何才能让孩子说真话呢？

这个是需要技巧的。其实孩子不愿对父母说真话、心里话的原因很多，但其中最重要的就是不喜欢你的表达方式，或者说，你不懂得说话策略。

浩浩是个开朗乐观的男孩子，每次放学回家，都要先跟爸爸妈妈嘻嘻哈哈地耍几句贫嘴再回屋。可是有一次，浩浩一进家门，就回了自己的房间，非常反常。

妈妈见状，猜测他可能在学校受了委屈，就想劝劝他。结果，好不容易敲开了浩浩的门，还不等她说话，浩浩就说："妈有事吗？没事我要写作业了。"

"妈妈见你好像心情不太好……"

"我没事，你赶紧出去吧！"不等妈妈说完，浩浩就把妈妈推了出去。

见浩浩这个样子，妈妈更不放心了。她坐在沙发上待了一会儿，忍不住又去敲响了浩浩的房门。

"我真的没事，妈你忙你的去吧！"浩浩隔着门说道。

"可是妈妈明明看你不太高兴啊，有什么事就告诉妈妈！难道你做了什么错事，不敢告诉妈妈？"

"都说了我没事，你喜欢胡乱猜测，我也没办法！"浩浩在里面有点不耐烦地回道。

"你这孩子，怎么这么不上道呢？有什么事就说出来，至少先打开门，难道我会吃了你？"妈妈也有点生气了。

突然，浩浩打开了房门："妈你烦不烦？就不能让我清清静静地待一会儿吗？"说完，他又"嘭"的一声把门关上了，并把音乐的音量开到了最大。

这下，就算妈妈怎么敲门，怎么问，浩浩都不吱声了。

为什么浩浩一开始还能心平气和地跟妈妈说话，到了后来，却越来越烦躁了呢？原因就在于浩浩的妈妈太不懂得说话方式和策略了！所以，父母想要真正走进孩子的内心世界，除了要注意语调语气外，还要注意技巧，要在说话策略上下点功夫。比如用封闭式的问题引导孩子，让他回答问题，你同样能得到答案。

小刚在家里捡到一个钱包，打开一看，里面有三百多块钱，十分高兴。因为妈妈生日快到了，他正愁没钱买礼物呢，于是就偷偷从里面拿了一百。

原来，钱包是表姐昨天来小刚家串门时不小心落下的。

当表姐再来小刚家，小刚把钱包还给表姐时，并没有提钱的事。

“咦，我记得里面有三百多块钱的，怎么好像少了一百？”表姐打开看时，不禁嘀咕道。

“表姐，你记错了吧，我捡到钱包后，可是连打开都没打开过。”

“哦，也可能我记错了。”

恰好，他们的对话被妈妈听见了。

表姐走后，妈妈把小刚叫到了身边：“小刚，你真的没打开过表姐的钱包吗？”

“当然没有！”小刚一口否认。

“嗯，妈妈相信你不会拿表姐的钱。”妈妈看着小刚的眼睛说道，“知道为什么妈妈相信你吗？”

“因为表姐对我很好，每次来，都带我出去玩儿，还经常送礼物给我。”小刚小声回答说。

“嗯，你说得很对，不过妈妈觉得最重要的，是私自占有别人的钱财叫不劳而获。你知道什么叫不劳而获吗？”妈妈的声音很温和。

“自己没有付出劳动而得来的东西。”

“对，那偷、抢算不算不劳而获？”

“算！”小刚回答。

“那将捡到的东西据为己有呢？”妈妈更进了一步。

“也算。”小刚的声音更小了。

“那你知道不劳而获有什么危害吗？”妈妈接着问道。

“偷、抢是犯法的，会坐牢；捡到东西不还，失主会……会很着急……”小刚支支吾吾地回答说。

“如果捡到东西的人明知失主是谁却不还，还花掉人家的钱，你觉得他会心安吗？”

小刚摇摇头，又低下了头，结结巴巴地说：“妈妈，我错了，我，我拿了表姐一百块钱。”

妈妈见小刚已经意识到了自己的错误，又说了实话，就拉他坐下来，语重心长地进行了一番教导。最后，小刚主动把钱还给了表姐。

在上面的故事中，小刚的妈妈在提问时，问得很高明。她首先问“知道为什么妈妈相信你吗”，让小刚回忆起了表姐对自己的好；又问什么是不劳而获，将捡的东西据为己有算不算不劳而获；又问不劳而获有什么危害，这样层层递进，诱使小刚一点点意识到自己的错误，并亲口说出真相。这就是封闭式提问的厉害之处。

不过，父母在运用这个方法时，提问题前一定要深思熟虑，精密谋划，设计一个框架出来，再做好每一步的诱导、发问，这样才能像抽丝剥茧一样，一步步套出孩子的心里话。否则，最重要的问题还没有抛出，孩子可能就拒绝回答或转移话题了。

比如上面的故事中，如果小刚的妈妈没有问“知道为什么妈妈相信你吗”，而是直接把话题转移到“不劳而获”上去，就会显得很突兀，那小刚可能会立刻警觉，甚至产生反感情绪，对话也就难再进行下去了。

或者妈妈先问“你知道不劳而获有什么危害吗”，再问“那捡到的东西算不算不劳而获”，那效果就完全不一样了——小刚可能会承认捡到的东西也算不劳而获，可是危害呢？因为这个问题提在了前面，所以会淡化很多，最终结果就是，妈妈想要让他明白的道理也就没那么明确了。

所以，父母在运用封闭式提问时，所选的问题一定不能随意，一定要环环相扣。

像孩子一样与孩子对话

平时你都是怎么与孩子对话的？总摆出一副高高在上的“大人嘴脸”，还是用孩子的语言，像孩子一样与他对话？

玲玲已经是上小学六年级的大孩子了，可是由于平时爸爸工作比较忙，赋闲在家的妈妈太寂寞，就总是拿一些家长里短来跟玲玲说：“咱们隔壁的那个王叔叔昨天被警察带走了，听说是犯了什么事。”“对门的王奶奶，你知道吧，前几天跟儿媳妇打了一架，闹得可凶了，听说都要跳楼了。”

这事情都是大人之间的恩怨，玲玲一点儿都不感兴趣，所以每当这时候，她都不耐烦地说：“妈，你能不能别跟我说这些，烦死了！”但没过几分钟，妈妈又絮絮叨叨地说了起来。

有时候，玲玲想跟妈妈说点儿自己的事情，或者说说她学校的事，可总是话刚说一半，就被妈妈打断了。

就这样，玲玲变得越来越沉默，很多话都到了嘴边，又咽下去了。她觉得她和妈妈之间，似乎隔了一条很深很深的鸿沟……

成长中的孩子，心性单纯、细腻。如果你与他的谈话让他感到愉快，他会深深记在心里，并愿意主动跟你说一些心里话。相反，如果像故事中的玲玲和妈妈一样，玲玲渴望与妈妈用孩子的方式交流，妈妈却把玲玲当作大人一样，亲子之间的交流就会产生障碍。孩子会越来越排斥与父母交流，更别提“谈心”了。

那么，父母如何与孩子谈话，才能让孩子感到愉快呢？其实最简单的办法就是改变自己的说话方式，学着像孩子一样与孩子对话。当孩子把你当成他的朋友时，自然就愿意与你分享他的快乐与苦恼了。

小远的妈妈平时工作非常忙，通常周六周日也没时间休息。

一天晚上，妈妈下班回来刚进家门，小远就拿着一幅画给她看：“妈妈，你看我画的大楼好看吗？”

“嗯，真不错。”妈妈回答说。

“你看，这间房子像你的办公室吗？”没等妈妈说话，小远接着说，“妈妈，你看，我给你的办公室画了一张床，这样你累了的时候就可以躺下休息了，还有这个小孩就是我，我正陪你说话呢！”

听了小远的话，妈妈心头一热，立刻给了小远一个大大的吻，然后抚摸着他的头说：“谢谢你儿子，给妈妈画了这么好的一个办公室，既有床可以休息，又有小远陪妈妈聊天，妈妈真是太开心了！”

小远听妈妈这样说，也开心地笑了。突然，他像想起了什么似的问道：“妈妈，我觉得这个办公室还有点单调，你说再画点什么好呢？”

“嗯，让妈妈想想。对了，画一个玩具车吧，这样等妈妈工作的时候，小远就可以自己玩儿了。”

“好！”小远兴致勃勃地在画上添了几笔，玩具车就画出来了，“妈妈，再画点什么呢？”

“再加一盆花？它可以给我们提供氧气呢！”

“好啊好啊，妈妈你太棒了！”

就这样，小远和妈妈你一言我一语，不断地补充着画面。显然，在不知不觉中，小远已经把妈妈当成了自己的朋友。

因为小远妈妈与小远经常进行像孩子一样的对话，所以他们的关系非常融洽，小远也把妈妈当成了真正的朋友——无论是学校里的趣闻，还是他和小伙伴之前的糗事，他都会毫不保留地讲给妈妈听……

可见，父母想跟孩子做朋友，想要让孩子主动说出内心想法，就要学会用孩子的语言与孩子对话。

也许有人会说：跟孩子说话时，多用点成人的语言，让孩子有所惧怕，不是挺好的吗？

不得不承认，把自己摆在高高在上的“大人”的位置，有时候的确可以让孩子产生惧怕心理。但是这也会增加你与孩子之间的隔阂，让孩子在“仰视”你的同时，悄悄关闭起心扉，对你“敬而远之”。这种情况下，孩子是不可能再跟你说什么“心事”的。

所以，如果你不想与孩子有过多交流，那就尽量摆出一副“大人”姿态；如果你希望孩子与自己无话不谈，那就先把自己变成一个孩子，和他成为朋友！

完善日常习惯 养成良好行为

铸造高品质生活

主编 拾月
编著 冯军

图书在版编目（C I P）数据

完善日常习惯 养成良好行为：铸造高品质生活 / 冯军编著. -- 北京：现代出版社, 2015.4（2024.12重印）
ISBN 978-7-5143-3580-4

Ⅰ. ①完… Ⅱ. ①冯… Ⅲ. ①成功心理 – 通俗读物 Ⅳ. ①B848.4-49

中国版本图书馆 CIP 数据核字(2015)第 082133 号

完善日常习惯 养成良好行为：铸造高品质生活

主　　编	拾　月
编　　著	冯　军
责任编辑	王敬一
内文制作	诚美天下文化传播有限公司
出版发行	现代出版社
地　　址	北京朝阳区安外安华里 504 号
邮　　编	100011
电　　话	（010）64267325
传　　真	（010）64245264
邮　　箱	xiandai@cnpitc.com.cn
网　　址	www.1980xd.com
印　　刷	唐山富达印务有限公司
开　　本	700mmx1000mm　1/16
印　　张	9
版　　次	2015 年 5 月第 1 版　2024 年 12 月第 4 次印刷
书　　号	ISBN 978-7-5143-3580-4
定　　价	57.00 元

前言

每个青少年，都是这个社会中最宝贵的财富，正所谓“少年强则国强”，大至一个民族、一个国家，小至一个家庭、一个家族，都应重视青少年的教育问题。除此之外，也应该重视青少年在这个青春期里，是否能够感受到人世间的善、恶、美、丑。在每个人的人生中，除了需要自身独特的性格之外，还需要拥有感受世界的能力。

人格力、吸引力，能够打造专属个人的名片，扩展人生的宽度。

创新力、竞争力，能够修炼出独特的品性，散发阳光般的魅力。

自控力、成功力，能够时刻反省自身，不脱离人生正常的轨道。

抗逆力、执行力，能够修炼强大内心，提升自身领导能力。

行为、幸福，能够改变一个人的状态，抓住微小之间的幸福。

青春，是每一个人最美好的一段时光，也是每个人人格、性格定型的重要阶段，在这个时期，我们需要享受青春的快乐，同时也需要完成自我塑造。通过心理自助，最终从一个小男生、小女生逐渐成长为一个有着健全人格的人，成长为一个对社会、对家庭、对自我有着相对完整认知的人，成长为能够为自己的未来做主的人。这才是一个最充实、最有价值的青春。每个梦想都值得我们认真对待，每个青少年都是未来的希望。在青春之中，我们不仅要有欢乐，同时也要拥有未来！

本丛书是你化解烦恼的“心灵鸡汤”，可以给你增加快乐的心理自助法则；本丛书会让你认识到：掌控心理，方能掌控世界；改变自己，才能改变一切。本丛书还将告诉你：只有实现积极的心理自助，才能收获快乐而充实的青春。

目录

第一篇 认识习惯：习惯是能够主导命运的力量

第二篇学会自理：先有独立自主，再有开拓人生

第三篇 珍惜时间：光阴可以塑造丰富的生命

目录

第四篇 轻松学习：好习惯让学习变得简单起来

第五篇 健康生活：身体是容纳幸福的唯一载体

第一篇

认识习惯：习惯是能够主导命运的力量

习惯的力量的强大的，一个好习惯能够帮助你走向人生的顶端，取得骄人的成绩。相反，一个不好的习惯，很可能让你止步不前，最终无所作为。习惯无时无刻不在左右着我们的行为，影响着我们的日常生活。所以，不管是谁，都要拥有培养好习惯的意识，这样，你的人生才能变得更精彩。

好习惯帮你构建完美人生

故事话题

有一头驴子，从小就在磨房里从事拉磨的工作，它每天都要绕着石磨兜圈子，一圈又一圈。驴子勤勤恳恳，就这样，日复一日，年复一年地绕着石磨兜圈子。这对它来说，不仅是一项工作，更是一种生活习惯。

后来，驴子老了，它再也拉不动石磨了。

主人知道它这辈子都勤勤恳恳的，认为它劳苦功高，于是，不忍心杀掉它，还决定把它放养到旷野之中，让它美悠悠地在绿草地里度过余生。

但是，这头驴子已经习惯了围着石磨绕圈子，它从来没享受过如此安逸的生活，此时的它，早已失去了如何去融入大自然的天生本领。所以，在宽阔的旷野中，驴子唯一能做的就是，在吃饱之后围着一棵树不停地绕圈子，直到老死在这棵树下。

故事解析

习惯的力量是强大的，一个好习惯能够帮助你走向人生的顶端，取得骄人的成绩。相反，一个不好的习惯，很可能让你止步不前，最终无所作为。就拿故事中的驴子来说，工作已经成为它一生的习惯，即使它老了，不用再工作了，但它却除此以外不知能够做什么了。可见，习惯的力量是多么强大，足能够影响你的一生。

人是在创造自我的过程中逐步地显露个性、塑造个性和形成个性的。而小习惯也是日积月累逐步形成的，它对于一个人的成功与幸福有着极为重要的影响，因此，我们一定要注意自己的小习惯。

好习惯能够帮你度过一个完美的人生，这不是空穴来风。当然，培养一个好习惯并没有想象中那么难，也不用太过于花费多少时间与金钱。只要平时多用心，有意识去培养，然后做到坚持不懈，就能培养出好习惯。

不良的习惯小到影响个人的卫生、形象，大到影响自己的健康、婚姻、行为处世等，可以说是涉及面极广，影响度极深。其中，良好的习惯如同一枝枝花朵，或含蓄、或张扬地在我们的人生旅途中不停地绽放着。可见，习惯无时无刻都在左右着我们的生活。

故事穿越

有一家人，他们家住在一座大山上，每天，父亲都要带着儿子赶牛车下山卖柴。因为山路太过崎岖，弯道尤其多，因此，赶牛车时，必须要有经验丰富的父亲来坐镇驾车。然而，儿子也有他存在的价值，儿子的眼神儿比较好，于是，总是在要转弯时提醒父亲："爹，转弯啦！"

有一次，父亲生病了，这一天，儿子需要一个人驾着牛车下山。

可是，当他赶着牛车走到弯道时，牛却停了下来，怎么也不肯转弯。儿子感到很困恼，他想了好多方法，一会下车推，一会又将车往前拉，抑或是用青草来引诱牛，但是，牛还是依然一动不动地停在那里。

这到底是怎么回事呢？儿子百思不得其解。最后，儿子突然灵光一闪，想到了一个办法：他左右看看发现无人，于是贴近牛的耳朵叫道："爹，转弯啦！"牛听到这句话后，立即转弯了。

故事微语

牛已经习惯了“爹，转弯啦”的声音，每次都是先有这句“指令”，牛才转弯，所以，重要的不是父亲在或不在，而是有没有这句指令。

这虽然是个笑话，但说明习惯无时无刻不在左右着我们的行为，影响着我们的日常生活。

在我们的日常生活中，总能听到某些人对自己和他人说：“我已经习惯了……”当然，其中包括有些人用这个借口来当挡箭牌，无论遇到什么失误总会用习惯来说事。也就是说，习惯是一把双刃剑，它能够成就我们拥有一个美好人生，同时，也有危害我们的地方。

好的习惯可以让我们的工作、生活变得更加井井有条，而坏的习惯却可能使我们步入人生的歧途。

所以，人们需要时刻注意自己习惯的养成，哪些是好习惯，继续保持，哪些是不好的习惯，尽早改之。这样，才可以让我们更加平安地走向未来，飞向更高的天空，从而萌生宝贵的成就感。

心灵箴言

习惯比天性更顽固。

——[古罗马] 奥古斯都

习惯的力量是巨大的。

——[古罗马] 西塞罗

习惯不是最好的仆人，便是最坏的主人。

——[美] 爱默生

为培养好习惯而做出努力

故事话题

20 世纪 50 年代，前苏联发射了世界上第一艘载人宇宙飞船，在这个飞船上，有一位被人们熟知的宇航员——加加林。然而，在当时，相关部门在挑选第一个上太空的人选时，也有这么一个小插曲：

宇航员在几十个候选宇航员中进行挑选。按照流程，先是带他们参观他们要驾驶的飞船，然而，在进舱门的时候，只有加加林一个人把鞋脱了下来。

后来，人们才知道加加林为什么有这样一个和别人不同的举动，加加林后来说："这么贵重的一个舱，怎么能穿着鞋进去呢？我已经习惯在这样值得爱惜的地方脱下鞋子。"

然而，就是这么一个小小的习惯性动作，让主设计师看后非常感动。他想："只有把这艘飞船交给一个如此爱惜它的人，我才放心。"

在主设计师的推荐下，加加林终于成为了人类第一个飞上太空的宇航员。因此，也有人开玩笑说："成功就是从脱鞋开始的。"但是，仔细想来，应该说成功是从加加林养成的好习惯开始的。

故事解析

有人说：“好习惯能成就一个人，同样，坏习惯也能毁掉一个人。只有保留好的习惯，改变坏的习惯，才可以让我们更平安地飞向天空，让我们享受到更多的自由和自在。”因此，青少年一定要记住：努力获得好习惯是人生中非常重要的事情。好习惯越多，就会离成功的天堂越近。

在古代印度佛教经典《药师忏卷·下卷》中，曾有一段这样的话：“生死茫茫，惯之性为生，惯之性成真，惯之性塑佛，惯之性逆势。然生死之茫茫，唯惯与性永生，如佛，如菩提，如万世之至论。”我们不用深究里面言语是否偏激，但从中能够强烈地感受到圣僧们对习惯是多么的看重，以至于成了“万世之至论”。

柏拉图曾告诫过一个游荡者：“人是习惯的奴隶。”英国诗人德莱敦也曾说：“首先我们养成习惯，随后习惯养成了我们。”同样，古代以色列国王所罗门也说过：“世间万物，由性而始，由性而生，由性而定，由性而成。”这里所说的“性”，指的就是长期拥有的一系列的习惯。在这么多时代先驱们留下的告诫中，我们能够轻易体会到：拥有好习惯的确能够改变我们的人生。

要知道，一种行为，在经历多次重复之后就能进入人们的潜意识之中，并渐渐成为习惯性的动作。就好比一个人的知识储备、才能增长、极限突破等，其实都是不断重复，从而慢慢成为习惯的。所以，养成某个习惯，没有耐心是不行的。习惯的力量是巨大的。习惯一旦养成，就会成为支配人生的一种力量，主宰人的一生。

故事穿越

1988年，有75位诺贝尔奖的获得者在巴黎聚会。在会议期间，有人问一位诺贝尔奖获得者：“您在哪所大学、哪个实验室学到了您认为最主要的东西呢？”

得到的回答是：“是在幼儿园。”

这位诺贝尔奖获得者又被追问道：“您在幼儿园学到了些什么？”

他回答道：“把自己的东西分一半给小伙伴们；不是自己的东西不要拿；东西要放整齐；吃饭前要洗手；做错了事情要表示歉意；午饭后要休息；要仔细观察周围的大自然。从根本上说，我学到的全部东西就是这些。”

故事微语

这位诺贝尔获奖者的两句回答，着实耐人寻味。他强调他是从幼儿园学到的东西，然而，直到老年时还记忆犹新，可见所留下的印象是非常深刻的。并且，换句话说，这也充分地说明了从小养成习惯是多么重要，因为，小时候的习惯会伴随人的一生。

获奖者凭借这些如此简单的好习惯，最终取得骄人的成绩。

在日常学习和生活中，每个人都有自己的行为习惯，有些习惯虽然不像犯罪具有那么明显的破坏性，但它却会阻碍我们的生活和事业的成功。

好习惯是成功的前提，好习惯越多你就会离成功的天堂越近。前苏联著名教育家乌申斯基曾说："良好的习惯就是人在其神经中所存放的'道德资本'，这个资本会不断地增值，一个人就会毕生享用它的利息。坏习惯则是道德上无法偿清的债务，这种债务能够用不断增长的利息去折磨人，使他最好的创举失败，并使他达到道德破产的地步。"

好习惯是通向成功大门的钥匙，而坏习惯则是走向失败的钥匙。失败的人和成功的人，他们拥有的唯一不同，就是他们的习惯不同。坏习惯会使你失去“幸运”，会使你对机遇视而不见，会阻碍你开发自己的潜能，会使你拒绝新生事物，坏习惯就是一个人身上藏不住的缺点。

心灵箴言

习惯使社会阶层自行分开，不相混杂。

——[美] 威廉·詹姆斯

习惯如果不加抗拒，很快变成必需品。

——[古罗马] 奥古斯丁

习惯是一种顽强而巨大的力量，它可以主宰人生。

——[英] 培根

重视恶习带来的巨大破坏力

故事话题

北京有一家外资企业打出招聘广告，他们的要求算是比较高的，对学历、外语、身高、相貌等都有很高要求，但是，他们给出的薪酬也特别高，所以有很多高学历的人前来应聘。

有些优秀的应聘者，过五关斩六将，历经千辛万苦终于到了最后一关，如愿接受总经理的直接面试。在他们看来，这一切已经成功在望了，所以认为这一关不过是走走过场而已，准是八九不离十了。然而，令他们没想到的是，恰恰就是这一关的面试出了问题。

在面试者和总经理刚见到面后，总经理就说："很抱歉，年轻人，我有点儿急事，要出去 10 分钟，你们能不能等我？"

有个年轻人说："当然没问题，您去吧，我们等您。"

就这样，总经理走了。这几个等待他的年轻人，一个个踌躇满志、得意非凡，他们围着老板的大写字台这看那看，看到了桌子上有很多文件和资料。几个年轻人觉得好奇，你拿起这份看看，我拿起那份看看，期间，还互相交换着看，并说："看这个，这个好看！"

没想到，10 分钟后，总经理走了进来，对他们说："面试已经结束。"

几个年轻人丈二和尚摸不着头脑，问道："没有啊？我们还在等您啊。"

总经理却说："我不在的这一段时间，你们的表现就是面试。很遗憾，你们没有一个人被录取。因为，本公司从来不录取那些乱翻别人东西的人。"

这些年轻人听到后一个个面面相觑、追悔莫及。

故事解析

坏习惯仿佛是一个隐形杀手，又像是污浊的空气、残留农药的食品……坏习惯如果不加以改正，足以侵蚀人们整个人生。故事中的几个年轻人，他们能够走到最后一个面试环节，已经很不容易了，但是，就是因为乱翻他人东西，最终功败垂成。在可惜之余，也令人深思。想来，任何老板都不愿意招聘一个有恶习的人。

有时候，习惯和金钱一样，可以让我们做好事，也可以让我们造恶业。好习惯可以造就你的辉煌人生，而坏习惯则会毁掉人一生的美好生活！

面对坏习惯，也许你毫无知觉，但它确确实实地已经与你如影随形；也许你已经觉察，但它却像孙悟空的紧箍咒一样使你欲罢不能。因为坏习惯的存在，你可能失去了你最挚爱的恋人，可能与幸福失之交臂。所以，认识到自己有恶习的人，一定要引起重视，想办法改掉恶习，不让它逐渐抹黑你的人生。

故事穿越

在一个小岛上，有一只蝎子，它喜欢蜇人，岛上很多小动物以及爬虫都被它的毒刺蜇死了。为了争夺岛上丰富的蜘蛛和昆虫作为食物，它不惜杀死了所有的竞争对手。但是，只有身手矫健的青蛙除外。

为了享受岛上大量的蚊子和小虫，青蛙每隔几天就从大陆那边渡海而来。并且，它总是能轻易地躲闪蝎子的威胁。蝎子在杀光了所有同类之后，感到非常寂寞。所以，有一天，它慢慢靠近青蛙说："青蛙先生，我不会游泳，而且我也觉得很寂寞。如果我能找到大陆，那这个美丽的岛就是你一个人的了。你愿意让我骑在你背上渡过这个海峡吗？"

蝎子提出的条件的确相当诱人，青蛙犹豫了一会儿便回答说："我可没那么笨。你把岛上的其他动物都杀光了，怎么可能会不蜇我呢？"

蝎子答道："可是青蛙先生，我不会蜇你啊，如果我蜇你的话我自己也会淹死的。"

青蛙觉得它说的很有道理，便欣然同意了。

青蛙跳入水中，然后让蝎子爬上它的背。

可是，当它们游到海峡中间时，青蛙忽然觉得背上一阵刺痛，青蛙知道这是毒液在慢慢渗入它的身体。濒死之际，青蛙回头对蝎子说："我俩都快要死了，为什么你明知自己不会游泳还要蜇我？"

蝎子回答："因为我是蝎子，蜇人是我的天性呀！"

故事微语

这个故事带有浓厚的讽刺意味。蜇人是蝎子的天性，也是一种保护自我、抵御外侵的能力，但是，肆意地将身边所有动物都杀掉，就必然是恶习。蝎子在青蛙背上时，就算以自己的死为代价，也要将青蛙蜇死，可见，恶习一旦形成，便十分可怕。

坏习惯已成为人生的一个隐形杀手，会破坏你的各个方面，让你的前行之路，阻碍繁多。

一个想成功的人，必须知道习惯的力量是相当大的，认识到自己的坏习惯，有意识去改正，不要让恶习陪伴终生。相反，要养成好的习惯，并为此不断努力，在这个过程中，还要警惕那些可能会破坏你的好习惯的那些行为迹象，不让其继续发展。

心灵箴言

让你的恶习先你而死。

——[美] 富兰克林

恶习渐渐形成于不知不觉中。

——[美] 德赖登

恶习的最大害处，是贬抑了一个人的价值。

——[法] 纪德

反省是认识习惯好坏的必要行为

故事话题

古希腊时期，有一对夫妇因偷窃被拘，绑在广场上示众。人们看到这两个人感到万分愤怒，纷纷指责和谩骂他们。在人群中，甚至有人提议要用石块将这对玷污人类道义的夫妇一并砸死。这个提议一经发出，立即得到了认可。然而，正当他们准备用石块砸向这对夫妇时，耶稣恰好路过广场。

面对此景，耶稣想了想，便对愤怒的群众说：“好吧，那么就让我们当中从来没有犯过错误的人扔第一块石头。”可是，群众听到这句话后全都哑然了。

其实，每个人都会犯错误，只是不知道反省，这样，就意识不到自己的错误。如果一个人太过自负，认为自己无所不能，又不知自省，最终只会给别人留下笑柄。所以，在生活中，只有不断地自我反省，才可以令自己不断地进步，从而立于不败之地。

还有一个故事，也说明了这个道理。

在一块石头下面，有一群蚂蚁。其中有一只力量非常大的蚂蚁，能力超出于其他蚂蚁很多，它可以非常轻松地背起两颗稻粒儿。如果论勇气的话，它的勇气也是空前绝后的，它会像老虎钳一样一口咬住青虫，而且还敢单枪匹马地与蟑螂作战。所以，如此出色的它在蚁穴里名声大噪，成为众多蚂蚁谈论和仰望的对象。

出名之后，它每天都陶醉于那些赞扬的话语里。

有一天，它想去城市里

大显身手，让城市人也见识见识它这个大力士，也让自己的名声更大一些，于是，它爬上最大的卖柴车，大模大样地坐在了车夫的身旁，像个君主一样地进城去了。

然而，让自信满满的大力士蚂蚁万万没有想到的是，这一次，一进城就碰了一鼻子灰。它想象着人们会云集而来仰慕这位大力士，可是不然，城里的每个人都在忙于自己的事情，根本就没有人去理会它。于是大力士蚂蚁找到一片草叶，在地上把草叶拖啊拖的，它敏捷地翻筋斗、飞快地跳跃，可是，仍然没有人注意，更没有人来看。

于是，当它卖力地耍完了“十八般武艺”之后，只能抱怨道：“我这么牛，你们却不在意，城里人真是没眼光！”

故事解析

耶稣让愤怒的群众中那些没有犯过错误的人出来实施刑罚，但是，此话一出，人们顿时感到自己的不足，没有脸前去实施刑罚。这就看出，人往往能轻易注意到他人的过错，却不进行自我反省。直到被人指出后，才幡然醒悟自己的短处。就像故事中的蚂蚁，它觉得自己很了不起，却没有想到天外有天，因为从不反省，导致成为一个井底之蛙。

只有进行自我反省，意识到坏习惯的存在，才能促使我们改掉坏习惯。但很多时候，我们都会存在一些制约自己发展的坏习惯，而自己确实不能发现，那就需要自知之明或者从其他渠道来获得。

指责别人容易，能够反省自己却比登天还难。所以，人人都犯过错误，但很少有人能反省自己。其实，现实生活中，一些人不正像这只大力士蚂蚁吗？因为耍了一些小聪明，就自以为名扬天下，其实自己的名声不过局限于蚁穴的范围而已。

当今社会是一个飞速变化的时代，要想更好地生存和发展，就要不断地调整自己；而要调整自己，就要有自我反省的习惯。人不可能十全十美，每一个人都会有个性的缺陷、智慧上的不足，因此人也常会说错话、做错事、得罪人，这就需要知道反省自己。

在人生的道路上，成功并不像人们想象的那样一帆风顺，要想在这条路上少犯错误就需要不停地反省自己、培养自省意识、在自己身上找原因，这样才能不断改进，才不会迷失发展的方向，从而笑到最后。

故事穿越

夏朝的时候，一个背叛的诸侯有扈氏率兵入侵，夏禹派他的儿子伯启前去抵抗，但不幸的是，伯启被打败了。伯启的部下对这场战斗的失败感到很不服气，于是要求继续进攻，但是伯启说："不必了，我的兵比他多，地也比他大，却被他打败了，这一定是我的德行不如他，带兵方法不如他的缘故。从今天起，我一定要努力改正过来才是。"

从此以后，伯启每天都会早早起床，他粗茶淡饭、衣着朴素、励精图治，不仅爱护百姓，还积极任用有才干的人，人们都非常尊敬他，说他是个有品德的人。

过了一年，有扈氏知道了伯启的事情，便不敢再来侵犯，最后，甚至自动投降了。

故事微语

遇到失败或挫折，假如能像伯启这样，肯虚心地反省自己、检讨自己，认识到自己的短处后，马上改正，弥补缺失，那么最后的成功一定是属于你！

时常自省，就如同对镜整衣，可以发现一个人的不足之处，也可以窥见一个人思想与行为上的差错，这些都是一个人完善自我的最好习惯。三毛曾说过："一个肯于虚心吸收观察一切，经常反省、审察自己缺点和优点的人，在追求智慧上，就会比那些不懂得自省和观察的人来得快速多了。"

那些可以时刻审视自己的人，一般都很少犯错，因为他们勤于思考，不断认知自己的力量到底有多大。他们知道自己能干多少事，自己的缺点在哪里，对于某件事情，知道自己为什么失败或是成功……

学会"反省"，就是要反过身来省察自己，检讨自己的言行。

自省的人能够跳出自己的身体之外，从外面重新观看、审察自己的所作所为是否是最佳的选择，这样一来，就能做到真切地了解自己了。

人不是圣贤，都会有过失错误。但是，能不能知过即改、从善如流，却是成功者与失败者之间的最大区别。所以。我们要尽量做到“吾日三省吾身”，不断增强自己的分辨能力，在看到别人的坏习惯的同时，也能主动地反观自身，使自己及早地了解自己的习惯误区，进而加以改正。

心灵箴言

人不能没有批评和自我批评，那样一个人就不能进步。

——毛泽东

吾日三省吾身：为人谋而不忠乎？与朋友交而不信乎？传不习乎？

——曾子

反省是一面镜子，它能将我们的错误清清楚楚地照出来，使我们有改正的机会。

——[德] 海涅

成功，在于选择正确的习惯

故事话题

古埃及的亚历山大图书馆，曾经收藏着最为丰富的古籍。但是，在公元5世纪时，这个充满宝藏的图书馆被毁于一旦，里面珍藏的大量古代智慧随之消逝。其中，有一本相比较之下并不算贵重的书幸免于这场灾难。

后来，有一天，一个穷人在全然不知道此书来路的情况下，花了几个铜板买下了这本书。当他打开书时，竟然在这本书里发现了一样非常有趣的东西——书里有一张薄薄的羊皮纸，羊皮纸上竟然写着点石成金的秘密。

羊皮纸上的内容大致是说："有一种小而圆的石头非常奇特，这种石头可以把任何普通的金属变成纯金，这种奇石就在黑海的岸边。但是，要找到这种奇石只有一个办法，就是必须用手亲自去触摸石头，因为这种石头虽然在外观上与其他的石头没有什么两样，可普通石头摸起来是凉的，它却是温的。"

这个穷人看到后如获至宝，他马上变卖了所有的家当，带着简单的行囊露宿在了黑海的岸边，开始日复一日地摸石头。为了避免重复摸石头，这个穷人想到了一个办法：每当捡起一块冰凉的石头时，他就会把它丢到大海里去。就这样，一天天、一年年地过去了，他仍然坚持不懈地抓摸每一块拾起的石头。

突然有一天，他感觉自己摸到一块温暖的石头，顿时，他激动万分、甚至心跳加速，他激动地挥舞着双臂欢呼起来。然而，就在这关键的时候，他却习惯性地把石头扔到了大海里。就是这个习惯性动作，让他做了多年的美梦破灭了。

故事解析

这个故事告诉我们这样一个道理：人都是以习惯来生活的。很多时候，一个看似不起眼的小习惯，却能决定一个人一生的命运，就像故事中的那位穷人，因为一个习惯性的仍石头的动作，让他与美梦失之交臂。

习惯若不是最好的仆人，就是最差的主人，因为它具有定型作用。19 世纪的心理学家威廉·詹姆斯说：“正是习惯使得那些从事最艰苦、最乏味职业的人们没有抛弃自己的工作；也正是习惯，注定了我们每一个人都只能在自己所接受的教育和最初选择的范畴内生活，并为那些自己虽然并不认同，但却别无他选的某种追求而付出最大的努力；还是习惯，把我们的社会的不同阶层清晰地划分了开来……”

詹姆斯意识到了习惯的巨大力量，其力量足以影响整个社会的架构，但同时，他也指出了改变习惯的艰巨和不易。

习惯就是这样，它犹如一把双刃剑，就看你怎么选择。如果你能够做出正确的选择，习惯可以帮助你达到成功，提高你的人生价值。反之，则会束缚你的手脚，阻碍你成功，甚至会摧毁你的一生。正如拿破仑·希尔所说：“习惯能成就一个人，也能摧毁一个人。”所以，我们要尽量养成好习惯，摒弃坏习惯，这样才会对自己的一生大有裨益。

故事穿越

喜欢看篮球比赛的人大都认识伯德，他是 NBA 的一代传奇人物，更是美国历史上最杰出的篮球明星之一。

伯德的成功大多得益于他具有坚韧不拔的好习惯。要知道，伯德并不是最具运动天赋的人，他资质平平，却通过坚韧不拔的毅力，率领波士顿凯尔特人队 3 次登上了美国 NBA 总冠军的领奖台，当之无愧地成为了美国历史上最伟大的运动员之一。

对于伯德来讲，天赋虽然有限，但他无人企及的长处是拥有远超他人的良好习惯。在他加入 NBA 之前的少年时代，伯德每天早晨都会练习 500 次的三分投篮，练完之后，他才会再去上学。因为他知道，只要有了这种习惯，不论天赋有多少都有可能成为一个好的三分球投手。

所以，在伯德的整个职业生涯中正是由于这些好习惯，才使他发挥出了所有的运动潜能，如愿成为了一代 NBA 名将。他的事迹也影响了很多追捧他的球迷。

故事微语

习惯是一个人独立于社会的基础，选择正确的习惯，成功就会离你越来越近。习惯很大程度上决定了人的工作效率和生活质量，并进而影响人一生的幸福。所以，也有人说：“养成好的习惯也是人生迈向成功的第一步。”

良好的习惯就是成功的捷径，习惯更是行为的载体，习惯一经形成，就会具备超强的生命力。倘若你希望自己能够成为出类拔萃的人，希望自己的生活方式与众不同，那么，你就必须明白这一点：拥有正确的习惯是决定你未来的基础。

任何人都不要小看任何一个良好的小习惯，即使它看起来是那么的微不足道。有一个人去应聘，他随手将走廊上的纸屑捡起来，放进了垃圾桶，因为，他实在看不惯垃圾随处乱扔。而他的举动恰好被路过的面试官看到了，因为这个好习惯，他得到了面试官的青睐，也得到了一份满意的工作。

好的习惯能够萌发更多的能力，让学习和工作变得更有效率。人类都会受到习惯的约束，一旦养成了好的习惯，就会终生受益。正如美国著名哲学家罗素说的那样：“人生的幸福就在于良好习惯的养成。”当好的习惯积累多了，自然就会有一个成功的人生。

心灵箴言

习惯没有法律那样明智，可它们往往更盛行。

——[英] 狄斯累利

习惯不加以抑制，不久它就会变成你生活上的必需品了。

——[古罗马] 奥古斯丁

习惯就是习惯，谁也不能将其扔出窗外，只能一步一步地引它下楼。

——[美] 马克·吐温

第二篇

学会自理：先有独立自主，再有开拓人生

独立性是现代化人格素质最为重要的一个方面，拥有独立性的人，在生活上能自理，在学习或是工作中能独立完成各项任务，在遇到问题或是一些困难时，也可以独自做出决策，然后付诸实施，这样的人能够坚定信念，不会轻易受到他人的左右。

有意识培养自己的独立性

故事话题

缪茵出生于1985年，是一位旅美的少年钢琴家。她的家在中国的湖南省长沙市。缪茵从4岁开始学习钢琴，学习了两年后，也就是6岁时随母亲到美国。缪茵成绩突出，从6岁起，连续7年有7次获得各类国际钢琴比赛冠军。

她的成绩如下：

1992年，6岁时，获美国阿拉巴马州音乐协会钢琴比赛少儿组冠军，并获美国音乐协会颁发的优胜金质奖牌；同年，获美国芝加哥“第8届国际钢琴比赛”少年组冠军；

1995年，9岁时，获美国“第15届巴托克国际钢琴比赛”少年组冠军，并获唯一的杰出表演奖；

1996年，10岁时，获美国曼哈顿音乐学院大学预科钢琴协奏曲比赛第一名；

1997年，11岁时，获意大利“第一届国际音乐节及竞赛”18岁以下组钢琴比赛第一名；

1998 年，12 岁时，获美国“第 18 届巴托克国际钢琴比赛”青年组冠军；

1999 年，13 岁时，获“美国 1999 年世界钢琴比赛”钢琴协奏曲第一名，钢琴独奏曲第二名。

缪茵的妈妈周传鸿是个细心的人，在缪茵上三年级之前，早上都是妈妈给她穿衣、梳头、喂饭的，但是，到了她上三年级时，妈妈觉得长此以往，缪茵一定会越来越糟，因为，每个人都应该有自理能力，很多事情，都需要自己去解决。于是，妈妈就要求缪茵自己做事情，而她尽量什么也不管。

缪茵一开始极不适应，在上学的路上还总是一边哭一边走，有时大意了，出门还忘了穿鞋，但对这些妈妈都不为所动，她决意要培养缪茵的独立性。经过一段时间后，缪茵逐渐习惯了自己的事情自己做，对于自己能够解决的问题，她都不会让别人帮助的。

在她们母女俩回国探亲的时候，周传鸿的姐姐看到小外甥女缪茵如此懂事，一直说妹妹命好，有这样一个乖巧的女儿，继而又说到自己的孩子，因为她自己的孩子不仅十分懒，还常常顶撞父母。

周传鸿听后摇摇头说：“并不是孩子天生会这样，而是教育上没注意。如果孩子的独立性能够得到培养，那他一定会变得出色。”

故事解析

在培养独立性这方面，青少年应该首先有一个正确的人生观和价值观，知道独立性是非常重要的。就像故事中的缪茵一样，她的钢琴能力十分突出，也取得了骄人的成绩，但是从未注意过自己除了弹钢琴外，什么都不会。后来，在妈妈的帮助下，她逐渐掌握了这些必备的生活自理能力，还成为了一个备受夸奖的好孩子。

独立性是现代化人格素质最为重要的一个方面，拥有独立性的人，在生活上能自理，在学习或工作中能独立完成各项任务，在遇到问题或一些困难时，也可以独自做出决策，然后付诸实施，这样的人能够坚信信念，不会轻易受到他人的左右。

故事穿越

《鲁滨逊漂流记》由英国作家丹尼尔·笛福所著。这是一部出色的作品，这部回忆录式的冒险小说家喻户晓，描写的是一个叫鲁滨逊的苏格兰水手海上遇险的经历。

鲁滨逊面对一个完全陌生的、荒无人烟的小岛，面对陌生的生存条件，他没有哭喊不停，也没有埋怨人生，更没有想要自我了断，相反，即使情况这般恶劣，他仍抱着对新生活的希望，坚强面对人生的漫漫长路。

他就是孤独而顽强的冒险者。

在荒岛上，他想办法用沉船的桅杆做了木筏，一次又一次地把船上的食物、衣服、枪支弹药、工具等能够帮助他生存下去的物品运到岸上，并在小山边搭起帐篷定居下来。接着，他用削尖的木桩在帐篷周围围上栅栏，在帐篷后挖洞居住。他用简单的工具制作桌、椅等家具，猎野味为食，饮溪里的水，度过了最初遇到的困难。

不仅如此，为了能够更加舒适地活下去，他尝试在岛上种植大麦和稻子，还自制木臼、木杵、筛子。他加工面粉，甚至烘出了粗糙的面包。他捕捉并驯养野山羊，让其繁殖。他还制作陶器等等……

他知道那里的自然环境对于人类的生存来说实在太艰难了，但是，他心态积极，对未来充满希望，他凭借超强的独立生存的技能，在荒岛的另一端建了一个“乡间别墅”。虽然这样，鲁滨逊一直没有放弃寻找离开孤岛的办法。他砍倒一棵大树，花了五六个月的时间做成了一只独木舟，但船实在太重，无法拖下海去，只好前功尽弃，重新另造一只小的。

最终，在荒岛上生活了28年以后，他如愿脱离荒岛，过上正常的生活。

故事微语

面对荒岛和生存的困难，鲁滨逊没有怕，他相信自己能力，他拥有独立自主的个性和坚强的意志，以及乐观的生活态度。假使鲁滨逊得知自己流落荒岛时，他什么都不会，那么，他一定会对自己的生活失去了信心，更不能安逸地在这个小岛上度过了28年。

可见，鲁滨逊独立自主的个性，便是干旱中的一场雨，是黑暗中的一束光，是寒冷中的一把火，是战胜困难的永恒之剑。

如今，很多青少年都缺乏独立性，很多父母也都反映自己孩子的生活自理能力差，过分依赖父母，甚至，有很多已经上了高中的学生还没有自己洗过衣服，更别说做一些别的事情了。缺乏独立性对青少年的成长是非常不利的，所以每一个青少年都应该提高重视，注意培养独立性。

心灵箴言

滴自己的汗，吃自己的饭。自己的事情自己干，靠人靠天靠祖上，不算是好汉。

——陶行知

如果你想走到高处，就要使用自己的两条腿！不要让别人把你抬到高处；不要坐在别人的背上和头上。

——[德] 尼采

人生是艰苦的。对不甘于平庸凡俗的人那是一场无日无夜的斗争，往往是悲惨的、没有光华的、没有幸福的，在孤独与静寂中展开的斗争。……他们只能依靠自己，可是有时连最强的人都不免于在苦难中蹉跎。

——[法] 罗曼·罗兰

勇敢去做自己人生的规划师

故事话题

索尼亚是美国的一位著名女演员，她的童年非常美好，是在渥太华郊外的一个奶牛场里度过的。

当时，索尼亚在农场附近的一所小学里读书。有一天，她哭着跑回家里，父亲看到满脸泪痕的她，问她原因。她断断续续地说："班里的同学都说我长得不好看，还嘲笑我跑步的姿势难看。"

父亲听后不以为然，他微笑着，然后不明所以地说了句："我能摸得着我们家的天花板。"

索尼亚听后觉得很惊奇，不知父亲在说什么，于是好奇的她停止了哭声，反问道："您说什么呢？"

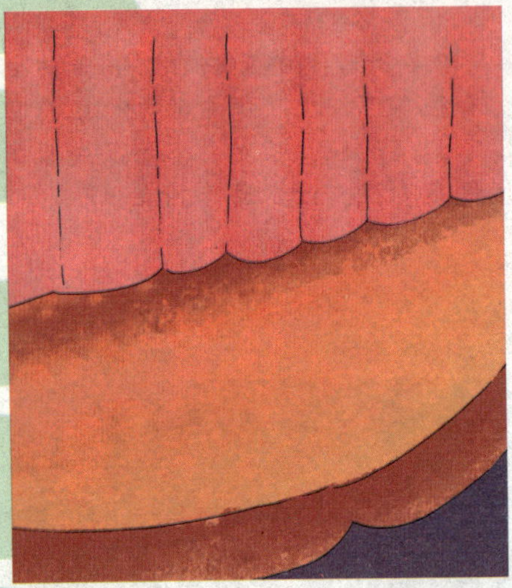

父亲又重复了一遍："我能摸得着我们家的天花板。"

索尼亚仰头看看天花板，实在不相信，怎么可能摸得到将近 4 米高的天花板？父亲又笑笑，得意地说："不信吧？我就知道你不信，同样的道理，你也别信你同学的话，因为有些人说的并不符合事实！"

索尼亚明白了爸爸的意思，懂得了任何事都不能太在意别人说什么，最主要的是，要懂得按自己的想法去做。

她在二十四五岁的时候，已经是小有名气的明星了。

有一次，她要去参加一个集会，但经纪人劝阻他，说天气不好，一定没有多少人去参加这个集会的，那么，会场的气氛一定很冷淡。经纪人的意思是，作为新人的索尼亚，应该把时间花在一些大型的活动上，这样一来，就可以很好地增加自身的名气。但是，索尼亚坚持己见，一定要参加这个集会，因为在之前，她在一个报刊上承诺过是要参加这个集会的。她想说到做到。

结果，在那次雨中的集会中，因为有了索尼亚的参加，渐渐地广场上的人越来越多，她的名气和人气因此骤升。

故事解析

索尼亚的故事告诉我们：在人生成长的道路上，你要坚信自己，做自己人生的规划师，不要做那个听到一点风吹草动就彷徨徘徊的人。你始终属于你自己，没有谁可以代替，所以，不要太在意别人说什么。做自己的主人，拿自己的主意，这样的人生才有意义。

青少年们要深深地懂得，善于驾驭自我命运的人才是最幸福的人。

走在自己人生的道路上，必须善于做出抉择，别人帮助下的抉择不一定适合你，只有你自己知道到底想要什么。当然，更不要做那个听凭他人摆布的人，勇于去驾驭自己的命运，调控自己的情感，做命运的主人，你的人生必定会不留遗憾。

一个人，若永远受制于他人、被他人“奴役”，那么，就难以享受到创造之果的甘甜。人的发现和创造，需要一种坦然的、平静的、自由自在的心理状态。自主是创新的激素、催化剂。

有人说：“人生的悲哀，莫过于别人替自己选择，结果成为被别人操纵的机器，从而失去自我。”所以，我们要做自己命运的主宰者。

心理学家布伯也用一则犹太牧师的故事阐述一个这样的观点，他说：“凡失败者，皆不知自己为何；凡成功者，皆能非常清晰地认识他自己。失败者是一个无法对情境做出确定反应的人，而成功者，在人们眼中，必是一个确定可靠、值得信任、敏锐而实在的人。”

成功者，往往都是自主性极强的人，他们能够担负起自己生命的责任，通常不会让别人驾驭自己。他们懂得必须坚持原则，同时也要有灵活运转的策略。他们善于把握时机，摸准“气候”，适时适度、有理有节。

故事穿越

大提琴演奏家马友友在57岁时，也就是在2011年度过了他不平凡的一年。这一年，美国纽约市将一条新建马路命名为“马友友路（Yo-YoMa Way）”，此外，总统奥巴马还亲自为他戴上了象征着平民最高荣誉的总统自由勋章。

马友友从小就是学校的“数学之星”，在许多数学竞赛中夺过大奖，对数字极为敏感，当然，这和他父母的教育也有直接关系。但就马友友本身而言，即使取得了很多荣誉，他却对这丝毫没有乐趣。

马友友在一次放学回家时，突然找到了自己真正喜欢的东西——音乐。那天，天气不好，眼看就要下雨了，马友友不想被淋湿，就跑到一幢老房子檐下避雨，这时，他听到了一种极为美妙的音乐……当时马友友就想，如果也能演奏出这么美妙的音乐，该多好呀！

就这样，马友友站在门口好久，直到屋里有个老人发现了他，便把他请进了院子，在演奏了许多美妙的曲子之后，还为马友友讲了许多关于音乐的动人故事。在这么短时间里发生的这一切，使马友友迷上了音乐。后来，马友友不顾父母反对，毅然想要学习大提琴，导致他的一向很好的数学成绩飞速下滑。

他的父母对他说：“以后，你一定要用心学好数学！”

“为什么一定要学习数学？可我一点也不喜欢数学啊！”马友友反抗说。

他的父母告诉他说："因为只有学好数学，你才能和我们一样做一位出色的经济师，甚至可以比我们更出色，成为一位伟大的数学家。"

马友友疑问道："为什么一定要和你们一样呢？我想走自己的路，那样我会更开心！"

马友友决定坚持自己的想法，自己的人生之路一定要自己来把握方向，绝不能让他人来操纵，哪怕是父母。自从那次"谈判"之后，马友友常常去那位老人家里学习音乐，他坚持不懈的精神终于将父母打动了，之后才给他在一个音乐培训班里报了名。

不管是谁，一旦做起自己真正喜欢的事情，就会取得很快的进步，到中学毕业的时候，马友友经过一段时间的学习后，就获得了曼哈顿全市学生音乐会的一等奖，并前往哈佛大学就读。获奖以后，人们纷纷关注起这个极富天赋的孩子，很多重要的交响乐团以及包括钢琴家伊曼纽尔·艾克斯在内的音乐大师都向他发来邀请，与他一起演奏和表演。

在之后的多年里，马友友在音乐之路上探索不断、一路向前，多次受到白宫邀请演奏音乐，而且还多次获得"唐大卫奖"和"格莱美奖"。马友友曾经在发言中非常感慨地说道："自己的人生只有一个主人，那就是我们自己！我不认为父母为我们指的路一定是错的，但能行走在自己铺设的人生轨道上，则一定是最开心的！"

故事微语

马友友是个合格的自己人生的设计师。他从小数学成绩突出，也因此获得了很多荣誉。但是，他的人生没有因为这些光鲜的荣誉而继续前行在数学之路上。马友友有自己的理想，在一家的窗外，他听到了美妙的音乐，从此，他的音乐之梦开启。

为了走自己想要的路，他不顾家人的反对，毅然决然地想要学习大提琴，后来，父母都被他的精神所感动，最终同意了他的要求。而马友友的人生也因此变得更加绚丽。

你的一切成功，一切成就，完全取决于你自己。

马友友的故事告诉我们：认准的事情，就不要轻易放弃，掌握好前进的方向，把握住目标，让目标似灯塔在远处闪光。此外，你应该有自己的主见，懂得自己解决自己的问题，别人为你设计的路，即使看起来是那么的美好，你也不会得到幸福感。

人若失去自己，便是天下最大的不幸。相信自己，创造自己，永远比证明自己重要得多。只有自主之人，才能傲立于世，从大千世界中开拓自己的天地，取得成就。勇于驾驭自己的命运，学会控制自己，自主地对待人生和理想，这才是成功的要义。

心灵箴言

我要做我自己的主人。

——[德] 歌德

有勇气做真正的自己，单独屹立，不要想做别人。

——林语堂

人们可以支配自己的命运，若我们受制于人，那错不在命运，而在我们自己。

——[英] 莎士比亚

有节制地寻求他人的帮助

故事话题

艾迪是个不喜欢做主的人，不管是买东西还是做什么事情，她都习惯让朋友娜莎莉帮她选择或是做主。但是，时间久了，她觉得娜莎莉的选择并不适合她，于是，她总是因为这样的事情而懊悔。

有一天，安迪坐在客厅里，此时的她很生气，紧握着拳头，并气愤地说："我永远也改不了，我一错再错！"

安迪之所以这样懊悔，是因为她一次又一次地听从她的朋友娜莎莉劝她做这做那。这回，她又听了娜莎莉的意见，把自己家的厨房糊上了一层最新式的红白条墙纸。

安迪说："我和娜莎莉一起去商店选中了这种墙纸，由于娜莎莉当时特别喜欢这一种墙纸，她说这种墙纸能使整个房间活跃起来。我听了她的话。但是没想到的是，我在贴满这种样式墙纸的屋子里，感觉就像是在牢房里做饭。我实在讨厌这个墙纸！怎么也不能习惯。"

安迪觉得她这一折腾既花了钱，又浪费了精力，然后一点都不满意。

安迪意识到自己不仅是对选墙纸一事愤怒，而且气愤自己没有主见，总是受娜莎莉意志的摆布。但是，安迪同样也表示："有时候，我知道不能再听娜莎莉的建议，但是，我总是不由自主，因为，我已经习惯于听从她了……"

后来，安迪想要改变这一现状，又一次，安迪看上一双鞋，但是娜莎莉说："太高了，价也太贵了，还是不要买了。"安迪差点又让她说服了，但是当时，安迪冷静了一下，想到自己不能再让娜莎莉帮忙做选择了。于是，她还是买了。

逐渐地，经历的类似这样的事情多了，安迪也慢慢不再让娜莎莉来为她的大事小情来做主了。她对娜莎莉产生的逆反心理也慢慢减轻，她很庆幸，倘若她总是不改这个过于依赖娜莎莉的毛病，想必过不了多久她们之间的友谊就破灭了。

故事解析

过分地依赖朋友，会损害你和朋友原本很好的关系。不管是家人还是朋友，对你的人生都没有义务一帮到底。他们可以给予你想要的支持，但却不可能包办、代替你去做任何事情。你必须清楚，你自己不能做决定、缺乏主见，这是不对的，需要积极改正，依赖他人终究不是办法。

故事中的安迪就是过于依赖朋友娜莎莉，但是，逐渐地，她就发现娜莎莉并不能总是给予她满意的帮助，甚至还对娜莎莉产生了反感情绪。当她意识到这些，便想要改变这一现状。经过努力，最终将局面扭转过来。

摆脱对他人的依赖，你的路才能走得长远。

人们的依赖心理，相互间的依赖关系，我们可以分为物质上的依赖和精神上的依赖。在日常生活中，最为常见的是物质上的依赖，多体现在家庭成员间。精神上的依赖则较难发现，多是依赖荣誉、地位、奖赏、羡慕等；也有的是依赖爱情、某种价值等。这些依赖过分强烈，就会影响一个人的成长、成熟，妨碍一个人的心理健康。

很多人，在意识到自己的依赖性后，不禁为此而苦恼，他们极为羡慕那些能够独立的人。因为，独立自主的人大都不会轻易屈从于周围的压力，更不会因为某些偶然因素的影响而违心行事。

故事穿越

苏珊是个苦命的孩子，她的父亲在她13岁时就因病去世了，因为家中顶梁柱倒塌，苏珊和母亲开始了辛苦的寄人篱下的生活。

在苏珊母亲的人生里，她始终坚定着“依靠自己前行”的信念。苏珊清晰地知道，自己家里的条件一直都处在贫穷的状况，所以小伙伴们拥有的东西，她大多都没有。苏珊从小就营养不良，她是那么的瘦如干柴，母亲看在眼里，痛在心上。但是，母亲仍旧十分坚强，没有怨天尤人，尽最大可能好好照顾苏珊。

苏珊在坚强的母亲的教育下，很快就成为了一个能够独立自主、自立自强的人。从小的生活环境让她知道，求人不如求己，不要将希望都放在别人身上，自己想要的幸福，只有自己能够争取，别人就算帮忙，也是有限度的。

苏珊结婚后，家庭情况依旧不是很好，丈夫的家境同样有些贫困。但是，苏珊不怕，经过10年的婚姻，漫长的艰苦岁月，通过努力，苏珊的生活越来越富足，她依靠自己，过上了想要的幸福生活。

故事微语

苏珊在母亲的教育下，从小就知道独立自主、自立自强的重要性，她知道自己的生活条件很不好，但是，她没有自暴自弃，而是知难而上，为了追求想要的幸福而不断努力。后来，苏珊结婚了，他的丈夫家境同样不,好，她也没有怨天尤人，而是继续努力，决心和丈夫一同向好的方向发展，最后，苏珊终于过上了幸福的生活。

当一个人找不到解决问题的办法的时候，“依赖症”往往会乘虚而入。要是有一个能无话不谈的朋友，或是亲近的家人，认为有他们的帮助，困扰自己的问题就能迎刃而解。有这样的想法也是正常的，但是，一味想要得到他人的帮助，不如自己努力，解救自己于困境中，这样做的话更有意义，更能突出自己存在的价值。

生活，要靠自己。

要想从依赖症中解脱出来，一定要坚定信念，由衷相信自己都能够做到，而不是靠他人来解决问题。不想依赖，就要克制自己，在问题面前多动脑筋，多付诸行动，相信，任何问题都会因为你的认真解决而变得简单起来。

心灵箴言

不管我们踩什么样的高跷，没有自己的脚是不行的。

——[德] 布莱希特

全部依靠自己，自身拥有一切的人，不可能不幸福。

——[古罗马] 西塞罗

我宁愿靠自己的力量，打开我的前途，而不愿求有力者的垂青。

——[法] 雨果

通过努力，取消依赖感

故事话题

小蜗牛问妈妈：“为什么我们从生下来，就要背负这个又硬又重的壳呢？”

妈妈：“因为我们的身体没有骨骼的支撑，只能爬，又爬不快。所以要这个壳的保护。”

小蜗牛：“毛虫姐姐没有骨头，也爬不快，为什么她却不用背这个又硬又重的壳呢？”

妈妈：“因为毛虫姐姐能变成蝴蝶，天空会保护她啊。”

小蜗牛：“可是蚯蚓弟弟也没骨头爬不快，也不会变成蝴蝶，他为什么不背这个又硬又重的壳呢？”

妈妈：“因为蚯蚓弟弟会钻土，大地会保护他啊。”

小蜗牛哭了起来：“我们好可怜，天空不保护，大地也不保护。”

蜗牛妈妈安慰他：“所以我们有壳啊！ 我们不靠天，也不靠地，我们靠自己。”

有时候事情就是如此，当它把通往希望和成功的其中一条道路关闭时，它会同时打开其他一条或者好几条通往希望和成功的道路。千万别灰心，总会有办法的。

故事解析

“让你依赖”，这句话看似很能温暖人心，到实际上，这句话隐含的深意犹如伊甸园的蛇，总在你准备赤膊努力一番时，它便出来引诱你。然后“好意”地对你说：“看看，这么多的金钱，这么多好玩、好吃的东西，你享受都来不及呢！让你烦心的事情我来帮你解决吧，你尽情去享受！”

要知道，这些好似温暖的话，实则就是一把锋利的软剑，足以刺杀掉你意欲前进的雄心和勇气，从而阻止你利用自身的资本去换取成功的快乐，时间长了，你便开始日复一日原地踏步，如死水一般停滞不前，以至于你到垂暮之年，终日为一生无为而悔恨不已。

此外，这种依赖的心理，还会剥夺你本身具有的独立的权利，使你依赖成性，没有他人的帮助就仿佛没有拐杖，你便不能行走。过于依赖他人的人，从来不去想独立的重要，当有一天，可以依赖的人不能提供帮助时，那么你便会陷入无尽的深渊，只能独自去品味自己酿成的恶果。

独立性远胜于实力、资本以及亲友的扶助，具有不可估计的力量。它能使你有信心、有力量克服重重困难，成就一番事业。曾经有一位作家说过这样一段话：“不要以为富家子弟得到了好的命运。大多数的纨绔子弟，自恃有金钱做后盾，不学无术，甘愿做金钱的奴隶，终难成功。另外，不独立的富家子弟，从来不是贫苦孩子的对手。因为贫苦的孩子，通常因贫苦的强烈刺激，具有很强的独立性和自主能力。”

的确如此，一个人一旦有了依赖的想法，自以为样样有人供给，就很难有勤勉努力的精神，更不要说什么独立自主、实现人生价值了。

故事穿越

在一个春天里，细雨繁多，有许多新奇的事令一个小学生感到迷惑不解，这时候，他总是去询问身边的人，才明白其中的道理。

一天，天空中乌云密布，眼看就要下雨了，小学生在外面快乐地玩耍，看到天逐渐暗了下来，就跑到邻居李爷爷家的屋檐下避雨。躲雨时，他看到李爷爷家门口有一个神奇的花坛，这个花坛里有很多花，在春天时会百花齐放、争奇斗艳，其中，还有很多蚂蚁在那安居筑巢。小学生在李爷爷家门口也可以清晰地看到小蚂蚁的忙碌身影，他看到它们正匆匆忙忙地往它们的洞口搬运石子……

这时，“轰”的一声雷声响彻天空，顿时，天空中落下了大大的雨点，有些雨点就砸在了小蚂蚁还未完工的“防洪堤”上。这时，小学生看到小蚂蚁们更加忙碌了，它们不停地来回跑动。小学生越看越替小蚂蚁着急，于是，他想帮帮蚂蚁们。

小学生赶紧摘下一片大树叶，轻轻地盖在了蚂蚁的洞口，不让雨水袭击弱小的生命。可是，没一会，他感觉那片树叶在微微地颤动着，原来，蚂蚁们一点也不领情，竟然仍旧自顾自地搬运着石头，忙个不停。

小学生心想：它们为什么不享受我给它们带来的舒适环境呢？

带着满脑子的疑问，小学生回到家中去问妈妈原因。妈妈听了语重心长地说："其实小蚂蚁们已经知道了你的好心好意，但是它们是勤劳的动物，不是好吃懒惰的动物，它们是依靠自己获得快乐和幸福。如果他们养成了依赖别人的坏习惯，一旦有一天你忘记了给他们盖洞，它们不就有危险了吗？"

小学生听后点了点头，明白了其中的深意。

故事微语

小蚂蚁十分勤劳，它们靠自己的努力获得幸福，并不依赖别人的帮助。小学生妈妈的那句"一旦有一天你忘记了给他们盖洞，它们不就有危险了"，引人深思。

环顾四周，不难发现，很多有钱人家的孩子，即使从小就有优越的生活，也没有可以担心的事情所烦扰，但是，他们往往也会有自卑心理，因为，他们习惯于依赖富足的家庭，而自己，从来没有通过努力而获取到某种成就，这样的他们，会认为自己存在价值是渺小的。

当然，外界的扶助、有所依靠，有时也是一种幸福。毕竟依赖他人，靠着家人来生活，跟随他人、靠着人家来策划，比自己动手动脑去谋生、策划来得轻松。不可否认的是，“依赖心理”带给人们的弊远大于利。

有俗语说：“一生依赖他人的人，只能算半个人。”求人不如求己。如果你不想失败，不想做他人耻笑的“半个人”，就打消你心中“依赖他人生存”的念头吧，给自己找个职业，让自己独立起来。只有这样，你才会真正地体会到自身价值，才会感到无比幸福。如果你不丢弃这种可怜的想法，即使你怀有雄心和自信力，也未必会发挥出所有的能力，获得更大的成功。

心灵箴言

没有独立气魄的人，总是依赖成性，为非作歹。

——[日] 福泽谕吉

人，谁都想依赖强者，但真正可以依赖的只有自己。

——[日] 德田虎雄

该让每个人竭力保持自己的独立性，不依赖任何人，无论他怎样爱这个人，怎样相信他。

——[俄] 车尔尼雪夫斯基

依靠自己才能取得真正的强大

故事话题

很久很久以前，有位天生左手残疾的年轻人，他所在的国家正好处在战乱之中，为了能够养活自己，年轻人经过考虑来到了邻国——矮人国，想在那里找到一份能够维持生活的工作。

年轻人来到矮人国，在经过一个小矮人开的烙饼店时，店主看到了他残缺的身体，于是上前对他说：“啊，这个可怜的人，快进来吧，我给你一个热乎乎的烙饼充饥。”

年轻人说：“真的很感谢你，你是个好心的店主。但是，在吃你的那个烙饼之前，请允许我先帮你做一件事，要不然，我想我是不会接受你的烙饼的。”

店主没想到年轻人这样说，于是，不耐烦地说：“真是神经病！你只有一只手，能干什么活？我这么好心白送你一个烙饼，你竟然这样说，真是死要面子活受罪！”店主说完，鄙夷地关上了店门。

这时，路过这里的一位挑柴禾的老者听到了他们的对话，便对年轻人说：“小伙子，我看你有一只健全的手，也可以干活，所以，能不能请你帮我把这担柴禾挑到我家，我将给你一个烙饼，作为你付出劳动的报酬。”

年轻人高兴地答应了。

另一个过路的人感到十分不解，便问年轻人：“现成的烙饼你不要，偏偏要通过劳动来换取一个烙饼，值吗？”

年轻人说：“当然值，因为，这个烙饼是我通过劳动换来的，这样的饼我才吃得下去。我虽然贫穷，但没有丢掉做人的尊严。”

故事解析

人，要靠自己活着，依靠他人生活下去，必然得不到想要的尊严和自由。在人生的不同阶段，尽力达到理应达到的自立水平，拥有与之相适应的自立精神。这是当代人立足社会的根本基础。

因为缺乏独立自主个性和自立能力的人，不足以谈发展和成功。

就算你的家庭环境十分富裕，能够提供不一般的“地位”，但是，你要知道，自食其力的人生才是你自己的人生。在他人的臂膀下确实可以风吹不到雨淋不到，但时间长了，自己会愈加脆弱，一旦失去依靠，自己就会不堪一击。

成为属于那些可以主宰自己命运沉浮的人，属于能够抛开拐杖，自立自强的人。

一个人，必将要独自步入社会，参与竞争，你会遭遇到比学习生活要复杂得多的生存环境，随时都可能出现或面对你无法预料的难题与处境。你不可能随时动用你的“生存支援系统”，而必须得靠顽强的自立精神克服困难，坚持前进。

故事穿越

爱迪生出身低微，从小的生活就十分贫困。他的“学历”也不高，据说，他一生只上过3个月的小学。爱迪生喜欢发问，老师总是因为他古怪的问题，被问得张口结舌，所以甚至当着他母亲的面说出爱迪生是个傻瓜的话，并认为爱迪生以后也不会有什么出息。

爱迪生虽未受过良好的学校教育，还被曾经的老师贬得一文不值，但是，他始终相信自己，并自立自强，依靠个人的奋斗和非凡才智，最终获得了巨大成功。

爱迪生依靠自学成才，以坚韧不拔的毅力、罕有的热情和精力从千万次的失败中站了起来，他发明自动电报发电机、留声机，还实验并改进了电灯（白炽灯）和电话。在他的一生中，平均每15天就有一项新发明，他因此而被誉为“发明大王”。爱迪生一生克服过数不尽的困难，每一次他都成功地从困难中走出来。

他是美国一位出色的发明家、企业家。

故事微语

一个人在依赖他人时，无法感觉到自己是一个“完全的人”，只有当他可以绝对自立自强时，他才可以感觉到自己是一个无缺憾的人，才能感觉到一种光荣和满足。而这种光荣与满足，是别的东西所不能给予的。

奋发自强是因为我们内心蓄积着庞大的力量，这种力量可以帮助我们渡过很多难关，可以带领我们向前迈步，义无反顾地只想做得更好。

当我们觉得际遇不如人，孤立无援的时候，奋发自强的心便是我们的最好支柱，因为这颗心能令我们无论在什么恶劣的环境中也誓不低头，努力发挥最大潜能。有了这颗心，我们便坚如磐石，经得起人生中的大风大浪。

一个人要想摆脱困境不受别人支配，就要敢于坚持自己的权益和见解，同时在我们认为已占上风之时切忌把自信变为自大。

做一个自强自立的人，只有敢于坚持自己的理想信念，才能在当今竞争激烈的环境中得以生存，乃至于达到我们人生所需的最高境界。每个人都有渴望成功和维护自己权益不受别人侵害的能力。

心灵箴言

你必须在额上流汗，以资获得你的面包。

——[俄] 列夫·托尔斯泰

全部依靠自己，自身拥有一切的人，不可能不幸福。

——[古罗马] 西塞罗

我们虽可以靠父母和亲戚的庇护而成长，倚赖兄弟和好友，借交游的扶助，因爱人而得到幸福，但是无论怎样，归根结底人类还是依赖自己。

——[德] 歌德

第三篇

珍惜时间：光阴可以塑造丰富的生命

“一寸光阴一寸金，寸金难买寸光阴。”人才在时间中成长，在时间中前进，在时间中改造客观世界，在时间中谱写自己的历史。光阴似箭，人永远也跑不赢时间，但却能够珍惜时间，在有限的时间内做更多的事情。不虚度光阴，或是学会挤出更多可以利用的时间，就可以推动个人更好地发展，推动社会的进步。

掌握时间就掌握了生命主动权

故事话题

在富兰克林报社前面的商店里，一位犹豫了将近1个小时的男人终于开口问店员了：“这本书多少钱？”

店员回答：“1美元。”

“1美元？”这人又问，“能不能少要点？”

店员回答：“它的价格就是1美元，不能便宜。”

这位顾客又看了一会儿，然后问：“富兰克林先生在吗？”

店员回答：“在的，他在印刷室忙着呢。”

顾客表示：“那好，我要见见他。”于是，富兰克林就被店员叫了出来。

顾客看到富兰克林后，问他：“富兰克林先生，这本书你能出的最低价格是多少？”

富兰克林回答：“1美元25分。”

顾客说：“1美元25分？你的店员刚才还说1美元1本呢！”

富兰克林回答：“的确是这样的，但是，我情愿倒给你1美元也不愿意把时间浪费在与你讨价还价上。”

这位顾客十分吃惊。他心想，算了，结束这场自己引起的谈判吧，他说：“好，这样，你说这本书是最少要多少钱吧。”

富兰克林说：“1美元50分。”

顾客瞪大眼睛问：“又变成1美元50分？你刚才不还说1美元25分吗？”

富兰克林冷冷地说：“对，因为你又耽搁了我更长的时间，我现在能出的价钱就是1美元50分。”

这人默默地把钱放到柜台上，拿起书出去了。

故事解析

著名的物理学家和政治家富兰克林给这位顾客上了重要的一课：对于有志者，时间就是金钱。古人说过：“一寸光阴一寸金，寸金难买寸光阴。”可见时间是最宝贵的财富。

古今中外一切有大建树者，无一不惜时如金。

古书《淮南子》有云：“圣人不贵尺之璧，而重寸之阴。”汉乐府《长歌行》有这样的诗句：“百川东到海，何时复西归？少壮不努力，老大徒伤悲。”晋朝陶渊明也有惜时诗：“盛年不重来，一日难再晨，及时当勉励，岁月不待人。”唐末王贞白《白鹿洞》诗中更有“一寸光阴一寸金”的妙喻。

美国著名科学家富兰克林曾经说过：“你热爱生命吗？那么你就别浪费时间，因为时间是组成生命的材料。”诚然，一个人生命的价值在于他为社会创造的价值，但这种创造的价值却是随时间的延续来实现的。德国诗人歌德的自述是他对时间的认识和感情的最好注脚：“时间是我的财产，我的田地。”

故事穿越

爱迪生从小就有珍惜时间的习惯，因为他对很多事物都感到好奇，而且喜欢亲自去试验一下，直到明白了其中的道理为止，这个过程，不得不需要时间，直到长大以后，他就根据自己这方面的兴趣，一心一意做研究和发明的工作，他越来越发现，时间对他来说实在太宝贵了，因为他总是有做不完的事情。

他在新泽西州建立了一个实验室，一生共发明了电灯、电报机、留声机、电影机、磁力析矿机、压碎机等等总计2000余种东西。爱迪生的强烈研究精神，使他对改进人类的生活方式，做出了重大的贡献。

“浪费，最大的浪费莫过于浪费时间了。”爱迪生常对助手说，“人

生太短暂了，要多想办法，用极少的时间办更多的事情。”

一天，爱迪生在实验室里工作，他递给助手一个没上灯口的空玻璃灯泡，说：“你量量灯泡的容量。”他又低头工作了。

过了好半天，他问：“容量多少？”他没听见回答，转头看见助手拿着软尺在测量灯泡的周长、斜度，并拿了测得的数字伏在桌上计算。他说：“时间，时间，怎么费那么多的时间呢？”爱迪生走过来，拿起那个空灯泡，向里面斟满了水，交给助手，说：“把里面的水倒在量杯里，马上告诉我它的容量。”

助手立刻读出了数字。

爱迪生说：“这是多么容易的测量方法啊，它又准确，又节省时间，你怎么想不到呢？还去算，那岂不是白白地浪费时间吗？”

助手的脸一下子就红了。

爱迪生喃喃地说：“人生太短暂了，太短暂了，要节省时间，多做事情啊！”

故事微语

爱迪生将“人生太短暂了”当成了口头禅，可见他是多么的珍惜时间，为了能够挤出更多的时间，他总是不停地寻找办法，他的大脑不停运转，就是为了在有限的时间里能够做更多的事情，取得更多的成就，从而造福全人类。

光阴似箭，人永远也跑不赢时间，但却能够珍惜时间，在有限的时间内做更多的事情。不虚度光阴，或是学会挤出更多可以利用的时间，就可以推动个人更好地发展，推动社会的进步。

居里夫人、鲁迅、巴尔扎克、雨果……他们都是追逐时间的人，鲁迅一天必须完成规定的文字；巴尔扎克为了多写文章，拼命地喝咖啡提神；雨果通过运动使本来枯萎的生命又得到延长，又为人类写出了许多光辉的著作。

心灵箴言

从不浪费时间的人，没有工夫抱怨时间不够。

——[美] 杰弗逊

没有人不爱惜他的生命，但很少有人珍视他的时间。

——梁实秋

如果你浪费了自己的年龄，那是挺可悲的。因为你的青春只能持续一点儿时间——很短的一点儿时间。

——[爱尔兰] 王尔德

每一秒都不该被浪费

故事话题

巴尔扎克在20年的写作生涯中，写出了90多部作品，塑造了2000多个不同类型的人物形象，他的许多作品成了世界名著。然而，他的大部分创作都是从半夜一直到中午。也就是说，他每次一写就是12个小时，写完之后，还需要努力地修改。

他一般从中午到下午4点这段时间用来校对校样，5点钟用餐，5点半上床睡觉，到半夜又起床工作……就这样循环往复。有时，他的手指写得麻木了，两眼也开始流泪，太阳穴在激烈跳动，这时，他仍然不停歇，而是用喝咖啡来提神，然后继续写。

很多时候，他一天只睡三四个小时，他曾经一夜写完《鲁日里的秘密》，用3个通宵写好《老小姐》，3天写出了《幻灭》的开头50页。

有一次，巴尔扎克连续写作了十几个小时，他的身体实在支撑不住了，他便跑到朋友家，一头栽倒在沙发上，然后让他的朋友在1小时后叫醒他。后来，他的朋友看到他实在太需要休息了，便没有按时叫醒他，事后他气得大发脾气。

巴尔扎克说，写作是“一种累人的战斗”，就好像向堡垒冲击的士兵，精神一刻也不能放松。一些传记作家介绍说：“每3天，他的墨水瓶必得重新装满一次，并且得用掉10个笔头。”

故事解析

英国大哲学家培根说：“时间是衡量事业的标准。”通常，我们在感慨成功者的成就是大是小时，实际上是使用了时间这个尺度。通常情况下，伟人们在有限的一生中，能够作出超越常人的贡献，这就是他们伟大之所在。

我们都知道莎士比亚是如此伟大，经常会想到他一生有很多部创作外，还翻译了 600 多万字著作。我们还赞叹爱迪生伟大，他的一生有 2000 多项科学发明……

人才在时间中成长，在时间中前进，在时间中改造客观世界，在时间中谱写自己的历史。人才对各门科学的学习和研究，必须在一定的时间内进行。人才创造的各种成果，必须经过时间来鉴定。时间，唯有时间，才能使智力、想象力及知识转化为成果。所以，对任何人来说，每一秒都是有重大意义的。

故事穿越

美国第一任总统华盛顿极富盛名，他运筹时间的能力非常强，他的许多部下都领教过他严守时间的作风。所以，一旦与他约定好时间的事情，就必须按时做到，一秒都不差。

有一次，他的一位秘书迟到了两分钟，华盛顿最不喜欢类似迟到这种不在乎时间的行为，于是他满脸怒容。这时候，秘书赶紧解释说是因为他的手表不准。

华盛顿正色地说：“或者是你换一只手表，或者是我换一个秘书！”

华盛顿对时间的重视，使得这位秘书从此不再出现迟到一分一秒的事情。

故事微语

一位著名的作家指出："人的一生如此短暂、如此渺小。一些小小的成功，固然只需付出很小的力量及很短的时间，但想要获得长久成功，一定要投入很大的精力及很长的时间。以一天为例，只有集中精力有效利用这一天，日后才会留存这一天努力的成果。而如果不立下目标，懵懵懂懂、得过且过的话，一天还是一天，不会留下什么成果。一天如此，一周如此，一月如此，一年如此，一生都是如此。"

没错，时间是世界上最为宝贵的东西，青少年一定要养成节约时间的习惯，这样才能有效利用有限的时间进行最大限度的学习，以此为基础，养成好习惯，待日后为社会作出更大贡献，更好地实现自我价值。

一个人真正自己拥有、而且极度需要的只有时间，其他的事物多多少少都部分或曾经为他人拥有，像你呼吸的空气、在地球上占有的空间、走过的土地、拥有的财产等，都是这样。

时间如此重要，但仍有很多人随意浪费掉他们宝贵的时间。生活中，有许多人每天都会花费大量的时间去做一些无足轻重的事情，他们在不知不觉中就浪费了很多时间。所以，青少年们一定不要成为其中的一分子。相反，想要有所成就，就要"计算"着过日子，把握好每一秒的时间。

心灵箴言

时间乃是最大的革新家。

——[英] 培根

把时间用在思考上是最能节省时间的事情。

——[美] 卡曾斯

较高级复杂的劳动，是这样一种劳动力的表现：这种劳动力比较普通的劳动力需要较高的教育费用，它的生产需要花费较多的劳动时间。因此，具有较高的价值。

——[德] 马克思

深蕴“寸金难买寸光阴”的道理

故事话题

香港首富的李嘉诚也是个非常珍惜时间的人，为了不耽误开会，也不失约于人，他特意将自己的手表调快 10 分钟，并坚决按照手表的时间行事，以保证准时出席或赴约。

李嘉诚处事果断、老练，处理任何事情都决不拖泥带水。他曾在 17 个小时内，谈妥一笔 29 亿港元的交易，随即致电汇丰银行，在两分钟的时间内就安排了一笔 1.9 亿港元的贷款。

他还总是对下属说：“早上的事，下午必须有决定或答复；假如 17 个小时内发生的事非常繁杂，则在 24 小时内一定答复。”

这就是香港首富李嘉诚对时间的态度。

故事解析

时间原本就有，每个人获取到的实际都是一样的，并不需要乞讨而来。然而，真正能够抓住时间的人却少之又少，这就有了人与人之间的差距，善于抓住时间的人，他们能够在有限的时间内做更多的事情，相反，不善于利用时间的人，在同样的时间内，他们会少做很多事情，从而少创造很多价值。

时间会激励你不断开拓前进。对于珍惜时间的人，时间能够给予他热情的报答，然而，对于轻视时间的人，时间同样会对他嗤之以鼻，甚至将他抛至脑后。

挥霍时间的人，他将一无所得，时间对任何浪费它的人都会毫不留情，给予他苦果一枚。

那些有着良好的时间观念的人，才可以成为运筹时间的高手。拥有时间观念的人，他们会因为无聊地过了某个时间段而感到后悔不迭，然后想方设法地去寻找运筹时间的方法。

古今中外，凡是有成就的人物都具有时间观念。

生命是由一小时一小时、一分钟一分钟的时间累积起来的，也有人说：“时间就是生命。”时间的宝贵，在于它既是一个公平地分配给每个人的常数，又是一个变数，对待它的态度不同，获得的价值也就有天壤之别。时间就像在冥冥中操纵一切的神灵，它决不会辜负珍惜它的人。

故事穿越

有一个“剪时间尺”的游戏，能够告诉你人生就是时间的意义，这个故事很通俗，却十分深刻。

首先，你要准备一个80寸长的软尺。假如你有80岁寿命，那么每1寸就代表1年，1岁至20岁可能是你不能自主的，截下不谈。现在你的软尺有60寸，表示你20岁~80岁的时间。你60岁~80岁这20年是老年时期，处于半退休或退休状态，所以你可以用剪刀把软尺上表示你60岁~80岁的20寸剪去，现在你的软尺只剩下40寸——你一生的黄金时间。

一般人平均每天睡眠8小时，一年365天，一年平均的睡眠时间约是1/3，40年就是13年。软尺便剩下27寸。

一般人每天早中晚三餐，平均需要2.5小时，一年大约用去912小时，40年便是36480小时，相当于4年时间，所以请你把软尺剪去4寸，现在的软尺还剩下23寸。

如今一般人每天用于交通方面的时间平均为1.5小时，如果是外勤或推销员，所需要的时间可能是它的2~3倍。现在你问一问自己每天用在交通方面的时间有多少？

如果答案是1.5小时，40年便是2.19万小时，等于2.5年。请你在软尺上剪下2.5寸，现在软尺剩下20.5寸了。

如果你每天用于与亲友同事聊天闲谈、打电话的时间，或平时闲聊的时间是1小时，40年就用去了1.46万小时，等于1.5年，那么现在你的软尺应该剩下19寸。

此外，据统计，一般人平均每天看电视的时间接近3小时，而一些事业有成的社会精英则每星期少于1小时。假设你每天平均看电视3小时，40年所用去的时间就是4.38万小时，即等于5年时间。请你在软尺上剪去5寸，现在它剩下来的应该是14寸，也就是仅有14年时光……

故事微语

上述计算方法很形象很中肯，并没有夸大其词，但是结论足以令人瞠目。那么，在这短短14年时光里，去养活一个80年的人生，确实难以实现。这个游戏告诉我们：人生就是时间，能够把握时间的价值，才能把握人生存在的价值。

200多年前俄罗斯军事家苏沃洛夫曾经说过："1分钟决定战斗结局，1小时决定战局胜负。我不是用小时来行动，而是用分钟来行动的"。

战争如此，其他任何事情也都如此。

现代社会竞争激烈，对时间的计算要求越来越精确。时间能够创造出巨大的财富。

法国哲学家爱尔维修说得好："实际上，大多数人的幸福或不幸，主要区别于这10个或12个小时使用得是否巧妙。"精确地计算时间，便可以杜绝青少年在时间使用上的"无计划"的状态，能够有效地堵住浪费时间的漏洞。要知道，节约了时间就等于创造了时间，就能够赢得时间的主动权。而成功者与失败者的区别，也恰巧就在这里。

心灵箴言

任何事物都无法抗拒吞食一切的时间。

——[印] 泰戈尔

时间像奔腾澎湃的急湍，它一去无还，毫不留恋。

——[西班牙] 塞万提斯

零星的时间，如果能敏捷地加以利用，可成为完整的时间。所谓"积土成山"是也，失去一日甚易，欲得回已无途。

——[美] 卡耐基

有效利用“闲暇”的时间

故事话题

居里夫妇结婚时，他们的会客室里，只摆着一张简单的餐桌和两把椅子。后来，居里的父亲来信对他们说，他准备送给他们一套家具，问他们需要些什么样的家具。

看完信后，居里若有所思地说：“有了沙发和软椅，就需要人去打扫，在这方面花费时间未免太可惜了。”

居里对新婚妻子说：“不要沙发可以，我们只有两把椅子，再添一把怎么样？客人来了也可以坐坐。”

“要是闲谈的客人坐下来，又怎么办呢？”居里夫人提出反问意见。

后来，为了能够更好地将时间全部投入到研究中，居里夫妇果然没有再添一把椅子。

故事解析

居里夫人为了节省时间，连多余的椅子都不肯多摆，因为她害怕来访者坐下来便会谈天说地，从而耽误她进行科学研究的时间，这表现出了她对时间的极为珍视。

翻开人类科技发展史，不难看出，人类的各种发明和创造，其实都是为了节省时间。比如，人们发明了火车来代替缓慢的马车，发明了电视而取代影剧院，而计算机、激光的出现，更是便利了人们的生活，为人们节省的时间更不是一点半点的问题了。

人生最宝贵的是生命，而时间是组成生命的材料。时间就是生命。时间是一种既不能停止也不能逆转、不能贮存也不能再生的特殊性资源，是一种一次性的消耗品。当我们到达老年时期，面临死的威胁时，我们才会对即将失去的生命感到惋惜，对我们对时间的浪费感到悔恨，然而有什么意义呢？

雷巴柯夫说：“用分来计算时间的人，比用时计算时间的人，时间多 59 倍。勤奋，从一定意义上说，就是能够做到‘时不空过’。时间的加法，对于懒惰的人来说，带来的只是衰老、忧郁；对于勤奋的人，带来的是进步、成就。”

古今中外，一切在事业上有成就的人，在他们的传记里，常常可以读到这样一些句子：“利用每一分钟来读书。”可见成功者对时间是如视生命般的珍惜。珍惜时间就是珍惜生命，在短暂的时间发挥出无穷的威力，那么，你的一生必将变得更加辉煌和有意义。

故事穿越

法国思想家伏尔泰曾出过一个意味深长的谜："世界上哪样东西是最长又是最短的，最快又是最慢的，最能分割又是最广大的，最不受重视又是最值得惋惜的？没有它，什么事情都做不成；它使一切渺小的东西归于消灭，使一切伟大的东西生命不绝。"

伏尔泰所阐述的到底是什么意思？众说纷纭，人们没有捉摸透。

后来，一个叫查第格的智者猜中了这句话的意义。他说："最长的莫过于时间，因为它永远无穷无尽；最短的也莫过于时间，因为它使许多人的计划都来不及完成；对于在等待的人，时间最慢；对于在作乐的人，时间最快；它可以无穷无尽地扩展，也可以无限地分割；当时谁都不加重视，过后谁都表示惋惜；没有时间，什么事情都做不成；时间可以将一切不值得后世纪念的人和事从人们的心中抠去，时间能让所有不平凡的人和事永垂青史。"

故事微语

确实，时间对于不同的人有着不一样的意义。对于活着的人来说，时间便是生命；对于从事经济工作的人来说，时间就是金钱；对于那些做学问的人来说，时间则是资本；对于整日无所事事、百无聊赖的人来说，时间就是债务……

只有重视时间，才能获得人生的成功。

欧洲的贝尔是电话机的法定注册人，在他研制电话机的过程中，他并不知道在世界上的某个地方，还有一个人在做同样的研究，那个人叫格雷。

就在贝尔在专利局进行专利申请后的两个小时左右，研究者格雷也赶到了专利局，他希望自己能够将这项伟大的发明申请到专利。但是很遗憾，他没能如愿。因为，他比贝尔晚了几个小时。

也就是这几个小时而已，他就失去了他原本要拥有的一切，如成功、名誉和金钱。

心灵箴言

生命最长久的人并不是活的时间最多的人。

——[俄] 索尔仁尼琴

上帝绝不会只赋予你使命，而不给你时间去完成。

——[英] 约·罗斯金

如果你被置于某种地位的时间足够长久，你的行为就会开始适应那种地位的要求。

——[美] 兰德尔·贾雷尔

当下行动，决不拖延到明天

故事话题

一个人，在读中学的时候，很喜欢同班的一个女孩。

有一天，他想给暗恋的女同学打电话。但是，他又不敢，于是他犹豫着、徘徊着，设想出很多种可能，如电话响的时候，心仪的女孩正在写作业而不能接听电话；是女孩妈妈接的电话；如果她妈妈接到电话后，一定会责备女孩；女孩此时正在想着另一个男孩，而不是他；女孩即便接了电话，也碍于妈妈在身边而不敢说些什么……

就这样，他整整想了一个下午，想好了各种情况的心理准备和应对的策略；然后，卷起袖子，哆嗦着抓起电话，按下那几个早已熟知的电话号码……

结果，电话占线！然后，他如释重负地放下了电话。其实，他想继续拖延，而对方的电话正在占线，给他的拖延创造了良好的条件。

故事解析

男孩的拖延行为，让他永远也无法顺利地向喜欢的女孩表白。拖延不是好习惯，想要做什么事情，就要当下行动才不会留下遗憾。

千万不要向故事中的男孩学习，拖延是不对的，用行为来掩饰拖延更没有必要。这不过只是减轻内心挣扎的痛苦和轻微负罪感而已，而起不到什么实质性的作用。现实生活中，很多人都是因为拖延的毛病，导致自己无法实现梦想，今天推明天，明天又推后天，然而，明日复明日，明日何其多呢?

故事穿越

一位女士，在怀孕时就想给未来宝宝织几件毛衣，在丈夫的陪同下，她高兴地买回了一些颜色漂亮的毛线。可是，买了毛线后，她却迟迟没有动手，有时想拿起那些毛线编织时，她会告诉自己：“现在先看一会儿电视吧，等一会儿再织。”等过了一会儿后，她又说：“明天再说吧！”

就这样，一直拖到了孩子快要出生了，那些毛线还崭新地放在衣柜里。丈夫心疼妻子怀孕太累，所以也并不催她。直到后来，婆婆无意间看到了那些毛线，就提议自己来帮助儿媳来织。可是，这位女士不同意，她认为自己亲手织给孩子更有意义。

后来，她决定等孩子生下来之后再织，她还说：“如果是女孩子，我就织一件漂亮的毛裙，如果是男孩就织毛衣毛裤，上面一定要有漂亮的卡通图案。”

孩子落生后，是个漂亮的男孩。孩子成长很迅速，很快就到 1 岁了，但是，他的毛衣毛裤还没有织成。等到这为女士想要开始为孩子织毛衣时，突然发现，当初买的毛线已经不够给孩子织一身衣服了。这个为孩子织件毛衣的愿望就此搁置了，此后，这位女士再也没有提起过要织毛衣这件事。

故事微语

故事告诉我们：拖延会延误效率，也会失去机会。和接下来的例子是完全不一样的光景。

“蜀地传说”是一个餐厅的名字，在多个地区都有分店。老板是个明星，毕业于上海戏剧学院表演系的，叫任泉。他的目标是开20家分店。

任泉在大学刚毕业的时候，在偶然的机会中找到灵感，希望自己能开一家餐厅。创业初期，就有几张桌子，几把椅子，然后逐渐形成了规模……任泉的理想也就是这样，通过几把椅子就搭起来了。

在谈到创业经验的时候，他坚定地说：“只有一点：有想法就马上去做，不要拖，不要想太多。”

的确，很多时候，太多的论证、包袱、准备或者使命感，往往是一种漂亮的拖延，心理的自我袒护，是退却的“完美反应”。而最终的结果，便是一无所成。你要知道，再完美的退却，都不如一次简单的出击。

心灵箴言

今日能做的事，勿延至明日。

——[美] 富兰克林

行动，只有行动，才能决定价值。

——[德] 约翰·菲希特

时间，就像海绵里的水，只要愿挤，总还是有的。

——鲁迅

第四篇

轻松学习：好习惯让学习变得简单起来

知识塑造一个人的性格，而学习能使人们获得更多的知识。知识是我们的幸福，知识能够引领你阅尽千帆，经历万千路径，让你头脑丰富，给予你无限快乐……同时，知识还能不断地扩大思想境界，不断净化我们的灵魂，让人们懂得读书使人明智的道理。

认清学习在生活中的必要性

故事话题

东汉时候，有个人名叫孙敬，是著名的政治家。他年轻时勤奋好学，经常关起门，独自一人不停地读书。 每天从早到晚读书，常常是废寝忘食。读书时间长，劳累了，还不休息。时间久了，疲倦得直打瞌睡。他怕影响自己的读书学习，就想出了一个特别的办法。古时候，男子的头发很长。他就找一根绳子，一头扎紧头发，一头牢牢地绑在房梁上。当他读书疲劳时打盹了，头一低，绳子就会牵住头发，这样会把头皮扯痛了，马上就清醒了，再继续读书学习。

这便是孙敬“悬梁”的故事。

在战国时期，有一个人名叫苏秦，也是出名的政治家。

在年轻时，由于学问不多不深，曾到好多地方做事， 都不受重视。回家后，家人对他也很冷淡，瞧不起他。这对他的刺激很大。所以，他下定决心，发奋读书。他常常读书到深夜，很疲倦，常打盹，直想睡觉。他也想出了一个方法，准备一把锥子，一打瞌睡，就用锥子往自己的大腿上刺一下。这样，猛然间感到疼痛，使自己清醒起来，再坚持读书。这就是苏秦“刺股”的故事。

故事解析

从孙敬和苏秦两个人读书的故事引申出“悬梁刺股”这句成语，用来比喻发奋读书，刻苦学习的精神。他们这种努力学习的精神是好的，但是他们这种发奋学习的方式方法不必效仿。

子曰：“君子不重则不威，学则不固。”不论对待什么，都必须重视，首先重视了，才能有所行动，才愿意去善待。所谓“不重则不威，学则不固”就是讲的这个理。

重视学习，这是一种对学习的态度，你不重视学习，是因为没有认识到学习的重要性，或者是认为它并不重要。如果学习对自己很重要，而自己不重视的话，那就自迷自误了。尽管学习了，而不重视的话，那学习是毫无效率的，因为是被动的。就拿亡羊补牢来说，为什么亡了一只羊不补牢，而到再亡羊时才补牢呢？这就是对问题的不重视而得到多失的后果。

故事穿越

上古时代，黄帝带领了6位随从到贝茨山见大傀，在半途上迷路了。他们巧遇一位放牛的牧童。

黄帝上前问道：“小孩，贝茨山要往哪个方向走，你知道吗？”

牧童说：“知道呀，”于是便指点他们路向。

黄帝又问：“你知道大傀住哪里吗？”

他说：“知道啊！”

黄帝吃了一惊，便随口问道：“看你年纪小小，好像什么事你都知道不少啊！”接着又问道：“你知道如何治国平天下吗？”

那牧童说：“知道，就像我放牧的方法一样，只要把牛的劣性去除了，那一切就平定了呀！治天下不也是一样吗？”

黄帝听后，非常佩服：“真是后生可畏，原以为他什么都不懂，却没想到这小孩从日常生活中得来的道理，就能理解治国平天下的方法。”

故事微语

故事告诉我们，能够学习的途径有很多，不一定只有校园中、课本中的知识才是要学习的对象，实际上，很多知识就来源于你的日常生活。

校园里，我们快乐地成长自己的理想！遨游学海，跋涉书山，知识是我们的幸福，山重水复，曲径通幽，破解出的问题给我们带来快乐，同时，知识还能不断地扩大思想境界，净化人们的灵魂，让人们懂得读书使人明智的道理。知识塑造一个人的性格，而学习能使人们获得更多的知识，可见学习是特别重要的。

爱因斯坦曾经说过：“把学习作为一项任务，但应该被看作是一个令人羡慕的机会。”可见学习的重要性。

心灵箴言

好好学习，天天向上。

——毛泽东

人永远是要学习的。死的时候，才是毕业的时候。

——萧楚女

我们一定要给自己提出这样的任务：第一是学习，第二是学习，第三还是学习。

——[苏联] 列宁

将注意力放在找寻方法上

故事话题

一位初中的老师在空旷的琴房里弹奏《致爱丽丝》，那感觉非常美妙，音质之纯美是家中那套音响根本不能演绎出来的。

站在一旁的学生很羡慕老师能够弹出这么好听的音乐，就问她："如果我能像您这样，熟悉地演奏这首《致爱丽丝》，那么，我需要练习多长时间？"

老师微笑着说："10 分钟。"

学生不解，说："您在开玩笑吧？你选用了什么方法呢？"

老师说："不，是真的，但是，我采用的方法是每天 10 分钟。"

其实，这位老师是一位语文老师，并不是音乐老师，早在 3 年前练的琴，那时她还对音乐知识非常陌生，那架钢琴是一家私人企业捐赠的，一直放在琴房里。学校因为给音乐老师的工资很低，所以没有人愿意来。后来，机缘巧合，她成了这架钢琴的主人，于是，每次课间 10 分钟，她就来到琴房里练练。她从最初的音阶开始练起，只不过，她只有 10 分钟，10 分钟之后，上课铃声响，她就要给学生们上课去了。

还有一个故事，有一个小男孩，他十分刻苦，每天都要坚持练琴 4 个

小时。她的老师知道后，对他说：“你不能这样练，马上停止。你要知道，你这种方式是极端的，因为，等你逐渐更大，你会发现，能够用来练琴的时间会越来越少，所以，你应该养成习惯，一有空闲就练，即使几分钟也行。”

这个孩子听从了老师的劝告，把练钢琴的时间分解到各个时间段。其他时间他用来写日记、培植标本、做各种运动等，而这一切，并没影响他的琴艺。

这个小男孩后来成为一名著名的诗人，同时还是个出色的钢琴家。他之所以在这些领域取得辉煌的成就，原因在于他能分解自己的爱好到每天的时间中，他即使只有 5 分钟的空闲也会利用起来。

他说：“几分钟的时间并不长，但如果能利用它并能成为一种习惯，这些短短的时间就有可能成就一个人，因为再大的事业和成就所需要的数年和数十年的时间都是由短短的几分钟累加起来的。当然这些应该是毫不拖延并加以充分利用的几分钟。”

故事解析

初中语文教师练琴的方式和小男孩的练琴方式如出一辙，他们并没有要求自己每天必须要练习多久的时间，而是有条不紊地、只要有空闲时间就练一会，这样一来，他们抓住了闲暇时的很多时间，并总是在轻松的状态下进行练习，这种方式让他们收获颇丰。

从故事中我们可以看出，选择一种好的学习方式，会令学习变得简单起来，并且还能起到事半功倍的效果。

一只蝎子掉进水里，它一定会拼命地挣扎着要重新上岸。这时，一个路人想要救下它，就找到一截小棍，然后伸向它，准备把它拨到岸边，再行施救。

但是，蝎子因为在困境中心情早已经很急躁，再猛地受到木棍的外部打击，心中出现愤恨情绪，就会抬起螯足向棍子蜇去，然后猛推，想远离攻击。

路人再拨一次，蝎子就再反击一次。路人把小棍浮在水中，正沉思良策，小棍无意间漂到蝎子的螯足上，蝎子已经紧紧夹住，路人顺利地把蝎子拖到了岸边。

这就告诉我们，学习时，注意力要放在找寻正确有效的方法上，就像路人对蝎子施救一样，找到好方法就能达到想要的目的。

故事穿越

上世纪30年代初的美国芝加哥，有一名无业游民，名字是巴比克。

巴比克在一次搬家时，不小心把祖传的一只中国瓷器给摔碎了，要知道，这只古玩的价值极高，巴比克捧着那些碎片，心疼得流下了眼泪，最重要的是，这是祖辈留下的东西，纪念价值也十分高。

巴比克不甘心将古玩的碎片白白扔掉。他是个心灵手巧的人，当即将碎片重新收拾起来，想要再次黏合成一个整体。接下来，他发现瓷器

还能将就着用，美中不足的是裂缝还是能够用肉眼看得出来，而且黏合得也不很牢固。巴比克不甘心，他决心找到一种更好的黏合剂来解决这些问题。

巴比克费了很多心思，跑遍了整个市场，但是，结果令他十分失望，他没有找到理想中的黏合剂。后来，他决定自己动手，从传统的树胶、角胶、蛋清入手，先后试用了近百种胶液，进行了上千次试验，花费了大约3年多的时间，最终，功夫不负有心人，他成功地将那只打碎的瓷器黏合到满意的程度。

他研制出的黏合剂，不仅用肉眼无法分辨，而且黏合得相当牢固，跟烧出来的不相上下。因为掌握了这手绝活，5年之后，由巴比克执牛耳的BBK黏合剂公司已是芝加哥最有影响力的大公司之一。

每一项伟大的发明诞生之前，都有着貌似高不可攀的难度。这时候，有志之士往往选择迎难而上。这个迎难而上的过程，就像爬山，尽管高处不胜寒，但正是因为有难度，才成就了高度；只有站到某一种高度的人，才有机会看到生命里更美的风景。

故事微语

巴比克遇到难题后，没有轻易放弃，而是不断寻找解决问题的方法。面对打碎的碎片，他没有怨天尤人，而是积极行动起来，寻找黏合剂，将它们重新粘合起来。但是，他花费好长时间都没有找到理想中的那种黏合剂，最后，他竟然开始自己研究黏合剂。经过3年多的时间，他最终研制成功，也将他的碎片古玩黏合到了没有瑕疵的地步。当然，他的这项技术也得到了广泛认可，他也因此受益。

实际上，学习是不断深入的过程，想要学到东西，就要找寻到正确的方法。一个合适你的方法是十分重要的。

学习方法多种多样，适合自己的可以高效、有效、快速地掌握所学知识的学习方法就是好的方法。态度决定一切，有求知的欲望，遇到问题做到不轻易退缩，能够积极主动地去做，你就会得到更多的练习机会，因为付出与回报是成正比的。

心灵箴言

读书要玩味。

——程颢

最有价值的知识是关于方法的知识。

——[英] 达尔文

成功=艰苦劳动+正确方法+少说空话。

——[美] 爱因斯坦

有意识做到“学以致用”

故事话题

有一个关于招聘的故事。一个总经理要招聘一位助理，招聘广告打出去后，有3个应聘者前来竞争。其中，一个人有博士学历，第二个人有十几年的工作经验，第三个人显然不如前两者，他既没有太高学历，他的工作经验也不够多，只是刚毕业不久的一个普普通通的大学生。

总经理在自己的办公室，对秘书说，让他们进来面试吧。秘书这时疑惑地问：“那您让他们坐哪儿呢？你的办公桌前面都是空的，没有一张椅子。”

总经理点了点头，没有太多解释，说：“对，让他们进来吧。”

有博士学历的人第一个进来了，总经理笑着看了看他，然后跟他说：“请坐。”

博士看了看周围没有椅子，觉得十分尴尬，于是说：“我就站着吧。”

总经理又说了一句：“请坐。”

博士有些无奈，说：“我没有地方坐啊。”

总经理看看他，又笑了笑，然后问了他几个问题后，就让他回去了。

第二个面试者进来了，总经理又跟他说：“请坐。”

这个面试者一脸的谄媚，然后很谦卑地说：“不用，我都站惯了，咱们就这么聊吧。”

总经理听他这样说，也没多说什么，跟他聊了几句后，就让他走了。

大学生第三个进来了，总经理说：“请坐。”

大学生左右看看，没有发现有椅子，于是说：“您能允许我上外面去搬一把椅子吗？”

总经理说：“可以。”

这个学生出去搬了把椅子进来，坐下后就跟总经理聊起来。最后，这个学生被留了下来。

故事解析

这是一个简单的故事，却蕴含深意，在办公室没有椅子的情况下，总经理还让面试者坐下谈话，就是想试探一下他们遇到这一尴尬问题时的反应。博士的学历虽然很高，但是他没有灵活应付这个问题，而第二个面试者虽然工作多年，很有经验，但是依旧打不开思路。而大学生，他没有高学历没有工作经验，但是，能够很好地应付了这个尴尬场面。所以，总经理最终选择了他。

这个故事告诉告诉我们，不管你是多么高的学历，还是拥有多么丰富的工作经验，都不能脑筋死板。脑筋死板的人，就算学到了再多的知识，也不会学以致用，很多知识如同荒废了。

在学以致用的时候，没有哪一个用法一定是对的，这里面就体现了变通的重要。

学以致用最根本的是要把理论的知识和实际的应用联合起来，由浅入深、达到熟能生巧的目的，学到的东西要经常揣摩，真正地理解其含义，然后按照理论的要求在实践过程中应用到实际生活中，再从生活中所遇到的问题来学习新知识，就这样相互促进学习，逐步加深自己的理论知识与实践应用，慢慢地你就会喜欢某一项你喜欢的职业了，慢慢地理解学以致用、用以促学了。

故事穿越

关于阿基米德的故事有很多，其中最著名的要属发现“阿基米德定律”的那个洗澡的故事了。

当时，国王做了一顶金王冠，他怀疑参与打造王冠的工匠用银子偷换了一部分金子，所以找到阿基米德，让他来鉴定王冠是不是纯金制的。但是，要他遵守一个原则，就是不能损坏王冠。

阿基米德捧着这顶王冠整天冥思苦想，希望找到好办法。

有一天，阿基米德去浴室洗澡，他跨入浴桶，随着身子浸入浴桶，使得浴桶中的一部分水溢出，阿基米德看到这个现象，突然就想到了能够解决国王疑难问题的方法！当时，他高兴极了。

于是，阿基米德拿了与王冠重量相等的金块，放入盛满水的容器里，测出排出的水量，再把王冠放入盛满水的容器里，看看排出的水量是否一样，这样一来，问题就轻易解决了。

随着进一步研究，发现了沿用至今的流体力学最重要基石——阿基米德定律。

故事微语

阿基米德是个懂得学以致用的人，他的很多学问都像故事中的一样，方法取之于日常生活时的点点滴滴。

当今社会，头脑死板的人比比皆是，他们过于看重学习理论，却忽视学以致用的重要。很多人学业有成，拥有很高的学问，但并不能将这些知识很好地运用到日常的生活、工作当中，让人不禁唏嘘感慨，这么多的知识实在有些荒废的意味。

当你意识到这个问题后，一定要加以警示，时刻告诫自己，如果想要让生活变得更加轻松，就要懂得学以致用，这样学到的知识就不会白费了。

心灵箴言

治学所宝贵的在于付之实行，而不在于仅知道道理。

——司马光

懂得许多道理却不付诸实践，虽然知识很丰厚，也必将遇到困厄。

——荀子

学习不一定追求广博，关键的是所学的东西应当有实用价值；做官不一定追求显贵，关键的是所仕之职应当受之无愧。

——罗大经

激发兴趣，学习变得更轻松

故事话题

一个正在上课的班级里，大家都无精打采地听课，老师看到大家都没什么心情学习，就给学生们讲了这样一个故事：

有一次上课，老师对同学们说："你们今天算从 1 加 2 加 3 一直加到 100 的和。看谁算得又快又准，好吗？"

孩子们听后就开始计算："1 加 2 等于 3，3 加 3 等于 6……"

数越来越大，很不好算。但是不一会儿，高斯便报告老师自己做好了。老师以为高斯捣乱或者胡乱猜结果，可是看一看高斯写的得数：5050，是对的！便觉得非常惊奇。心想：这个 8 岁的小高斯怎么这样快就得出了这个数值呢？

高斯解释他发现的一个方法，这个方法就是古时希腊人和中国人用来计算级数 $1+2+3+\cdots+n$ 的方法。

后来，高斯成为一个伟大的数学家。

老师讲完故事后，就立即给学生们也出了几个简单的等差连加题目，要学生们一个数一个数地加和按照规律加，两种方法进行比较。

学生们听完故事后，对找寻新办法产生了兴趣，大家一下子就变得跃跃欲试起来，课堂也突然变得活跃起来。后来，老师在一位学生的周记中看到这样一句话："我要向高斯学习，多动脑筋，刻苦钻研，长大也当一个数学家。"

故事解析

无精打采的课堂，通过穿插讲小故事，激发了学生们学习数学的兴趣，这样一来，原本死气沉沉的课程突然活跃起来。学生们听课的积极性被拉动起来，甚至对老师出的新题目有跃跃欲试的心情，可见，老师在关键时候讲的高斯的故事，的确起到了激发学生们学习兴趣的作用。

青少年要学会从学习中寻找乐趣，即使再不喜欢的课程，如果你善于寻找、发现，就一定会找到兴趣点，这样一来，你的学习就会变得轻松很多。

对未知的探索、对新知识的渴求，和我们旅游爬山一样，登得越高就看得越多越远，从而充满着获得知识的快乐。当你尝到这种乐趣后，对知识就会变得容易接受了，以快乐的心情去学习，这样就会好很多。

故事穿越

一位太太带着她的两个孩子在吃午餐。一个是男孩，长得很壮实，有什么就吃什么。另外一个是女孩，看起来很瘦，挑食，好多菜都不吃。太太让小女孩多吃点肉，小女孩执意不听。这位太太反复说了多次，没有半点效果，太太几乎要发怒了。

就在这位太太慢慢安抚自己愤怒的心情时，一个服务员走近小女孩，他在她耳边只轻轻说了几句话，然后，让太太感到惊讶的一幕发生了：就见这个小女孩对旁边的男孩“哼”了一声后，开始大口大口地吃起肉来。

那位太太特别奇怪，拉住服务员问她对小女孩说了什么，怎么有这么好的效果？

服务员笑着说：“我找到了孩子的兴趣点，肉不是她的兴趣，但是，他的哥哥却是她的‘死穴’。您前几次带这两个孩子来就餐，我发现哥哥经常欺侮妹妹。我刚才就对您女儿说，‘哥哥不是欺侮你吗？吃了肉，你可以长得比他更胖、更有力气，他就再也不敢碰你了。”’

故事微语

同样是让小女孩吃肉，这位太太说了一箩筐的好话，但一点作用都不起，眼看就要冲孩子发火了，就在这时，一个服务员走上前来，只是三言两语，就劝得孩子心甘情愿地吃起饭来。这就是激发孩子兴趣所起到的强大作用。

因为，这位太太对女儿提出的要求仅仅是她自己的需求，而没有抓住孩子的需求，然而，服务员的话却正中小女孩的下怀，于是有了“我要增强体质，抵御外侮”的想法，所以小女孩开始大口大口地吃肉了。

要知道，马不想喝水，任你怎么拽，它就是不愿靠近水槽。若想要它喝水，可以让它先吃点盐，吃了盐口渴，再牵它去喝水，没有不肯去的。

这位服务员的话虽然简单，但却蕴含着真正的智慧——把小女孩吃肉的需求激发出来了。我们所要追求的最好教育就是这种自动化教育，激发女儿自己想要学习的需求！

心灵箴言

学问必须合乎自己的兴趣，方可得益。

——[英] 莎士比亚

学习的最大动力，是对学习材料的兴趣。

——[美] 布卢姆

一个深广的心灵总是把兴趣的领域推广到无数事物上去。

——[德] 黑格尔

合理计划促使人们高效学习

故事话题

有一位时间管理专家曾说过："将生活组织化、合理化，并非用长期目标来达到，而是制订一天内可行的计划。"

这个时间管理专家还给了人们一个忠告：先准备一本计划本，放在固定的位置上，以便于随时取用。如果是企业界人士，则最好放在办公桌上，如果是家庭主妇，最好放在厨房里，如果是学生，放在书桌上最为合适。

每天一开始，或前一天晚上，将当天或翌日要完成的工作，按照项目逐次记下，等事情完毕加以核对，假若某些项目没有完成，则写在第二天计划表的首位。如此将一天的时间进行适当的管理。当按照计划完成时，则是计划成功的第一步。

那些针对这些建议照办的人，几乎都因此获得了巨大收益。

故事解析

故事告诉我们，一个合理的计划，可以让你的学习、工作以及生活变得更加顺畅。著名管理学大师彼得·杜拉克以成功把握和管理时间而闻名。当许多企业领导者问他如何有效运用时间时，他首先要求他们把一天的行程和一周的预定计划写下来，然后妥善保管一周的进度表。与此同时，每天把自己实际工作的进度用日记记录下来，待一周之后，再和预计进度作对照比较，即可明白其间的差距和浪费的时间，依靠这种方法进行自我评估和改进工作。

一个好的学习者，可以做到有重点地进行系统化的学习，他们离不开合理制订计划这件事情。科学地安排时间，这一点对青少年来说尤为重要。

然而，很多学生不爱学习，总是糊里糊涂地过日子，平时不是捣鼓一下这个，就是碰碰那个，时间都荒废在做没有用处的事情上。

一个好的时间表可对学习做整体统筹，从而可以节约学习者的时间和精力，提高学习效率。时间表的益处还在于，它能够帮助学习者将各项学习活动的规律和学习时间完美结合起来。所以，青少年重视计划时间、安排时间，这样才有可能走出辉煌的人生。

故事穿越

在20世纪30年代的美国拉斯维加斯，那里有一个叫罗伊的推销员，罗伊是行业内一个众所周知的人，他是一位伟大的推销员，他总是成就惊人的业绩，足以让同行们汗颜。

在同样的时间里，罗伊为什么总是能够完成最多的任务？大家觉得不可思议。

其实，和罗伊打过交道的人都能很轻易的知道答案。他们发现，罗伊有一个习惯：不论是在开会还是在平常的时间里，他都会先说出一句口头禅，那就是“我的发言只有3分钟”。

在面对自己的客户时他的态度更是如此。

他一般要求客户只要给他3分钟的时间让他将自己的产品作出介绍，而他也确实完成了这样的任务。这让他的客户在惊讶之余对他的效率也感到钦佩，这样的效率为罗伊树立了良好的口碑，所以他在自己一天的经营中，工作时间几乎和业绩成正比。

后来，罗伊拥有了自己的公司，他在公司的会议室墙上安装了一个特殊的钟表，这个钟表每过3分钟就会发出一次警告。

此外，他在开会的时候，还会要求公司的那些推销员和策划者，同样需要在3分钟之内完成自己的陈述，否则就将失去表达的机会。

正是在这样严格的要求下，罗伊的公司在同行业中的效率是最高的，当年所创造的销售额也让同行们羡慕不已。

故事微语

罗伊是个珍惜时间的人，他希望在有限的时间内成就更多的事情，他给自己的工作做出了合理的计划，就连与客户谈生意时，他本着“3分钟”原则，决不做过多赘述。因为，在剩余的其他时间里，还有很多事情等着他去做。

一个人，从青少年一直到垂暮老人，需要不停地给自己制订计划，有计划地去做事情，往往能够事半功倍，就像伟大的销售员罗伊一样。

制订阶段计划时，要根据个人情况来设计，不要一味仿照他人的计划实施。在总体上，要尽可能想出所有有关的情况。每天把要做的事情排列出来，这样目标明确，就会有效地支配时间，工作效率就会更高。正如索罗所说：“光是忙忙碌碌是不够的，问题是忙些什么。”只有知道“忙些什么”，才能把所要做的事做好。

心灵箴言

合理安排时间，就等于节约时间。

——[英] 培根

利用时间是一个极其高级的规律。

——[德] 恩格斯

据我观察，大部分人都是在别人荒废的时间里崭露头角的。

——[美] 福特

第五篇

健康生活：身体是容纳幸福的唯一载体

居里夫人有句名言：“科学的基础是健康的身体。”健康就是财富，身体健康是一个人获得成功的硬件保证，一个人成功的基础便是身体健康。通过体育锻炼和良好的饮食，才能有聪明睿智的脑子。

身心健康是生存的根本

故事话题

美国一些心理学家做过这样一项实验，他们抽取那些正在生气的人的血液，然后将血液中所含的物质注射到小老鼠身上，再观察小老鼠的反应。

被注射的小老鼠在初期的表现一般是呆滞的，会整天不思饮食。几天后，它们就默默地死掉了。

美国生理学家爱尔玛为了研究情绪状态对健康的影响，设计了实验，并从实验中得到结论：“当一个人心平气和时呼出的水汽冷凝成水后，水是澄清透明、无杂质的；悲痛时呼出的水汽冷凝后则有白色沉淀；悔恨时呼出的水汽沉淀物为乳白色；而生气时呼出的‘生气水’沉淀物为紫色。”

这位生理学家还将“生气水”注射到大白鼠身上，大约过了几十分钟后，大白鼠就死了。由此可见，生气对健康的危害非同一般。

故事解析

心理健康同样是人们不可忽视的问题。上述的实验故事，告诉我们当一个人情绪不好时，会产生很多不良的物质，从而在你不在意的情况下，侵蚀你的身体，阻碍你正常健康的成长。

居里夫人有句名言：“科学的基础是健康的身体。”她就是一个格外注意身心健康的人，她心态积极、乐观，同时注意锻炼身体，而且还要求两个女儿也坚持“严格的知识训练和体格锻炼”，使孩子长大成才。

她常带孩子去远足、游泳、爬山。后来，她的两个女儿都成了人才，大女儿还获得了诺贝尔奖。

故事穿越

一个令人羡慕的好单位里，有一个“潇洒男”，长相不错，个子也挺高的，能进这个单位，必然令身边人羡慕。再说，他家里条件本身也不错，从小锦衣玉食，从来没受到过委屈。

但是，天有不测风云，人有旦夕祸福。年底职工例行体检时，让他意想不到的事情发生了！据医院初步诊断，潇洒男已身患绝症，并且病势来得特别凶险，已经命在朝夕。

潇洒男失魂落魄地回了家，谢绝所有登门问病的同仁，水米不进，伏枕哀鸣。在等待复诊短短一周内，潇洒男犹如虎落平阳、凤凰落水，煎熬得步履蹒跚、形销骨立。往日的潇洒荡然无存，在这么短的时间内，就像变了一个人。

故事微语

强健的心理、情绪与精神，都来自强健的身体。潇洒男属于典型的心态消极者，在得知自己身患绝症后，立马陷入无尽的深渊，他的世界从此没了颜色。这样的心理状态，必然会加重他的病情。

健康就是财富，身体健康是一个人获得成功的硬件保证，一个人成功的基础便是身体健康。通过体育锻炼和良好的饮食，才能有聪明睿智的脑子。

在日常生活中，要懂得给自己减压。当疲惫不堪时，与其勉强苦苦地硬撑着在那里学习，不如稍稍休息一下，然后再以充沛的精力投入学习，而不是一味勉强自己，导致逆反心理，这样就得不偿失了。

心灵箴言

保持健康是做人的责任。

——[荷兰] 斯宾诺莎

有规律的生活原是健康与长寿的秘诀。

——[法] 巴尔扎克

健康的身体乃是灵魂的客厅，有病的身体则是灵魂的禁闭室。

——[英] 培根

尽可能做到合理膳食

故事话题

陈女士是一家企业的高管，手底下大约 50 多人，她形象气质佳，最让人感到羡慕的是，她属于“吃不胖”的类型。不管吃多少，吃什么，她都不会发胖，身材好多年如一日。

有一天，她和出差刚回来的老公，商量带着孩子一起去吃海鲜，选好地方后就出发了。他们来到一家不错的海鲜店，点了 10 个菜，满满一桌子。

陈女士的孩子才 6 岁，但是有 45 千克，属于肥胖的孩子，其肥胖的原因就是吃得多。他们一家三口，面对一桌子美食简直高兴极了。他们开心地吃了起来……但是，10 个菜 3 个人吃的确实有些多，他们都吃得差不多时，桌上还有一些没有解决掉的，这时，陈女士要服务员打包。

在等待打包的过程中，陈女士的孩子突然喊肚子疼，要去厕所，就这样，来来回回去了好几次厕所，孩子拉肚子了。陈女士夫妻二人赶忙带孩子来到医院，经过医生诊治一番后，对他们说：“孩子吃得东西太杂了，又吃得多，不拉肚子才怪！”

之后，医生又对他们夫妻二人进行了教育，跟他们说：“这样吃东西不管是对孩子还是对成年人来说，都是不妥当的，如果总是这样，会出大问题的。”医生还说：“如果还不控制孩子的饮食，现在是小胖子，以后就是大胖子了！”

故事解析

“民以食为天”，一个人想要生存，就需要不断从外界摄取身体所需要的各种营养，以此来维持生命和生长发育，这样才能有充沛的精力、强壮的体魄从事各种劳动，健康生活和繁衍后代。但是，像故事中的一家三口的进食方式，是非常不可取的。

暴饮暴食对健康的害处实在太大了。故事中的小孩子，因为吃得多，吃得又杂，最后吃坏了肚子……而他肥胖的原因，也和平时的进食量和进食方式有关，长此以往，以后很有可能患上肥胖症。

科学合理地给人体补充营养，要以“未病先防”作为保证身体健康的首要法则。营养是维持生命的基本物质，以此提供给细胞所需要的能量，在营养补充的过程中，如果不是均衡的营养就会使身体阴阳失调，就能导致疾病的发生。

就好比一棵幼苗，如果没有均衡的水分和养料，那么这样的幼苗就很难健康茁壮地成长为一棵参天大树。

故事穿越

在湖南岳阳有一个老头，已经90岁了，还十分精神，腿脚也灵便，每天早上，他都会到外面遛个大弯，走上个把小时，回到家后，自己的衣服自己洗，自己的屋子也自己收拾。

人们都惊叹这位老人家身体怎么这么硬朗，纷纷露出羡慕的神情。

后来，人们听老人的家人说，老人身体这么好，除了每天都坚持锻炼外，还有一个特别重要的原因，就是吃到八分饱。

原来，老人在40多岁时生过一场大病，是关于胃的病，这场病严重到差点夺去了他的生命。后来，医生告诉他，以后吃饭要注意些，尽量不要吃到“撑”的地步，少吃油炸食品等，因为，如果吃撑了很可能导致病情的反复。而油炸食品会增加胃的负担。

从那以后，老人在饮食上开始注意起来，对那些不利于身体健康的食品他几乎不沾，而且每顿饭都吃到八分饱即止。这便是老人长寿且身体硬朗的原因。

故事微语

老人非常注意合理膳食，并且每次只吃八分饱，不让自己有吃撑的感觉。此外，还很注意锻炼，这就是老人长寿的秘诀。

合理的饮食，其实就是找到适宜自己的膳食，合理的饮食结构和内容，首先是指摄取的食物多品种、多成分以及它们在数量上的合理搭配；其次是避开“减寿食物”。如果我们想过生龙活虎的日子，那么唯有多吃富含水分且新鲜的食物，尤其是生菜沙拉和水果，我们才会过得更健康、更有活力。

合理安排饮食，最好要将一日三餐饮食的内容把握好，如合理的主食安排、副食安排，还要注意饭量，不要吃太多，也不要因为不喜欢吃就饿肚子。吃饭时间也要定时定点，不能想什么时候吃就什么时候吃。这样一来，你的身体就能处在一个舒适的状态中。

心灵箴言

食不厌精，脍不厌细。

——孔子

让食物成为你的药品，药品应该是你的食物。

——[古希腊] 希波克拉底

告诉我你平时吃什么，我就能说出你是怎么样的一个人。

——[法] 布里亚·萨瓦兰

保持充足睡眠，不做熬夜一族

故事话题

一家医院的急诊室内，一名受伤的男子，焦急地向医生喊着：“医生，快救救我的手……”

这名男子的手上满是鲜血，虽然已经做了简单的处理，但是手的伤势还是很吓人。送他来医院的，是他的同事，其中一个同事手里拿着一个袋子，袋子里是受伤男子已经断了的手掌。

原来，这个男子是个超级球迷。由于正值世界杯期间，他每天熬夜看球，一直看了好多个晚上。后来，世界杯结束了，他才松懈下来。但是，长时间熬夜，他的身体早已经吃不消了，白天工作总是犯困，他做的工作又是在剪板机上进行的，所以，他在车床上操作的时候，因为他特别困，无意间居然把自己的右手放在了剪板机下，结果机器无情地剪下了该男子的半个手掌。

医生看到这个因为熬夜酿成大祸的人，着实感叹了一番，他说：“因为世界杯的到来，已经有好多人患病了，但你还不是最严重的那个。有些人因为缺乏睡眠，导致抵抗力下降，引发了很多诸如发热、咽喉痛、感冒等症状，甚至还有人直接猝死。你们这些人啊，真是不爱惜身体。”

故事解析

睡眠与生长发育是密切相关的。青少年在成长过程中，不能缺少睡眠。科学研究发现：孩子的生长发育，除了遗传、营养、体育锻炼等因素外，还与生长激素的分泌有很大的关系。生长激素是人下丘脑分泌的一种蛋白质，它能促进骨骼、肌肉组织和内脏的生长发育，对促进新陈代谢也有一定的作用。

而生长激素的分泌有其特定的规律，即人在入睡后才能产生生长激素，深睡一小时后逐渐进入高峰，一般从深夜 10 时至凌晨 1 时为分泌的高峰期，其分泌量约占总量的 20%～40%。所以，如果睡得太晚，对于正在长身体的儿童来说，身高就会受到影响。

所以说，10 岁以内的孩子最好在晚上 8 点睡觉，而 17 岁以内的青少年，最晚也不能超过晚上 10 点睡觉，这样，过半个小时即可进入深睡期，就不会错过生长激素的分泌高峰期。

故事穿越

一位杨女士新婚不久，在短时间内全身的血细胞就出现大量减少的现象，多脏器功能衰竭。在医院重症医学科里，经过医生们72小时的全力抢救，终于把这位女士从“鬼门关”拉了回来。

杨女士在脱离危险以后，说：“我也不知道怎么了，突然就病了，差点没命！”这场突来的疾病让她惊魂未定，后来每每回想起来都觉得心惊肉跳。

她和丈夫在欧洲享受了一段浪漫的蜜月，他们的行程定得有些紧张，每天都要玩到夜里12点左右才回到酒店休息。她回忆道：“那几天确实蛮累，不过挺开心的。”

夫妻二人结束蜜月旅行后，二人纷纷上班，杨女士的工作一直都很忙，投入到正常的工作中后，又过起了连续加班的日子，有时候甚至通宵加班赶设计图，为了能够把一个着急的项目赶出来，她一连熬了4个通宵。

就在这个项目结束后不久，她就感觉全身乏力，身上还出了许多红疹子，后来便开始持续发热。在母亲陪伴下，她来到医院就诊。

在医院检查发现，全身血细胞异常减少，血小板和红细胞都低至只有正常的一半，立即到血液科住院治疗。住院次日，小杨病情突然加重，全身抽搐，不停吐血，面部、四肢满布红斑，呼吸微弱，神志不清，被紧急转往重症医学科救治。

当时检查结果显示，血色素进行性下降，呼吸系统、中枢神经系统、肾脏、凝血功能等多个系统均出现功能衰竭，生命垂危。

在医院的抢救下，小杨保住了性命，且病情逐渐稳定，各项指标也基本恢复正常。

后来，医生说她在旅游期间可能感染了某种病毒，加上旅途奔波过度劳累，身体极度疲劳，后来又通宵好几天，导致身体严重透支，抵抗力很差，病毒入侵后，全身免疫系统功能紊乱，才诱发了噬血细胞综合征。

故事微语

杨女士的这次经历，惊醒人们，就算工作再忙也要注意休息，因为，在长期、连续疲劳工作的情况下，人体各个器官的功能和反应性都会降低，这时候，身体就会容易受到病毒或细菌的侵袭，如果治疗不及时，就会对身体各个系统造成严重损害。

因此，青少年要懂得爱惜自己的身体，务必要保持良好的生活习惯，学习与玩乐劳逸结合，作息规律，不要当熬夜一族。

睡眠不足对健康的害处有很多，首先，熬夜的人容易视力下降；其次，熬夜的人大都体质较弱。虽然现在青少年们的生活水平大有提高，但学生的身体素质却比以往有下降趋势。一些体育项目的达标率比 10 年前要低。

目前，心脏病、高血压等成年人的高发病已开始侵害青少年稚嫩的身体。有的学生爬几层楼梯就气喘吁吁，一遇天气变化、季节交替，总有不少学生感冒发热，打针吃药。

经过相关学者的实验表明，一个人如果24小时不睡觉，一定会感到头昏脑涨，头脑也会变得不灵活，反应迟钝。如果是48小时不睡觉，思维会产生混乱，行动也变得迟缓。若是72小时甚至多于72小事不睡觉，视觉会变得模糊，甚至会昏倒，失去知觉，进而危及生命。

所以说，睡眠是十分重要的，青少年们千万不能轻视这个问题。为了保证身体健康，保证学习和工作效率，青少年一定要养成良好的睡眠习惯。为了得到良好的睡眠和休息，注重科学睡眠是非常重要的。

心灵箴言

一切有生之物，都少不了睡眠的调剂。

——[英] 莎士比亚

我们不得不饮食、睡眠、游玩、恋爱，也就是说，我们不得不接触生活中最甜蜜的事情；不过我们必须不屈服于这些事物。

——[法] 约里奥·居里

你挣得了安适的睡眠，你就会睡得好；你挣得了很好的胃口，你吃饭就会吃得很香。这儿的情形和人间是一样的——你得规规矩矩，老老实实地挣一样东西，然后才能享受它。你决不能先享受，然后才来挣得。

——[美] 马克·吐温

适当运动，生命更具活力

故事话题

巴西有7000多千米海岸线，孕育了无数个美妙的海滩。从早到晚，海滩边运动的人扎堆。骑自行车，跑步，冲浪，滑板，排球……感觉他们无时无刻都在动，个个皮肤晒得黝黑，大汗淋漓，充满了活力。而且，绝对是全天候、全气候，只要天气条件不那么恶劣，交通状况也稍好，就坐不住。运动的人里面，数慢跑的人最多，不少人边跑边戴着耳机，一副悠然自得的样子。更有专业的，带着蓝牙心率仪，随时监测自己的身体状况。

都说工欲善其事，必先利其器。为了给运动的人行方便，各种基础设施配套得很好。比如，在里约，沿着著名的科巴卡巴纳海滩，有一条专门为运动的人们开辟的专用道，用醒目的红色作为底色，和旁边的机动车道分开。这样，既保证了安全，又给了运动的人们自己的“小天地”。海滩边，还有类似于我们“健身步道”的设施，可以用来做仰卧起坐、引体向上和一些拉伸运动。经常能看到上身练得呈倒三角形的人在那里，每做一个动作，身上的肌肉都鼓胀出来，让人看着很眼红。

健身房在巴西也很普遍，宾馆、商业中心、社区都有。据说，高端健身房就像私人会所，能见到很多巴西当地的模特和名流。而“接地气”一点的，很不起眼，可能就开在马路边，一个三层楼高的居民楼，乍一看还以为是旅馆，看到里面有人“呼哧呼哧”正卖力做卧推，才知道是健身房。当然，去健身房是要付真金白银的，社区里的健身房，每个月花费折合成人民币也就一两百块钱，是不是不贵？巴西人口大约有两亿，大约有300万人走进了健身房。健身业也是这个国家最“朝阳”的产业之一。在巴西，住宅专用健身器材的市场也是销售额持续猛增。

巴西政府对运动也是非常支持的。早在10年前就推出过“全民健身计划”，全国建了200多个健身中心。运动，在这里成了一种时尚和生活方式。巴西在足球、篮球、排球等领域的成绩出色，只是全民爱运动的一种自然而然的结果罢了。

故事解析

巴西人热爱运动，国家也特别支持国民运动。

想要拥有一个强健的体魄，脱离运动是绝对不可能的。体育锻炼能促进体内组织细胞对糖的摄取和利用能力，增加肝糖原和肌糖原储存。体育锻炼还能改善机体对糖代谢的调节能力。如在长期体育锻炼的影响下，胰高血糖素分泌表现对运动的适应，既是在同样强度的运动情况下，胰高血糖素分泌量减少，其意义是推迟肝糖原的排空，从而推迟衰竭的到来，增加人体持续运动的时间。

坚持体育锻炼，对骨骼，肌肉，关节和韧带都会产生良好的影响，经常运动可使肌肉保持正常的张力，并通过肌肉活动给骨组织以刺激，促进骨骼中钙的储存，预防骨质疏松，同时使关节保持较好的灵活性，韧带保持较佳的弹性，锻炼可以增强运动系统的准确性和协调性，保持手脚的灵便，使人可以轻松自如，有条不紊地完成各种复杂的动作。

故事穿越

著名演员卢奇出身于武术世家。爷爷是武术教练，父亲也有一身好功夫。卢奇从小就和一帮小伙伴学武术，打下了好底子，至今仍坚持运动，“除了打拳，每天还坚持做仰卧起坐和俯卧撑各 100 个，喜欢骑马，当年还是校乒乓球队队员。”已过花甲之年的卢奇笑声朗朗。他说，体育锻炼给他带来的最直接好处是反应灵敏，四肢灵活。

卢奇热爱运动，他曾经还扮演过邓小平，知道小平同志也很喜欢运动，他说：“小平同志在 75 岁时还能健步登临黄山，他卷起裤脚，手持木杖，一步一步登山，沿途与山民话家常，与香港剧组合影，向大家招手问候。年过古稀的老人，不仅能坚持工作，还能登山，与老人从小就喜欢运动分不开，运动为他打下了坚实的基础。”

故事微语

卢奇曾说：“足球运动讲究配合，要满场奔跑，对孩子集体意识的培养，对提高反应的灵敏度，加强身体的协调性都有益处，一个从小坚持体育锻炼、坚持运动、坚持训练的孩子，长大后与没参加训练的孩子真的是不一样。”可见他对运动的重视和喜爱。

此外，还有一名人也十分热爱运动，那就是萧伯纳。萧伯纳他一生都坚持体育锻炼。

他每天很早就起床，天天洗冷水浴、游泳、长跑、散步。他还喜欢骑自行车、打拳。70 多岁时，萧伯纳曾和当时世界著名的运动家、美国人丹尼同住在波欧尼岛上的一家旅馆里，每天他俩的作息时间表是一样的：起床后洗冷水澡，接着是一段数千米的长途游泳，然后躺在海边享受日光浴，还要一起长途散步。

心灵箴言

生命在于运动。

——[法] 伏尔泰

运动是一切生命的源泉。

——[意] 达·芬奇

只有运动才可以除去各种各样的疑虑。

——[德] 歌德

不让自己处在过度疲劳的状态

故事话题

一位民警，因为劳累过度而突发脑出血，累倒在工作岗位上。这位民警就是生前担任恩施市公安局经侦大队副大队长的向忠贻。

他连续工作近 24 个小时后，突然感觉无比眩晕，于是，他向局指挥中心打了最后一个电话后，直接倒在值班室的地板上。在此之前，向忠贻还在与 3 名民警一同在恩施城区实施治安巡逻。

被送至恩施市中心医院抢救的几天中，数百名当地民警和群众闻讯自发来到医院，探望正与死神抗争的向忠贻。然而，在昏迷了 4 天之后，他停止了呼吸。

故事解析

过度疲劳是指在工作或运动之后，工作能力暂时下降的状态，它是一种由于连续疲劳积累所引起的病理状态。过度疲劳多是由于生活无规律，休息不足，或病后身体尚未恢复而过度劳累，或参加某些劳动或活动之后，疲劳尚未消除，又参加大运动量活动等。

其表现为三个阶段：一是感觉异常阶段。自觉疲劳，食欲下降，睡眠欠佳，学习效率差，对活动不感兴趣，有厌倦情绪；第二阶段体重下降，脉搏较快，心脏功能试验有不良反应，易疲劳，恢复慢，工作能力下降；第三阶段各内脏系统功能紊乱失调。

过度疲劳对人体有很大危害，轻则使你的抵抗力下降，抵御病菌的能力衰减，重则导致重大疾病的产生，甚至直接夺去人们的生命。所以，重视健康，要懂得劳逸结合，才是长久之计。

故事穿越

苏珊娜是个年轻的女孩，有一天，一个警察看见她在路边的绿化带上躺着，一动不动。警察不知道发生了什么，赶忙上前去询问。

苏珊娜眼含泪水，看到警察来了，立刻露出欣喜的模样。

经过询问，原来，苏珊娜是个编辑，最近工作强度十分大，每天不仅在公司要专注于编辑稿件，下了班在家还要加班到很晚，这种工作状态已经持续了半个多月。

这一天，苏珊娜骑着自行车往家赶，骑着骑着，突然感觉头重脚轻，一下子就摔在了路旁的绿化带上，因为摔伤了胳膊，所以她不敢动，一动就疼得厉害。警察看到苏珊娜的情况并不乐观，赶忙拨打了急救电话，和她一起等待救援。

最后，苏珊娜经过救治后，脱离了危险。但这次事件却让她意识到了过度疲劳的危害，于是，重新走进工作岗位后，她懂得了劳逸结合，并不再勉强自己，为了更好地完成工作任务，她还刻意学习了很多方法，提高了工作效率，逐渐让工作变得轻松起来。

故事微语

苏珊娜对待工作尽职尽责，但是，她没有很好地做到劳逸结合，最终，身体因为不堪重负而发出警报，甚至出现了危险。事后，她才开始重视身体健康的问题，逐渐将工作与生活协调好，不让身体处在过度疲劳的状态。

如果身体已经发出了疲劳的警报，就要注意如何缓解疲劳的问题了。

首先，要学会对症处理。比如，如果你是脑力劳动者，要学会科学地使用大脑，设法提高用脑效率，同时进行积极的休息。如果是心理疲劳，就要培养良好心态，学会解压。其次，注意补充饮食。平时，要注意饮食营养的搭配，要对选择食用含蛋白质、脂肪和丰富的B族维生素食物，如豆腐、牛奶、鱼肉类等。此外，多吃水果和蔬菜，适当饮水，也有助于消除疲劳。

心灵箴言

健全的精神，寓于健全的体格。

——朱文奴

早睡早起，使人健康、富有、明智。

——[美] 富兰克林

健康是这样一个东西：它使你感到现在是一年中最好的时光。

——[美] 亚当斯

心灵榜样微史话

欧几里得

欧几里得（前 325—前 265），是古希腊著名数学家、欧氏几何学开创者，被称为“几何之父”。他活跃于托勒密一世时期的亚历山大里亚，他最著名的著作《几何原本》是欧洲数学的基础，总结了平面几何五大公设，被广泛地认为是历史上最成功的教科书。欧几里得也写了一些关于透视、圆锥曲线、球面几何学及数论的作品。

《几何原本》是一部集前人思想和欧几里得个人创造性于一体的不朽之作。传到今天的欧几里得著作并不多，然而我们却可以从这部书详细的写作笔调中，看出他真实的思想底蕴。

全书共分 13 卷。书中包含了 5 条“公理”、5 条“公设”、23 个定义和 467 个命题。在每一卷内容当中，欧几里得都采用了与前人完全不同的叙述方式，即先提出公理、公设和定义，然后再由简到繁地证明它们。这使得全书的论述更加紧凑和明快。

而在整部书的内容安排上，也同样贯彻了他的这种独具匠心的安排。它由浅到深，从简至繁，先后论述了直边形、圆、比例论、相似形、数、立体几何以及穷竭法等内容。其中有关穷竭法的讨论，成为近代微积分思想的来源。

仅仅从这些卷帙的内容安排上，我们就不难发现，这部书已经基本囊括了几何学从公元前 7 世纪的古埃及，一直到公元前 4 世纪——欧几里得生活时期——前后总共 400 多年的数学发展历史。

奥古斯都

奥古斯都，原名盖乌斯·屋大维（前 63—14），古罗马帝国开国皇帝（前 27—14），元首政制创始者。凯撒的甥孙。名字的原意为“神圣的”、“高贵的”，带有宗教与神学式的意味。

公元前 44 年被恺撒收为养子并指定为继承人。恺撒被刺后登上政治舞台。公元前 43 年与安东尼、雷必达结成“后三头同盟”。公元前 36 年打败庞培之子绥克斯都·庞培，剥夺雷必达的军权，成为罗马西部的主宰，与控制罗马东部的安东尼成对峙之势。公元前 32 年与安东尼决裂，公布安东尼将部分国土赠予埃及女王克里奥帕特拉七世的遗嘱，奥古斯都鼓动元老院和公民大会宣布安东尼为“公敌”。

内战结束后成为罗马唯一的统治者。曾先后获得执政官、保民官、大将军、大祭司长等职衔，实为罗马皇帝。为加强统治，他对军队进行改革：强化职业军队，实行雇佣兵制度；建立禁卫军，驻守罗马和意大利；规定士兵服役期限，禁卫军士兵为 16 年，军团士兵 20 年，辅助部队 25 年；为退役老兵建立军事殖民区，给军队各级单位赋予固定番号。

对外继续扩张，向西完成对西班牙的征服，向北推进至多瑙河、莱茵河一线。他善于审时度势、进退有节，处事机智果断、谨慎稳健。他所采取的一系列顺乎形势的内外政策，开创了相对安定的政治局面，为帝国初期的繁荣打下基础。

奥古斯都死后，马上被列入神的行列并被神格化。其借名恺撒和他的称号奥古斯都都成了此后 400 年罗马统治者的永久性称号。

奥古斯都神一直是罗马人的崇拜偶像。所以今人仍可以见到许多精美的奥古斯都雕像和半身像。奥古斯都的陵墓原先也有铭刻着“奥古斯都神的功业”的青铜柱。许多人认为奥古斯都是罗马最伟大的皇帝。其政策无疑大大延长了罗马的寿命，并开启了罗马的盛世，即“罗马和平”（或称“奥古斯都的和平”）。

谷登堡

谷登堡（又译哥德堡）（1400—1468），被誉为印刷术的发明者。他在印刷术上的贡献在于，他首次发明了铅活字印刷术，用这种方法，人们可以进行快捷、大批量地生产。

15 世纪中叶，他开始致力于活字印刷的发明研究。鉴于制小号的木活字有困难，遂选用金属材料，主要是含锑的铅锡合金。铅、锡、锑合金可以提高活字的硬度。并确定了三种金属含量的配比。他还发明了铸字盒、冲压字模、铸造活字的铅合金、木制印刷机、印刷油墨和一整套印刷工艺 。

他生前排印的最为著名的作品是 1454 年前后在美因茨印制的《四十二行圣经》，后人称之为《谷登堡圣经》。

谷登堡的印刷术使得印刷品变得非常便宜，印刷的速度也提高了许多，印刷量增加。它使得欧洲的文盲大量减少。

汉学家安田朴宣称西方的活字印刷术来源于中国，写过《中国文化西传欧洲史》一书。但其观点并不为国际学术界公认。国际学术界一般认为，虽然时间上略晚于中国，但西方的活字印刷为独立发明，后世所使用的活字印刷的直接源头为谷登堡的活字印刷。

拉瓦锡

安托万·洛朗·拉瓦锡（1743—1794），法国著名化学家，近代化学的奠基人之一，“燃烧的氧学说”的提出者。

拉瓦锡与他人合作制定出化学物种命名原则，创立了化学物种分类新体系。拉瓦锡根据化学实验的经验，用清晰的语言阐明了质量守恒定律和它在化学中的运用。这些工作，特别是他所提出的新观念、新理论、新思想，为近代化学的发展奠定了重要的基础，因而后人称拉瓦锡为“近代化学之父”。拉瓦锡之于化学，犹如牛顿之于物理学。

拉瓦锡在学校是一个天才男孩。20 岁时因出色地撰写了巴黎街道照明的设计文章而获得法国科学院的嘉奖。几年之后，即 1768 年，他被评选为法国科学院的“名誉院士”。

他为后人留下的杰作是《化学概要》，这篇论文标志着现代化学的诞生。在这篇论文中，拉瓦锡除了正确地描述燃烧和吸收这两种现象之外，在历史上还第一次开列出化学元素的准确名称。名称的确立建立在物质是由化学元素组成的这个基础之上。

而在此之前，这些元素有着不同的称谓。在书中，拉瓦锡将化学方面所有处于混乱状态的发明创造整理得有条有理。

刘备

刘备（161—223），字玄德，东汉末年幽州涿郡涿县（今河北涿州）人，西汉中山靖王刘胜的后代，三国时期蜀汉开国皇帝，政治家，史家又称他为先主。

刘备少年与公孙瓒拜卢植为师求学，而后参与镇压黄巾起义。与关羽、张飞先后救援过北海孔融、徐州陶谦等。陶谦病亡后将徐州让与刘备。

刘备早期颠沛流离，投靠过多个诸侯，后于赤壁之战与孙权联盟击败曹操，趁势夺取荆州，而后进取益州，建立蜀汉政权。陈寿评刘备机

权干略不及曹操，但其弘毅宽厚，知人待士，百折不挠，终成帝业。刘备自己也曾说过，自己做事“每与操反，事乃成尔”。

公元 221 年，刘备在成都称帝，国号汉，年号章武，史称蜀或蜀汉，占有今四川、云南大部、贵州全部，陕西汉中和甘肃白龙江一部分。

公元 223 年，刘备病逝于白帝城，终年 63 岁，谥号昭烈皇帝，庙号烈祖（一说太宗），葬惠陵。后世有众多文艺作品以其为主角，在成都武侯祠有昭烈庙为纪念。

司马迁

司马迁（前 145—前 87），字子长，西汉夏阳（今陕西韩城南）人，一说龙门（今山西河津）人。中国西汉伟大的史学家、文学家、思想家，司马谈之子，任太史令，因李陵之事有所辩解，受宫刑，后任中书令。发奋继续完成所著史籍，被后世尊称为史迁、太史公、历史之父。

他以其“究天人之际，通古今之变，成一家之言”的史识创作了中国第一部纪传体通史《史记》（原名《太史公》）。被公认为是中国史书的典范，该书记载了从上古传说中的黄帝时期，到汉武帝元狩元年，长达 3000 多年的历史，是“二十五史”之首，被鲁迅誉为“史家之绝唱，无韵之离骚”。

司马迁借老子之口说出了被他改造过和发展了的至治理想。保留了道法自然的内核，有意识地剔除了反映原始社会“小国寡人”和奴隶社会“使民”如何的思想，体现了深得道家精髓的“与时迁移”思想。其核心是天道自然，要旨是人民的足欲。

公元前 91 年（征和二年），《史记》全书完成。全书 130 篇，包括十二本纪、三十世家、七十列传、十表、八书，对后世的影响极为巨大，被称为“实录、信史”，被列为前“四史”之首，与《资治通鉴》并称为“史学双璧”。

祖冲之

祖冲之（429—500），我国杰出的数学家、科学家。南北朝时期人，汉族人，字文远。生于宋文帝元嘉六年（429），卒于齐昏侯永元二年（500）。祖冲之的父亲也在朝中做官。祖冲之从小接受家传的科学知识。青年时进入华林学省，从事学术活动。

祖冲之从小接受家传的科学知识，青年时进入华林学省，从事学术活动。一生先后任过南徐州（今镇江市）从事史、公府参军、娄县（今昆山市东北）令、谒者仆射、长水校尉等官职。

其主要贡献在数学、天文历法和机械 3 方面。此外历史记载祖冲之精通音律，擅长下棋，还写有小说《述异记》。祖冲之著述很多，但大多都已失传。

他写的《缀术》一书，被收入著名的《算经十书》中，作为唐代国子监算学课本，可惜后来失传了。《隋书·律历志》留下一小段关于圆周率（π）的记载，祖冲之算出 π 的真值在 3.1415926 和 3.1415927 之间，相当于精确到小数第 7 位，简化成 3.1415926，成为当时世界上最先进的成就。祖冲之入选世界纪录协会世界第一位将圆周率值计算到小数第 7 位的科学家，创造了中国纪协世界之最。这一纪录直到 15 世纪才由阿拉伯数学家卡西打破。

杜牧

杜牧（803—约 852）字牧之，号樊川居士，汉族，京兆万年（今陕西西安）人。杜牧是唐代杰出的诗人、散文家，是宰相杜佑之孙，杜从郁之子。唐文宗大和二年（818）26 岁中进士，授弘文馆校书郎。后赴江西观察使幕，转淮南节度使幕，又入观察使幕，理人国史馆修撰，膳部、比部、司勋员外郎，黄州、池州、睦州刺史等职，最终官居中书舍人。

杜牧的文学创作有多方面的成就，诗、赋、古文都身趁名家。杜牧主张凡为文以意为主，以气为辅，以辞采章句为之兵卫，对作品内容与形式的关系有比较正确的理解。并能吸收、融化前人的长处，以形成自己特殊的风貌。杜牧的古体诗受杜甫、韩愈的影响，题材广阔，笔力峭健。杜牧的近体诗则以文词清丽、情韵跌宕见长。

杜牧因晚年居长安南樊川别墅，故后世称“杜樊川”，著有《樊川文集》。杜牧的诗歌以七言绝句著称，内容以咏史抒怀为主，其诗英发俊爽，多切经世之物，在晚唐成就颇高。杜牧人称“小杜”，以别于杜甫的“大杜”。与李商隐并称“小李杜”。

心灵修养用语微解

节制：指限制；控制；指挥管辖。

恶习：指坏习惯，多指赌博、吸食毒品等，如沾染恶习。

活力：1. 旺盛的生命力；2. 行动上、思想上或表达上的生动性；3. 朝气蓬勃，刚劲有力。4. 激动的情绪，生气。

自理：1. 为自己申诉。2. 自然而治。3. 自己承担或料理。基本解释， 自我照管调理；自行解决。如经费自理、生活自理。

反省：意指检查自己的思想行为，检查其中的错误。也是“反省心理学”中的专业词汇，意思是指对自身已往心理活动的回忆。

珍惜：也是及时的诠释，及时地做事，及时地爱人，及时地感恩，及时地生活，珍惜永远和幸福，和知足在一起，而远离后悔和贪婪。

规划：是指个人或组织制订的比较全面长远的发展计划，是对未来整体性、长期性、基本性问题的思考和考量，设计未来整套行动的方案。

命运：指生命的经历。命指生命，运即经验历程过去、现在、未来。命运不可以改写也可以改写，因为人不可窥探预知命运，命运是时刻变化的，命运存在于任何的角落，只是无法接触。

兴趣：指兴致，对事物喜好或关切的情绪。心理学家认为人们力求认识某种事物和从事某项活动的意识倾向。它表现为人们对某件事物、某项活动的选择性态度和积极的情绪反应。兴趣在人的实践活动中具有重要的意义，可以使人集中注意力，产生愉快紧张的心理状态。

行为：指受思想支配而表现出来的外表活动。《荀子·非十二子》：“今之所谓处士者，无能而云能者也，无知而云知者也，利心无足而佯无欲者也，行伪险秽而彊高言谨悫者也。”刘师培补释：“行伪即行为。言所行所言均险秽，与上句利心对文，伪为古通，如《性恶篇》为字均作伪是也。”巴金《灭亡》第四章：“他在这一天只有像木偶一般地行为。”

主动权：能按自己意图行事的权力。

破坏力：对有形或者无形的事物所造成破坏、破损综合能力的数值。如：地震的震级就是对地震破坏力衡量的参数。

学以致用：致：使达到。意思为为了实际应用而学习。

健康生活：是指一个人在身体、精神和社会等方面都处于良好的状态。

合理膳食：是指一日三餐所提供的营养必须满足人体的生长、发育和各种生理、体力活动的需要。合理饮食可以达到显著减肥的目的。

知难而上：出自《左传·定公六年》，和知难而退意思相反，指明知道困难重重却偏要向前走，敢于迎难而上。知难而上指的是一种不怕困难，勇往直前的精神品质，我们要加以学习和发扬知难而上的精神。

厚积薄发：厚积：指大量地、充分地积蓄；薄发：指少量地、慢慢地放出。多多积蓄，慢慢放出。形容只有准备充分才能办好事情。此句源于“君子厚积而薄发”一句。意思是经过长时间有准备的积累即将大有可为，施展作为。苏轼《稼说送张琥》：“博观而约取，厚积而薄发，吾告子止于此矣。